トマト缶の黒い真実

ジャン＝バティスト・マレ
田中裕子［訳］

太田出版

加工トマト産業に国境はない。
ドラム缶入り濃縮トマトは、コンテナに乗って世界中を巡る。
本書は、世界中に知られる商品の知られざる歴史を追ったルポルタージュである。

トマト缶の黒い真実◉**目次**

世界はわれわれの畑だ。

ヘンリー・ジョン・ハインツ（一八四四年〜一九一九年）

中国、イタリア、アフリカの濃縮トマト産業

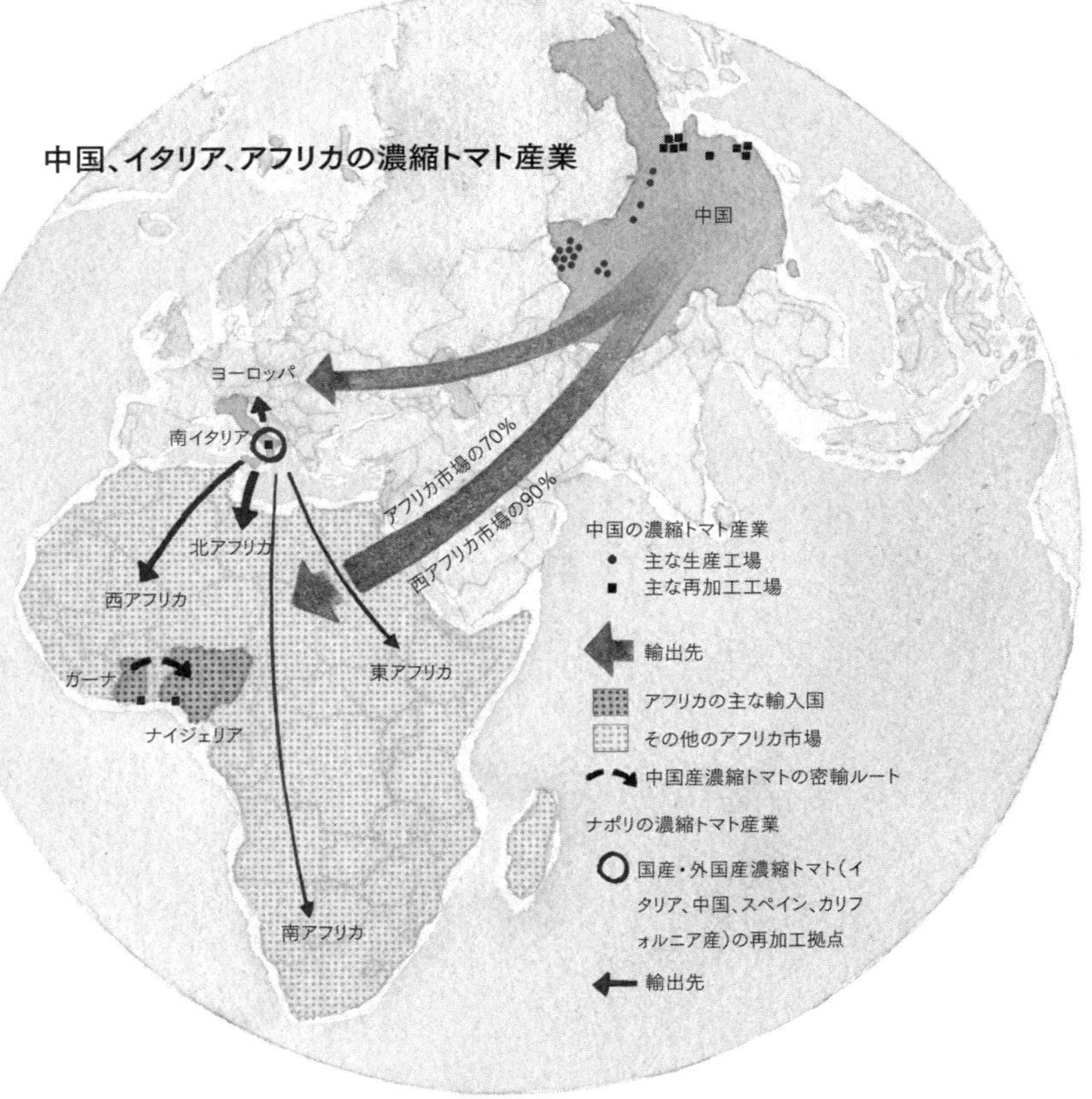

出典:Jean-Baptiste Malet; Tomato News　制作:©Agnès Stienne, Le Monde diplomatique

第1章　中国最大のトマト加工会社

1

中華人民共和国、新疆《しんきょう》ウイグル自治区ウス市近郊

　労働者たちを乗せたバスは、新疆ウイグル自治区の北部、ウス市近郊を出発した。目的地は、首府のウルムチから隣国カザフスタンへ続く道沿いのとある町だ。バスはひと気のない町を通りすぎながら、アスファルトで舗装された道路を進んでいく。そして数キロメートルほど行ったところで曲がりくねったでこぼこ道に入ると、あたりは見渡すかぎりの畑になった。

　土埃《つちぼこり》を上げながら畑のなかを進み、トウモロコシが並んで植えてある脇に停車する。その向こうには三五畝《ムー》、およそ二・三ヘクタールのトマト畑が広がっていた。サッカー場三つ分くらいだろうか。遮るものがいっさいない、だだっ広い畑だった。周辺にはすでに何台ものワゴン

車が停まっている。

労働者の群れがわれ先にとバスを降りていく。女たちは一方の手で子どもの手を引き、もう一方の手でナタを握りしめて走っていく。子どもたちはみんな息を切らしている。ナタの柄《え》には花模様が描かれていた。大きなビニール袋の束を奪いあうようにしてつかみとると、畑のあちこちへ散らばっていく。ビニール袋がなくなると、トラクターがすぐに追加分を運んでくるが、それもあっという間になくなってしまう。

「時間がもったいないからね」と、ある労働者は言った。「今日は、二五キロ用の袋一つにつき、二・二元もらえるんだ」。ユーロに換算すると、およそ三〇セントだ。トマト一キロ当たり約一セントの計算になる。

労働者同士で二、三言ことばを交わしている。標準語ではなく方言のようだ。なるべくいい場所を取りたいので、誰がどこで収穫を行なうか、互いに交渉し合っているのだろう。

一四歳くらいだろうか、ひとりの少女がよろよろと歩いていた。やせ細った背中に、自分の体重と同じくらいの重さのビニール袋の束をかついでいる。少女は自分の持ち場にようやくたどりつくと、袋の束をどさりと地面に置き、束ねていたひもをナタで切り落として作業にとりかかった。

ほかにもたくさんの少年少女がいた。労働者のほとんどが、ここから三〇〇〇キロメートル以上離れた中西部の貧困地域、四川省から来ている。ウイグル人もいた。総勢一五〇〇人ほどの労働者たちは一〇人から二〇人ずつのグループに分かれ、一定の間隔を空けて作業をしている。ほとんどがたったひとりですべての工程をこなしていた。

ふたりで手分けをして作業する者もいた。ひとりがしゃがんで、頭上にかまえたナタを思いきり振り下ろし、トマトの茎《くき》を根元から切り落とす。もうひとりは、熟した実がたわわについたその茎を拾い、わさわさと激しく揺さぶる。トマトの実はつるから離れて、ごろごろと音を立てて地面に落ちる。こうして広い畑の上に、次第に緑のラインと赤いラインのストライプ模様が描かれていく。緑のラインは実を落としたあとの茎だ。腰の高さほどまで積まれている。赤いラインはトマトの実だ。

茎が頑丈《がんじょう》でなかなか切れないと、地面を叩《たた》くようにして何度もナタを振るう。いっしょに組んでいるもうひとりはしゃがみこみ、素手のまま、あるいはナタの刃を使って、あちこちに散らばった実を拾い集める。それがすむと、ようやく実を袋に詰める作業にとりかかる。青々と生い茂っていた畑は、こうして数時間であっという間に丸裸になってしまう。

強い日差しを避けるためだろう、帽子に分厚い布をかぶせている女たちもいる。口をきく者はほとんどいない。聞こえるのは、ナタで茎を切り落とす音と、たっぷり実が詰まったビニール袋を運ぶカサカサいう音だけだ。突然、悲しげなメロディーの歌声が、遠くのほうから聞こえてきた。何人かがちらりと大きな声がするほうを見やったが、うつむいて作業をする人たちのほかは何も見えなかった。

乳飲み子を背負って働く女がいた。ひどい蒸し暑さのせいか、へとへとに疲れきっている。働くには幼すぎる子どもたちは、畑の土や石をいじって遊んでいる。親の真似をしているのだろう、置き忘れられたナタで地面を叩いたり、残留農薬の白い筋がついたトマトの実を口に運んだりしている。

あまりに暑くて、上半身裸でうろつく男たちもいる。かゆいのか、みんなしきりにからだを掻《か》きむしっている。とくに顔と手が赤く腫《は》れたりただれたりしていた。どうやらほとんどが、畑で働くのは今日が初めてではないようだ。

先ほど悲しげな曲を歌っていたのは、四川省出身の男性だった。名はラモ・ジセ、三二歳。妻も同行しており、夫婦とも少数民族のイ族に属する。

「今日はふたりで一六〇袋くらい収穫するんだ。それで三五〇元もらえる」と言う。一六〇袋はおよそトマト四トンに相当する。炎天下での過酷な作業を朝から晩まで続けて、ひとりたった二四ユーロしかもらえないのだ。

「自分をはげますために歌ってるんだ」と、ラモは言った。

赤い帽子の男が、畑の隅に立って収穫の様子を見守っていた。トマト生産者のリ・ソンミンで、この畑の所有者だ。収穫されたトマトは、夜のうちにトラックで中糧屯河《ちゅうりょうとんが》の工場へ運ばれていく。リはそこまでは知っているが、そのあと自分のトマトがどうなるかは知らない。トマトを収穫している労働者たちの名前も知らない。四川省の出稼ぎ労働者も、ウイグル人も、誰ひとりとして知らない。全員、「手配師」によって送られてきたのだ。

リが連絡を取る相手は中糧屯河だけだ。中糧屯河は、必要な設備をすべて提供したうえで、さまざまな品種の加工用トマトを栽培するようリに要求する。リは、中糧屯河から与えられたマニュアルに従って、もっとも効率のよい方法でトマトを作らなくてはならない。収穫されたトマトは、契約した金額ですべて中糧屯河が買いとる。収穫期には労働者も手配する。工場への輸送も中糧屯河の負担で行なわれる。

中糧屯河糖業は、中国最大の、そして世界第二位のトマト加工会社だ。略称は中糧屯河、英名はコフコ・トンハー。Ｃｏｆｃｏ（コフコ）はChina National Cereals, Oils and Foodstuffsの頭文字をとったもので、屯河（トンハー）は新疆ウイグル自治区の地名だ。

親会社は中糧集団有限公司、英名はコフコ・グループ。アメリカのビジネス誌〈フォーチュン〉の企業ランキング「グローバル５００」に入る、世界でもっとも高い売上高を誇る企業のひとつだ。毛沢東《もうたくとう》統治下の多くの企業を吸収して生まれた巨大食品企業グループで、中国で農産物の輸出入を行なえる唯一の国有企業でもある。グループ傘下の中糧屯河は砂糖とトマトを取りあつかう。一五のトマト加工工場を所有し、うち四つはモンゴルに、残り一一は新疆ウイグル自治区（北部に七、南部に四）にある。

同社は、世界中の大手食品メーカーに濃縮トマトを供給している。クラフト・ハインツ、ユニリーバ、ネスレ、キャンベル・スープ、カゴメ、デルモンテ、ペプシコ、マコーミックといった有名メーカーは、いずれも中糧屯河の取引相手だ。年間七〇万トンの砂糖も生産し、コカ・コーラ、クラフト・ハインツ、マース、三菱食品、そして中国乳製品メーカー最大手の蒙牛乳業《もうぎゅうにゅうぎょう》に販売している。ちなみに、蒙牛乳業の主要株主はコフコ・グループとダノンだ。さらに中糧屯河は世界最大級のアプリコット・ピューレの生産者でもある。

同社は、年間一八〇万トンのトマトを使って、全国生産量の三分の一に当たる二五万トンの濃縮トマトを生産している。原材料のトマトは、ウス市近郊をはじめ、新疆ウイグル自治区に点在する何千という畑で収穫される。こうして完成した「コフコ印」の濃縮トマトは、れっきとした原材料として世界八〇カ国以上に輸出される。

トマト畑では幼い子どもたちも働かされる。大手メーカーのトマト加工品はそういうトマトで作られているのだ。一〇歳未満の子どもは、親の収穫作業の手伝いをする。一三歳や一四歳になると、一人前の大人と同じように働かされる。

「こんなふうに畑で子どもを働かせるなんて、本当はよくないことだとわかってるさ。われわれ漢民族にとっては反道徳的だ。でもしかたがないんだ。四川省の貧しい人間にほかの選択肢はない。子どもを預けるところなどないのだから、仕事に連れてくるしかないんだ」

トマト生産者のリ・ソンミンはそう言う。リが生産したトマトは、中国国内では消費されず、加工工場で濃縮されてから世界の食品メーカーに売られていく。その濃縮トマトを使って、ヨーロッパでケチャップやトマトソースが作られるのだ。

2

新疆ウイグル自治区昌吉市《しょうきつし》

灰色の空に高い煙突が数本そびえ立つ。焼けたトマトの甘ったるい匂いが漂う。強い日差しを浴びたトマトを山のように積んだ大型トラックが列をなして工場へ入っていく。わたしも続けて車で門をくぐった。構内では、青いドラム缶を乗せたフォークリフトが何台も行き来している。

トマト畑から二〇〇キロメートル以上離れたウルムチ郊外に、この昌吉工場はある。コフコ・グループ最大の工場だ。ウス市のコフコ工場はもっと古くて薄暗く、雑然としていたが、ここは明るくてピカピカだ。設備は最新で、敷地のまわりにめぐらされた花壇には色とりどりの花が咲いている。ウイグル人の庭師が管理をしているという。中糧屯河の広報担当者がここを待ち合わせ場所に指定したのだ。

ここまで長い道のりだった。トマトを積んだトラックが構内をひっきりなしに行き来するのを眺めながら、わたしは感慨にふけった。とうとう「世界の工場」の内側に侵入したのだ。外部の人間の好奇の目を注意深く回避しているはずのこの工場へ。とはいっても、ここは、深圳《シンセン》市のフォックスコン工場のようにハイテク機器を製造しているわけではない。新製品発表前のアップルの最新モデルを作っているわけでもない。新型ロボットの工場でもなければ、欧米の有名ブランドのグッズや家具を生産しているのでもない。そう、ここは単なる中国の食品工場だ。ふつうのジャーナリストや経済アナリストは、こういう場所には関心を示さないだろう。だがここには、一九八〇年代初頭に中国の指導者たちによって考えだされた、戦略的な産業の秘密が隠されている。そしてその経済的な成功の実態は今もあまり知られていない。

世界でもっとも人口が多い中国では、世界人口の二〇パーセントの国民の食生活を、世界の耕作地のたった九パーセントでまかなわなくてはならない。国民の三分の一が農業に従事し、農業がGDPに占める割合は一〇パーセントだが、当然のことながら足りていない。長年、中国政府は基本的な食品の国内自給率を一〇〇パーセントにする目標を掲げてきたが、二〇一四年の農産物の貿易収支は三二〇億ユーロの赤字だった。その原因として、大豆の輸入の増加、都市部での食肉の消費の増加があげられる。

だが、よく言われるように、中国経済において農業が機能していないと考えるのは大きな間違いだ。[1] 中国は、小麦、コメ、ジャガイモで世界第一位、トウモロコシ、加工用トマトで世界第二位の生産国だ。とくに穀類は、過去一五年間で生産量が四〇パーセントも増加している。あまり知られていないが、濃縮リンゴ果汁、香草、乾燥キノコ、ハチミツの世界一の輸出国でもある。中国の農産物加工は過去三〇年間で、地元生産者による少量販売から、大手企業の独占による大規模生産・販売へと大きく変化した。いまや中国は電子製品と並んで、多くの食品を低価格で海外に輸出している。中国の食品は世界中で消費されているのだ。

「この工場では、一日に五二〇〇トンの濃縮トマトが生産されます」と、勤続一五年の副工場長、ワン・ボーは言う。

「ここは、工場の設計と施工も請け負うイタリアの機械メーカーによって一九九五年に建てられました。一九九九年に一度増築されています。生産ラインは、まず原材料のトマトが到着するところから始まります。ごらんください、ああやってトマトを洗浄するんです」

そこは荷下ろし場だった。汗で顔をテカテカと光らせた数人の作業員が、プラットホームの上に設置された金属製ブリッジの上に立っている。目の前にトラックが停車していた。作業員たちは、積荷のほうを向いて、運転席とほぼ同じ高さに立っていた。手にしたホースからは勢いよく水が吹きだしている。

荷台にはたくさんのトマトが載っていた。水圧に押されてトマトが転がり落ち、山がどんどん崩れていく。荷台後方のハッチから水とともにトマトが滝のように流れ落ちて、次々と溝のなかに入っていく。作業員たちはホースをあちこちへ動かしながら、水に浮かぶトマトを器用に溝のほうへ誘導している。トマトの山は次第に小さくなっていった。こうして溝に流すことで、トマトを洗浄しながら建物のなかへ運べるしくみになっているのだ。

3

「この工場で作られているのは、ドラム缶入り濃縮トマトだけです。大型機械で加工したのち、容器に詰めます」と、ワン・ボーは言った。

「種と皮を取り除いたら、加熱して粉砕し、水分を蒸発させます。水分が抜けて濃縮したら、無菌容器に詰めます。長距離輸送に耐えられる容器なので、そのままヨーロッパ、アメリカ、アフリカ、アジアまで運ぶことができます」

生産ラインの最終工程の様子を見せてもらった。ひとりの作業員が、運搬用パレットの上に青いドラム缶を四つ載せる。ドラム缶はパレットに載ったまま、ベルトコンベアで充塡《じゅうてん》部門へ運ばれていく。充塡部門にいる別の作業員がドラム缶を受けとって異常がないか確認し、それぞれに専用のアセプティック（無菌）パックを設置する。〝充塡ロボット〟のノズルをパックの先端のプラスティック製キャップに取りつけてからスイッチを入れ、モニターを確認する。ちなみに、このロボットはイタリア製だという。

わずか数十秒後には、二二〇リットル入りパックが、どろりとした三倍濃縮トマトで満杯になった。パックは大きくふくらんで、ドラム缶いっぱいに広がる。作業員が、濃縮トマトの詰まったパックのキャップから充塡ロボットのノズルをはずす。するとパレットは自動で回転して、空のドラム缶がノズルの真下に移動する。こうして四つのドラム缶がすべて満杯になるまで、作業員は同じことを繰りかえす。それが終わると別のパレットが到着し、また同じ作業が行なわれるのだ。

「一〇分もあれば覚えられる仕事です。ここでは同じことが繰りかえされます。日勤は昼間中、夜勤なら夜間中、ずっと同じです」と、作業員が言った。

濃縮トマトが詰められた四つのドラム缶は、再びパレットごとベルトコンベアで運ばれていく。十数メートルほど行けば、もう建物の外だ。生産ラインの最終地点である建物の外側にはフォークリフトが待機している。四つのドラム缶が載ったパレットを持ち上げて、パッケージング部門まで運んでいくのだ。この部門では、複数の作業員によってドラム缶に金属製の蓋《ふた》が取りつけられる。そして最後に、ドラム缶の上に、「濃縮トマト」という製品名、製造年月日、「中国産」という原産国名が書かれたラベルシールが貼《は》られる。

生トマトに含まれる固形分はおよそ五パーセントから六パーセントで、水分はおよそ九四パーセントから九五パーセントだ。二倍濃縮トマトでは固形分の割合は二八パーセント以上、三倍濃縮トマトなら三六パーセント以上とされる。近代的で効率的な加工工場で一キロの二倍濃縮トマトを生産するには、およそ六キロのトマトが必要だ。工場の設備が古ければもっとたくさんいるだろう。一キロの三倍濃縮トマトを生産するには、七キロから八キロのトマトが必要だ。

通常、世界の大手トマト加工メーカーの製品ラインナップはもっと幅広い。トマトを圧搾《あっさく》して殺菌しただけで濃縮はされていないトマトジュース、濃縮の割合が低いトマトピューレ、濃縮の割合が高いトマトペーストなどがある。だが、中糧屯河は濃縮の割合が非常に高い三倍濃縮トマトペーストしか作らない。なるべく固形分の割合を多くし、水分含有量を少なくする。水分に輸送コストをかけるのはもったいないと考えるからだ。

自動車、航空機、コンピュータ、電子機器などの分野で、ＯＥＭが行なわれているのはよく知られているだろう。ＯＥＭとは、ある企業が他社ブランドの製品を受託生産することだ。通常、消費者にあまり知られていない企業が他社の有名ブランド製品のパーツを作り、委託元がそれを組み立てて完成させる。こうしたＯＥＭメーカーは、グローバル市場で大きな役割を果たしており、身近な多くの製品に密接に関わっている。低価格で大量に生産できて、高い競争力を持っているからだ。

食品業界も例外ではない。世界的な大手食品メーカーのニーズに応えることで、アグリビジネスに依存しているＯＥＭメーカーはたくさんある。[2] 世界中で大量消費される大手メーカーの加工食品のために、原材料を提供しているのだ。そう考えると、たとえばハインツのケチャップが、中国、ヨーロッパ、アメリカのどこで組み立てられようが、たいした違いはないと言えるだろう。むしろ、どの国の「ＯＥＭメーカー」によって原材料を提供されているかが重要なのだ。トマト加工品の原材料となる濃縮トマトの生産は、アメリカ、中国、イタリアの上位三カ国が世界の市場をほぼ独占していて、スペインとトルコがそれに続く。

中糧屯河は中国の新疆ウイグル自治区に拠点を置くＯＥＭメーカーであり、加工トマト業界において「一次加工業者」と呼ばれる。同社は、世界の大手食品メーカーにドラム缶入り濃縮トマトを供給している。大手食品メーカーは、一次加工業者から調達した原材料を使って、自社の「二次加工工場」で製品を生産する。こうして、トマトが収穫された畑から何千キロメートルも離れたところで、濃縮トマトを原材料に、トマトソース、トマトピューレ、スープ、その他のトマト加工食品が生産されているのだ。

さて、わたしが訪れたコフコ・グループの昌吉工場では、建物から数百メートルほど離れたところで、完成したばかりのドラム缶入り濃縮トマトが倉庫に運びこまれようとしていた。内部には、すでにたくさんのドラム缶が高々と積み上げられている。

作業員たちが、倉庫からドラム缶を搬出してトレーラーに積みこんでいた。近郊の鉄道駅まで運ばれたドラム缶は、貨物列車で中国大陸を何千キロメートルも横断し、北京の南東にある大都市、天津《てんしん》の港で船に載せられる。そこから、ヨーロッパ、アメリカ、アフリカに向けて長い旅に出るのだ。

4

「弊社は多くの食品メーカーと取引があります。なかでも、ハインツはもっとも重要なクライアントのひとつです。ビジネスパートナーとしてつきあうようになって、もう一〇年近くになります。なんといっても、濃縮トマトの世界最大の購入者ですから」

昌吉工場でインタビューに答えてくれたユ・ティアンチーはそう言った。ユは、中糧屯河のトマト加工部門の最高責任者だ。この業界でもっとも影響力を持つ人物のひとりでもある。

「トマトの濃縮加工は収益性が低い事業です。だからハインツは自社ではやらずに、うちの濃縮トマトを買うんです。そうすれば、収益性の高い製品の生産だけに集中できますからね。うちもハインツのおかげでずいぶん助かってます。よいものを作るためにさまざまなトマトの品種をいっしょに開発してきましたし、生産者を育成するノウハウも教えてもらいました」

一九世紀終わりごろから、ハインツは世界最大の濃縮トマトの購入者、そして世界第一位のケチャップ生産者となった。一九一六年には、早くも社内に農学研究センターとトマト研究農場を設立している。トマトスープ、ケチャップ、トマトソースの生産に特化した加工工場を建設したのも、そのすぐ後のことだ。一九三六年には、トマトに関する大規模な研究プロジェクトを立ち上げた。加工に適した品種を開発することが目的だ。その研究は、現在も同社の研究員によって続けられている。

ハインツグループ傘下にあるハインツシードは、加工用トマトの種子の生産で世界第一位だ。種子分野で世界第四位のリマグラン・グループ傘下のＨＭクローズ、化学・製薬分野で世界第一位のバイエル傘下で、種子分野で世界第一位のバイエルクロップサイエンスがそれに続く。

なお、バイエルクロップサイエンスは、二〇一六年、遺伝子組み換え作物の開発で有名なモンサントを六六〇億ドルで買収した。

ハインツが開発した加工用トマトの品種は、非遺伝子組み換えのＦ１種子（異なる性質の種を交配させた雑種の一代目）で、世界中で日常的に消費される食品の多くに使用されている。そうした食品にはハインツの名は記されていない。だが、ハインツの加工用トマトは世界中いたるところでさまざまな生産者によって栽培されている。

第2章　「中国産」のトマトペースト

1

フランス、ヴォクリューズ県カマレ＝シュル＝エーグ

初めて中国産濃縮トマトのドラム缶を見たのは、今から五年前の二〇一一年だった。フランスのプロヴァンス地方にある、トマト加工工場の敷地内に置かれていたのを発見したのだ。工場の入口には「ル・カバノン」という赤い看板が掲げられていた。右手には古びた管理棟。左手の、柵の向こう側の地面にはアスファルトが敷き詰められ、貯蔵スペースになっていた。アセプティック（無菌）パックが詰まった、石油用と同サイズの大量のドラム缶が、パレットの上に高く積みあげられていた。吹きさらしのままで、円柱形の容器の表面が直射日光を受けてキラキラと輝いている。

わたしは、なるべく至近距離からドラム缶を眺められる場所を探した。無断で敷地内に立ち入れないので、柵越しにラベルの文字を読もうとしたのだ。

「トマトペースト、新疆、カルキス、中国産」

ラベルにはそう書かれていた。ここはフランスのプロヴァンス地方、わたしの生まれ故郷だ。かつて祖母は、自家菜園で育てたトマトを使って、自分でトマトペーストを作っていた。だが今、目の前には、はるか遠くからやってきたドラム缶入り濃縮トマトが大量に積まれている。

二〇〇四年、カルキス（中基《ちゅうき》）という中国の食品グループが、フランスの大手トマト加工メーカー、ル・カバノンを買収した。じつは以前この近郊で取材をしたとき、買収をめぐる妙な話を耳にしていた。買収前まで、ル・カバノンは地元の協同組合によって経営されていて、地域の一〇〇人ほどの生産者からトマトを調達していた。ところが同社を買収したカルキスは地元との取引をすべて打ち切り、原材料や生産に関する情報をいっさい公開しなくなったというのだ。

買収当時のカルキスは、これまでと同じように地元産のトマトを使いつづけると約束していた。しかし地元では、工場が中国人の手に渡ったら、中国から輸入した安い濃縮トマトを混ぜてしまうのではないかと危惧《きぐ》されていた。だが、輸入した濃縮トマトしか使わなくなるとは誰も想像していなかった。

柵の外からドラム缶のラベルを読んだわたしは、工場の管理棟へ行き、トマト缶の生産方法について取材させてほしいと申しこんだ。なぜプロヴァンス地方で栽培されたトマトを使わずに、中国から輸入された濃縮トマトを使っているのか、と。それを聞いた担当者はその場でわたしの申し出を断った。

これは重大な事件だった。買収前のル・カバノンは、フランス人のトマトソース消費量の四分の一を地元産のトマトを使って生産していた。しかしカルキスに買収されると、少しずつ、しかし確実に、過去のやりかたを捨てていった。所有していた生産手段を次々と手放したのだ。まずは従業員が解雇され、続けて「一次加工」に使われる道具が廃棄された。もはやこの工場には、「ル・カバノン」というブランド名と濃縮トマトを希釈《きしゃく》する「二次加工」用の機械しか残っていない。

「一次加工」用の機械は、すべて個別に競売に出された。[1] トラックに積まれたトマトをプラットホームで洗浄する機械、遠心分離機、高温圧搾機、蒸発濃縮装置、ベルトコンベア、パッケージング用設備、フォークリフト……。そして、地元のトマト生産者は転職を強いられた。

ル・カバノンは、新疆ウイグル自治区から輸入した濃縮トマトを使いながらも、フランスらしさを前面に打ちだす従来通りのイメージを守りつづけた。ヴォクリューズ県の老舗工場で生産されたトマト缶やトマトソースとして、原産国名「フランス産」と、ル・カバノンのロゴが記されたラベルを使いつづけたのだ。フランス人なら誰でも見たことがある、プロヴァンス風民家とイトスギが描かれたロゴだ。

それは決して違法行為ではない。原材料の産地が変わっても、商品にその記載を義務付ける法律はフランスに存在しないからだ。ル・カバノンは、自社ブランドやプライベートブランドのもとで「プロヴァンス風トマトソース」を販売しつづけた。これらの商品は、ヨーロッパ中に支店を展開する大手スーパーチェーンの店頭に並べられた。

カルキスはどういう理由から、フランスのトマト加工メーカーに興味を抱いたのか？　この業界のフランス人たちが今も記憶しているように、パレード用の軍服を着た中国の将官たちがアヴィニヨンで開催されたトマトの展示会を訪れたのはどうしてか？　どういう経緯で、プロヴァンス地方のトマト加工メーカーが中国に買収されるにいたったのか？　そして、交渉をまとめたとされる、要職にあるらしいリウ将官とは何者なのか？

わたしはまだこのとき、この件を報じた小さな新聞記事しか読んでいなかった。[2] トマト加工メーカーの買収のニュースはほとんど話題にならなかったからだ。だが、どうしても詳細が知りたくてたまらなかった。

2

それから数年後、ル・カバノンに起きた出来事はちっとも珍しいことではなく、むしろ世界の通例になっていることを知った。とくにアメリカ、ヨーロッパ、西アフリカではよくあることだった。一九九〇年代頃から、地元で収穫されるトマトを加工して国内で販売している会社は、世界中各地で倒産していた。価格競争に負けたからだ。グローバル経済において、遠い国から激安価格で輸入されるドラム缶入り濃縮トマトとは、どうがんばっても張り合えない。いまや輸入濃縮トマトで食品やソースを生産するのは、世界のアグリビジネスではふつうのことになっていた。

そのもっとも象徴的なのはオランダのケースだろう。現在、オランダは年間約一二万トンの濃縮トマトを輸入し、ケチャップやトマトソースを年間一九万トン以上輸出している。イギリスの有名なブラウンソース、HPソースもオランダで作られている。一八九五年にイギリスで開発された、トマトとモルトビネガーをベースにしたスパイシーなソースで、イギリス人家庭の食卓には必ず置かれている。

一九八八年、HPソースブランドは、一億九九〇〇万ポンドでダノンに買収された。二〇〇五年、今度はハインツが同ブランドを買収する。イギリスの監督機関は、二〇〇六年四月にこの取引を正式に承認した。すると翌月、ハインツはHPソースの生産拠点をイギリスからオランダへ移すと発表したのだ。

HPソースはこれまでずっと、イギリスのウエスト・ミッドランズ地方にある、バーミンガム郊外アストンで生産されてきた。バーミンガムといえば、産業革命で重要な役割を果たし、一九世紀には「世界の工場」と異名をとった都市だ。ところが今後は、オランダのヘルダーラント州郊外、エルストの工場で生産されることになったのだ。この工場は、ハインツが世界中に所有するソース工場でもっとも大規模なもののひとつだ。

イギリス人はこの決定に猛反対し、ボイコット運動が起きた。HPソースのHPは、イギリス国会議事堂（Houses of Parliament）の頭文字で、国会議事堂の食堂で使われていたことからそう命名された。王室御用達ブランドでもある。イギリスを象徴するこのソースがオランダで生産されるなんて！　国会議員をはじめとするイギリス国民は激怒したが、ハインツは取り合わなかった。

現在、オランダで作られるHPソースのラベルにも、イギリス国会議事堂付属の時計台、ビッグ・ベンが描かれている。一方、アストンの工場は二〇〇七年春に閉鎖され、翌年夏に解体された。「HP」と書かれた旧工場の看板は、歴史的遺物としてバーミンガム博物館に収蔵されている。

ハインツはオランダのエルスト工場で、輸入したドラム缶入り濃縮トマトを原材料にして、西ヨーロッパ向けのトマトケチャップを生産している。ハインツは加工食品の生産のために、年間四五万トンの濃縮トマトを使用しているという。トマトだとおよそ二〇〇万トン分だ。[3]二〇一六年、世界中で年間三八〇〇万トンのトマトが加工された。つまり、ハインツ一社だけで、世界中のトマト加工品の約五パーセントを生産している計算になる。

ハインツは、ケチャップのおかげで加工トマト業界の帝王に君臨した。キャンベル・スープに並ぶ、アメリカ流ライフスタイルのアイコン的存在だ。ハインツ印のトマトケチャップは、何十年もの間、多くのアーティスト、ジャーナリスト、広告クリエーターたちを魅了してきた。だが、わたしたちは、こうしたケチャップやトマトスープについて、いったい何を知っているのだろう。資本主義の発展において、トマト加工品はどういう役割を果たしてきたのだろうか。

二〇一五年七月二日、食品大手のクラフトフーズとハインツが合併した。合併後に誕生したクラフト・ハインツ・カンパニーは、傘下に一三ものブランドを擁《よう》する超巨大企業になった。売上高は年間二八〇億ドル以上で、これは食品業界で世界第五位に相当する。ちなみにアメリカ農務省によると、世界の食品産業の総売上高はおよそ四兆ドルだという。

クラフト・ハインツの主要株主は、投資ファンドの3Gキャピタルとバークシャー・ハサウェイだ。バークシャーは、アメリカ人投資家で世界第二位の資産家、ウォーレン・バフェットが運営する持株会社だ。まずハインツが二〇一三年二月に、3Gキャピタルとバークシャーによって二八〇億ドルで買収された。その前年の二〇一二年、ハインツは一一〇億ドルの売上高を達成し、世界のケチャップ市場で五九パーセントのシェアを獲得したばかりだった。この買収は食品業界史上で最高額の取引になったため、当時は大きな話題になった。だが、それだけではすまなかった。二〇一五年の合併で、クラフト・ハインツはまた新たな世界記録を生みだした。バークシャーが、この合併を実現するために一〇〇億ドルもの追加投資を行なったのだ。

食品業界における大手独占はどんどん進んでいる。現在、クラフト・ハインツを含む世界の食品メーカー上位一五社だけで、世界中のスーパーマーケットで販売される食品の三〇パーセントが作られている。

3

スーパーマーケットの保存食品コーナーで、トマトペースト、ケチャップ、カットトマト缶、トマトソースなどを老若男女さまざまな客が真剣な表情で選んでいる。彼らのほとんどは、こうしたトマト加工品に使われている原材料はこのスーパーの生鮮食品コーナーや市場で売られているトマトと同じだと思っているはずだ。

いや、何人かは、「缶詰に使われているのは大量生産されているトマトだ」と言うかもしれない。だがほぼ全員が、添え木をされた緑の茎になっている赤くて丸い実をイメージしているにちがいない。

「いずれにしても、トマトはトマトじゃないか」と言う人もいるだろう。

「もちろん、いろいろな品種のトマトがあるし、出来のいいのも悪いのもある。でもトマトはトマトさ。強いて言えば、畑や菜園で露地栽培されたものと、温室栽培されたもの、土ではなく特殊な土台に植えられたものなどの違いがあるくらいさ」

スーパーマーケットの客や、ピザ店でマルゲリータを焼いている職人にかたっぱしから尋ねたところ、ほとんどがトマト加工品に使われているトマトの正体を知らなかった。この取材をする前のわたしとまったく同じだ。それも当然だろう。こうした製品のパッケージデザインやテレビCMには、必ず赤くて丸いトマトが使われているのだから。わたしたちの脳にはこのイメージが完全に刷《す》りこまれている。世界中でトマト加工品に使われているパッケージの数は、年間一二〇億に上るというのだから。[4]

加工トマト業界は、人々がトマトに抱くイメージをうまく利用しているのだ。加工用トマトを実際に見たことがある人はいるだろうか？　加工用トマトと生食用トマトは、リンゴとナシほどに違う。別の目的のために、別の環境で作られた、別の果実と考えるべきだ。

加工用トマトは、加工に適した特徴を持つよう、遺伝子工学研究者によって人工的に生みだされたものだ。濃縮されてドラム缶に詰められ、遠くの国に届けられるまで地球を何周も回ることすらある。その流通ルートは網の目のように世界中に広がっている。あらゆる国で輸送され、店頭に並べられ、消費される。

こうした加工用トマトは、生食用のように丸くはなく細長い形をしている。水分量が少なく、重くて実が詰まっている。皮は分厚く、生でかじると固くて、食感がコリコリしている。収穫後にトラックで長距離輸送されたり、加工用機械のなかで跳ね回ったりしてもつぶれないよう、丈夫に作られているのだ。そして傷《いた》みにくい。

農学者は、加工用トマトのことを冗談交じりで「戦闘用トマト」と呼ぶ。トラックの荷台のなかで、何百キロものトマトの山の下敷きになっても、びくともしないほど頑丈だからだ。長年の研究開発の成果でそういうトマトが生まれた。だからくれぐれも、どんなに頭にくることがあっても、芸術家や政治家の顔に加工用トマトを投げつけてはいけない。石をぶつけるのと同じで、おそらく相手は即死してしまうだろうから。

スーパーの生鮮食品コーナーで売られているトマトは水分をたっぷり含んでおり、トマトの重さはほぼ水の重さと言ってもいい。だが加工用トマトは水分をほとんど含んでおらず、ジューシーさにはほど遠い。工場で濃縮トマトを作るのにもっとも重要な工程は、水分を蒸発させることなので、はじめから水分が少ないほうがやりやすいのだ。

だから生食用トマトは、露地栽培だろうが温室栽培だろうが、濃縮トマトにはまったく向いていない。確かに前世紀には、作りすぎた生食用トマトを無駄にしないように加工に回したこともあった。だが、現在ではそういうケースは非常に稀《まれ》である。

工場でトマトを濃縮トマトに加工するには、機械に適した品種のトマトを開発することと、トマトに合わせた機械を開発することの両方が必要だった。厳選された加工用トマトを使って最新機械で作られた濃縮トマトは、一般家庭では決して真似のできないクオリティになる。

濃縮トマトを作るには、トマトを高温で粉砕し、水分を蒸発させ、濃縮させる。ただしその過程でトマトが焼けたり、焦げたり、傷んだり、糖分がカラメル状になったり、茶色に変色したりしないよう、常に温度を摂氏一〇〇度以下に保たなければならない。こうすることで新鮮さが維持されるのだ。少なくとも、高品質の濃縮トマトを作るには、これがもっとも優れた方法だろう。

石油の精製次第でさまざまなタイプのガソリンができるように、トマトの場合も、加工方法によってさまざまな製品ができる。濃度、色合い、粘度、果肉入りかどうかなど、同じトマトを使ってもいろいろだ。基本的な加工方法は、一九世紀にこの産業が生まれたときとほとんど変わらない。だが、生産の規模とスピードは劇的に進化した。そして、市場が大きく発展してグローバル化し、今では世界中の誰もがトマト加工品を口にできるようになっている。

加工用トマトの苗は低木性だ。エネルギーとなる太陽光は無料でいくらでも手に入るので、栽培に適した気候で広い畑に植えればすくすくと育ち、暑い盛りならいつでも収穫できる。カリフォルニアでは春から収穫できる場合もあり、プロヴァンス地方では秋まで収穫が可能だ。

いまや、トマトはわたしたちの食生活に欠かせないものになった。ジャンクフードから地中海式ダイエットまで、食文化を問わずあらゆる料理に使われ、病気や肥満によって食事制限されることもない。二〇世紀の歴史学者、フェルナン・ブローデルは、小麦、コメ、トウモロコシという三つの穀物に注目し、それらを栽培して食することがその土地（ヨーロッパ、アジア、アメリカ）の文明に大きな影響を与えたと述べた。だがいまや、これら三つの穀物は、たったひとつの「トマトの文明」に取って代わられている。

トマトは、植物学者にとっては「果物」、農務省の役人にとっては「野菜」に分類される。

そして商人にとっては「ドラム缶」だ。トマト加工品が流通したおかげで、世界中の誰もがトマトを口にできるようになり、食品業界の商人にとってトマトは金のなる木になった。

ケチャップ、トマトピューレ、バーベキューソースやメキシカンソース、レトルト食品、冷凍食品、缶詰などのトマト加工品は、世界中どこでも手に入る。コメやクスクスと混ぜることで滋養のある料理が作られたり、パエリヤ、マフェ（セネガルのソース）、チョルバ（東ヨーロッパや中央アジアのスープ）といった世界の伝統料理にも重宝される。北アフリカ、オーストラリア、イラン、ガーナ、イギリス、日本、トルコ、アルゼンチン、ヨルダン……どこの国でも、トマトソースやケチャップを料理にかけたりつけたりして食べている。航空機の機内には必ずトマトジュースが用意されている。

わたしは今回の取材で、貧しい国々の市場ではトマトペーストがスプーン売りされていることを知った。スプーン一杯で数ユーロセントだ。この資本主義社会において、トマト加工品はもっとも手に入れやすい製品なのだ。一日一・五ドルでの生活を余儀なくされる、最貧困の人たちでも買うことができる。世界中でこれほど出回っている製品はほかにないだろう。

国際連合食糧農業機関（ＦＡＯ）によると、現在、トマトは世界一七〇カ国で栽培されており、この五〇年間で消費量が一気に増加した。一九六一年、ジャガイモの年間生産量は二億七一〇〇万トンで、トマトはその約一〇分の一の二八〇〇万トンだった。ところが二〇一三年になると、ジャガイモは二・五倍増の三億七六〇〇万トンにとどまったのに対し、トマトは一億六四〇〇万トンと六倍に増えている。そして、二〇一六年のトマト加工品の年間生産量は三八〇〇万トンだ。これはトマトの全生産量の四分の一に相当する。

トマト加工品のテレビCMやロゴデザインに見られる、素朴でほのぼのとしたイメージとは裏腹に、世界の実業家たちはトマトをめぐって苛烈《かれつ》な争いを繰り広げている。世界加工トマト評議会（WPTC）によると、この業界の年間売上高は一〇〇億ドルに上るという。加工トマト業界は非常に狭い。ほんの一握りの人たちが、世界のトマト消費量の四分の一の生産を独占している。ほとんどがイタリア人、中国人、アメリカ人だ。加工トマト産業はイタリアのパルマで誕生し、そこからアメリカへ広がった。今でもパルマは最大拠点のひとつだが、現在の二大生産地はアメリカと中国だ。トマト加工品を売買する商社や食品機械メーカーも、この業界で大きな役割を果たしている。

ごく一部の人間が市場を独占するケースについては、すでに世界中でずいぶん報道されたり書かれたりしてきた。とりわけ石油、ウラン、ダイヤモンド、武器、レアメタルといった市場については、さまざまなジャーナリストが取材を行なっている。ありとあらゆる一次産品の裏事情が、取材者たちの鋭く執拗な追求の的となってきた。穀物や肉類といった食品も例外ではない。

だが、トマトはどうだろう？　あのほのぼのとしたイメージのトマトに対して、いったい誰が厳しいまなざしを向けるというのか？　そう、「トマト」と聞くだけで、誰もが自然に笑みを浮かべてしまう。それはどうしようもないことだ。わたしがこの取材を始めたばかりのころ、誰かにこの本の企画について話すたび、「え、トマトのことを書くの!?」と笑われたものだ。だが、こうした他人のリアクションはブレーキになるどころか、むしろ闘志に火をつけた。これまで誰もトマトに不信や疑惑の目を向けてこなかったのは、人々の先入観のせいだとわかったからだ。

トマト加工品がどうしてこれほど普及したか、世界の消費者は知らないだろう。もしかしたら、トマトの原種は南米で生まれたことくらいは知っているかもしれない。だが、加工トマト産業が一九世紀のイタリアで始まったことは知らない人が多いのではないか。ハインツがアメリカで本格的にトマトのグローバル化を推し進めたのは、それからずいぶん後のことだ。

わたしはローマに移り住み、イタリア語を勉強しはじめた。そのほうが取材をするのに便利だと思ったからだ。そして、イタリアの有名トマト加工メーカー本社、南イタリアのカンパニア州にある加工工場などを訪ねて、縦横に飛びまわった。いや、イタリア国内だけではない、この業界について調べるため、アジア、アフリカ、ヨーロッパ、アメリカを、何万キロメートルも移動した。あちこちのトマト畑を歩き、たくさんの工場を訪れた。業界のトップ経営者のほか、無名の労働者、破産したトマト生産者、移民キャンプで暮らす日雇い収穫労働者たちの話を聞いた。

わたしたちが大いに慣れ親しんだ、世界中どこにでもある商品、いつもそこにあるのが当たり前に思われる商品について、その知られざる歴史を調べ、いかにしてこれほどまでに普及したかを明らかにし、その生産とグローバル社会との関連性を見いだすのは、興味深いことではないだろうか？　一見なんでもないことに思われるその歴史が、じつは想定外の重みを持っているかもしれない。それによって、世界の産業史や近年のグローバリゼーションに対するこれまでの考えかたが、少しは変わるかもしれない。

アメリカの大企業の歴史は、単なる会社や人物のサクセスストーリーにとどまらない。国家がどのように進化したかを教えてくれる。アメリカならではの世界観の影響を受け、技術革新に後押しされ、インフラの発展に支えられて、一九世紀末から二〇世紀初頭にかけて活躍した伝説的起業家たちは、アメリカという国家、そしてこの国の運命を築きあげてきた。そのうちのいくつかの企業は長く活動をつづけ、国際的に規模を広げ、今世紀に影響を与えている。H・J・ハインツ・カンパニーはそのひとつである。

ヘンリー・キッシンジャー[5]

第3章　伝説化されたアメリカの加工トマト産業

1

イギリス、ロンドン。大英図書館

『ア・ゴールデン・デイ』は、美しく装丁された、端正な活版印刷の本だ。凝《こ》った意匠《いしょう》の青い函《はこ》に収められている。この本には、加工トマト業界の知られざるエピソードがつづられている。これを読むと、この業界がグローバル社会のパイオニア的存在であったことがよくわかる。

一九二四年一〇月一一日、ある会社の盛大なパーティーが世界六二都市で同時開催された。ピッツバーグで一八時三〇分、サンフランシスコで一五時三〇分、ロンドンで二三時三〇分と、時差を越えて同時に始まった。アメリカ、カナダ、イギリス、スコットランドの会場で、集まった招待客たちに同じ料理が一万皿分、ちょうど同じ時刻に提供された。

ペンシルベニア州ピッツバーグのメイン会場では、三〇〇〇人の客がディナーを楽しんだ。そこで披露されたスピーチやコンサートのもようは、最先端の通信技術を使ってほかの会場にも生中継された。アメリカで行なわれたスピーチを、電波を通して南アフリカのケープタウンで聞くことができたのだ。六二カ所の会場の内装は、いずれも同社のコーポレートカラーで彩られた。世界でもっとも多く消費されているトマトケチャップのラベルに使われている、緑色、金色、クリーム色の三色だ。

『ア・ゴールデン・デイ』には、その日の出来事が克明に記録されている。ハインツが、創業五五周年と、創業者生誕八〇周年を記念して催したパーティーだ。その日の朝、ピッツバーグのハインツ本社では、五年前に他界した創業者の記念碑の落成式が行なわれた。円形の建物のなかで、縦溝彫りの円柱が並ぶ大理石のフロアに、多くの人々が集まった。勤続年数がもっとも長い女性従業員が勢いよく布を引くと、その下から背の高いブロンズ像が現れた。ハインツの創業者で、加工トマト業界のリーダー、ヘンリー・ジョン・ハインツだ。

ヘンリー・ジョン・ハインツは、生前、アメリカでもっとも富裕な一〇人のうちのひとりに数えられた[1]。産業資本主義を語るうえで避けることのできない重要人物だ。一九一九年に彼が死去したとき、ハインツはすでに、ケチャップ、トマト味のベイクドビーンズ、ピクルスの生産で世界のトップに立っていた。世界中で九〇〇〇人以上をフルタイムで雇用し、収穫期にはさらに四万人の労働者を臨時雇用した。製品運搬用の車両は四〇〇台も所有していた。

ブロンズ像と二枚の石造レリーフは、二〇世紀初頭に多くの王族の肖像を手がけたことで知られる画家・彫刻家、エミル・フックスによって制作された。

2

「今夜ここで行なわれていることは、数年前なら〝奇跡〟と呼ばれていたでしょう」

アメリカ大統領ジョン・カルヴィン・クーリッジは、会場に電話でメッセージを届けた。その日のパーティーでもっとも重要なスピーチだ。大統領はハインツの栄光を惜しみなく称えた。

「世界中の一万人の従業員と経営者が、この素晴らしい会社の創立五五周年をいっしょに祝っているのです。（中略）世界各地で、みなが同時に同じ人のスピーチを聞き、同じ料理を味わっています。なんと科学の進歩は素晴らしいのでしょう。人類は常に発見や発明をしつづけていかなければなりません。人類の進化の速さに合わせて、わたしたちも日々スピードを上げていかなくてはならないのです」

多くのエコノミストや歴史学者によると、一九二三年から一九二九年まで大統領を務めたクーリッジは、富裕層に有利な税率引き下げと、政府が市場に干渉しない自由放任主義《レッセフェール》によって、一九三〇年代の大恐慌の原因の一部を作ったとされる。

創立五五周年に当たる一九二四年、ハインツはある新聞折り込み広告を出した。大きな世界地図が描かれ、各大陸の上に、さまざまな民族衣装を着た肌の色が異なる労働者たちがいる。すべての人が青い線で中央の青い円につながれており、その周囲にはたくさんのフルーツや野菜が並んでいる。書かれているコピーは、「五七種のおいしい食品」と「世界の畑から世界の市場へ」だ。世界各地にちらばる一九五の支社、代理店、倉庫は、ハインツの工場に原材料を供給するためになくてはならない拠点だと言いたいのだ。そしてそれは、この広告によると「五七種の食品を、世界中のすべての文明国に届けるため」だという。

3

ハインツの『ア・ゴールデン・デイ』から六年が経過した一九三〇年一一月八日、再び同じような全世界同時開催パーティーが行なわれた。今回も、世界各地の数万人の従業員があちこちの会場に一斉に集まった。前回と違うのは、従業員の人数がやや増えたことと、スペインとオーストラリアにも会場ができたことだった。そして今回は、第三一代大統領のハーバード・フーヴァーが会場にメッセージを送った。

「世界中の従業員のみなさんとごいっしょに、わたしも御社の社長に祝辞を捧げることができることを、大変光栄に思っております。(中略)六〇年以上も繁栄しつづける御社の創立記念日を祝福できることはこのうえない喜びです。これほど長く存続できるのは、経営者と従業員がみな満足し、互いに尊重しあっていることの、何よりの証拠でしょう」

確かに、ハインツでは、創業以来一度も従業員ストライキが起きていなかった。当時のアメリカで、これほどの規模の会社ではきわめて珍しいことだった。

「この近代文明では、どうも機械化ばかりが取り沙汰されて大切なことを忘れてしまいがちです。もっとも素晴らしく、もっとも強い機械は、じつはわたしたち人間なのだということを」

前任者のクーリッジと同様、フーヴァー大統領もハインツへの称賛を惜しまなかった。当時、すでに世界一のケチャップメーカーだったハインツは、自動車業界におけるフォードに並ぶ、アメリカの花形企業だったのだ。それにしても、政治家、実業家、経済評論家たちは、どうしてハインツをこれほど高く評価したのか？　生産性の高さや、最新の加工技術とパッケージングのためだけではない。この会社が唯一無二の、理想的な経営を行なっていたからだ。世界的に社会主義が広がりを見せ、労働組合が声高に権利を主張するなか、労使間の争いが起きることなく大きな剰余価値を生みだしている……つまり、労働コスト以上の労働力を引きだすことに成功していたからだ。しかも、グループ傘下にある世界中のすべての会社において例外なく。

「労使紛争は、産業における最大の損失です。生産のスピードを遅らせ、生産量を減少させるだけでなく、人々の生活を悪化させ、心に傷を負わせます。それに、生産量や利益を失うだけならまだ取り返しがつきますが、人が傷ついたり命を落としたりしたら決して取り返しがつきません」と、フーヴァー大統領は力強く述べた。

ハインツがこの二度目の「全世界同時パーティー」を開催したのは、一九二九年一〇月のニューヨーク株式市場大暴落の翌年だった。世界大恐慌の真っ只中だ。フーヴァー大統領は、クーリッジ前大統領と同様に自由貿易を擁護し、ほとんど不況対策をしなかったため、恐慌を深刻化させてしまったと言われている。そういう人物だからこそ、ハインツの経営者と労働者に向けて、今後もさらにグローバル化を進めていくよう熱い口調で呼びかけたのだ。さらに大統領は、ほかのアメリカ企業がハインツのように国際的ではないことを遺憾《いかん》に思う、とも述べた。「もしすべての企業が御社のようであったら、人類はもっとずっと幸せになれたでしょう」フーヴァー大統領はこう言って絶賛した。ハインツは、アメリカの産業の救世主として伝説的な存在だったのだ。

4

アメリカ、ミシガン州ディアボーン。ヘンリー・フォード博物館

アメリカで伝説化された加工トマト産業の歴史、この業界の発展の一大叙事詩は、いったいどこでどのように始まったのだろう。

その答えのヒントは、ミシガン州ディアボーンに見いだすことができる。フォードの創業者

ヘンリー・フォードの生誕地で、フォードの本社がある町だ。わたしはこの町へ行き、産業資本主義の殿堂、ヘンリー・フォード博物館を訪れた。ヘンリー・フォード自身が企画・建設したアメリカ最大級の博物館で、グリーンフィールド・ヴィレッジという広大なテーマパークも併設されている。蒸気機関車やT型フォードに乗ることができて、ファミリー客にも人気がある。そしてここは、大胆かつ先見の明があった、かつての起業家たちの栄光を称える場でもある。

園内には、トーマス・エジソンの研究所、ライト兄弟の自転車店、ヘンリー・フォードの作業場などが当時のままの姿で保存されている。来園した子どもたちは、ソーダを飲んだり、お菓子を食べたりしながら、そうした施設をひとつひとつ訪れる。歩道橋を散策しながら、トラックの生産ラインを見下ろすこともできる。大統領専用車などのレトロカー、古い農業機械、かつて実際に空を飛んでいた初期の飛行機など、ありとあらゆるエンジンつきの乗り物が並んでいる。しかし、どうしてこれほど多くの産業遺産がスポットライトを浴びて展示されるのか？　いったい何のために？　それは、アメリカの伝説、この国の素晴らしい産業史を後世の人々に伝えるためだ。

ようやく目的地にたどりついた。赤いレンガ造りの二階建ての家だ。上階に五つの窓があり、屋上に小さな煙突がふたつ立っている。間違いない。この家こそがあの伝説化された加工トマト産業の歴史のスタート地点だ。これを見るために、はるばるディアボーンまでやってきたのだ。この資本主義の聖地を訪れるために。

ここはいわば、一九世紀版スティーブ・ジョブズのガレージだ。ジョブズがガレージでアップルコンピュータの第一号機を製作したように、ヘンリー・ジョン・ハインツはここで初めてケチャップを生産した。小さくて狭苦しく、決して快適そうではないこの家で、のちに億万長者になる起業家が、大きな飛躍の第一歩を踏みだした。まったく華やかなところのない、地味で目立たないこの家が、アメリカでもっとも伝説的な場所のひとつになったのだ。

ハインツ一家が暮らしたこの小さな家は、一八五四年、ペンシルベニア州シャープスバーグに建てられた。一九〇四年にいったん解体され、ピッツバーグの巨大なトマト加工工場に移築されている。以来、この家を描いたデザインはハインツ社のシンボルマークとして用いられるようになり、二〇世紀には、新聞、ポストカード、ポスター、従業員を表彰するときに贈られるメダルやペンダントなどに使われた。一九九六年には、世界各国の従業員に、この家をモチーフにしたクリスマスランプが贈られている。

ハインツの家はその後再び解体され、一九五四年六月一六日、このヘンリー・フォード博物館に寄贈された。このとき、ハインツとフォードの創業者の孫たちが、共同で祝賀会を開催している。ヘンリー・ジョン・ハインツの孫、ヘンリー・ジョン・ジャック・ハインツ二世が、ヘンリー・フォードの孫、ウィリアム・クレイ・フォードに、家の玄関前でうやうやしくカギを手渡すという儀式も行なわれた。

現在、この家の入口には次のような解説文が掲示されている。
「この家で誕生したヘンリー・ジョン・ハインツは、消費者の購買意欲を促進する宣伝方法をたくさん発明しました。ロゴマークやシンボルマークを使ったり、新しい宣伝方法を駆使したりして、消費者がハインツの製品をすぐに見分けられるようにしたのです。そのおかげで、会社の売上は伸び、収益も増えました」

家のなかには、ハインツの初期の製品がたくさん展示されている。八角形をしたオクタゴナルボトルもあった。コカ・コーラのボトルに並ぶ、アメリカ流ライフスタイルのシンボルとなったボトルデザインだ。

二〇世紀初頭の従業員向けに作られたハインツのポスターが、きちんと額装されて飾られていた。わたしが好きな一枚だ。後光を浴びたこの家が、まるでキリストが誕生したクリスマスの朝の小屋のように神々しく描かれている。そこにはこんなコピーが書かれている。
「すべての歴史はここから始まった」

5

ヘンリー・ジョン・ハインツが保存食品ビジネスを始めたのは、まだ子どものころだったと言われる。ドイツ出身の母親がホールラディッシュの瓶詰めを販売していたのを手伝ったのがきっかけだという。

現在、世界中で販売されているハインツのケチャップのボトルには、ハインツの創業年は一八六九年と記載されている。つまり、ヘンリー・ジョン・ハインツは、二五歳のときに今の会社を立ち上げたことになっている。しかしそれは正確ではない。一八七三年五月の金融危機のあと、当時のヘンリーの会社は倒産してしまったからだ。一八七三年から一八九六年まで続いた大恐慌の影響だ。だが、ヘンリー本人と周囲の人々は、この事実を隠そうとした。ヘンリーが死去した直後の一九二三年に出版された公式な伝記、『ヘンリー・ジョン・ハインツ自伝』にも、そのことは記されていない。[2] 現在のハインツ社は、一八七六年にヘンリーが二度目に立ち上げた会社なのだ。

その一年後、ヘンリーは三三歳で、保存食品の缶詰を工場で生産しはじめた。そのためには、たくさんの従業員を雇用しなければならない。だがそのとき、ヘンリーの脳裏にはストライキに対する大きな恐れがあった。一八七七年夏に発生したばかりの鉄道の大ストライキがトラウマになっていたのだ。とりわけ、七月一九日から三〇日にかけて多くの死傷者を出した大暴動、いわゆる「ピッツバーグ・コミューン」[3]に大きな衝撃を受けた。

この鉄道ストライキは、賃金カットと雇用削減に抗議して鉄道員が行なったもので、貧困に苦しんでいた一般市民の大きな共感を集めた。初期のマルクス主義団体のひとつ、労働者党も支持し、一部の町では同党が扇動《せんどう》したとも言われている。ウエストバージニア州マーティンズバーグで始まった後、他の州にもどんどん波及していき、最終的には一〇万人以上の労働者が参加した。もはや労働組合ですら、この騒動を鎮《しず》めることはできなかった。シカゴ、ピッツバーグ、セントルイスなどの町は、ストライキ参加者によって支配された。一週間もの間、西海岸と東海岸をつなぐ鉄道は運行が停止された。国の機能は麻痺《まひ》し、経済は停滞した。

アメリカにとって、これは史上初の「赤の恐怖」だった。パリ・コミューンからわずか六年後、人々の心にはまだそのイメージが生々しく残っていた。残忍な暴力、暴徒による破壊行動、南北戦争を思いださせる警察と労働者の争い……。当時の新聞には、「アナーキストたちはこのままこの国の実権を握ってしまうのか?」という文字が躍った。

一八七七年七月二五日、マルクスはエンゲルスに対してこう手紙を書いている。

「きみは、アメリカの労働者たちについてどう思う? 資本主義社会の支配者に対する、南北戦争以来初の蜂起だ。結局は鎮圧されてしまったが、アメリカに本物の労働党が誕生したのは注目に値するね」[4]

この暴動は、政府が派遣した連邦軍の武力によって制圧された。だがそれによってたくさんの犠牲者が出た。メリーランド州、ペンシルベニア州、イリノイ州、ミズーリ州では、多くのストライキ参加者が命を失った。ピッツバーグだけで六一人が亡くなった。ヘンリー・ジョン・ハインツは、自らの日記にこの事件の詳細を記録している。こうした暴力沙汰が続くなかで、資本家に戦いを挑むストライキ参加者たちが、一般市民に支持されていることに不安を感じていたのだ。

『ヘンリー・ジョン・ハインツ自伝』の著者、歴史家のクエンティン・R・スクラベックは、わたしの取材に対してこう言った。

「ヘンリー・ジョン・ハインツは、物事に深くのめりこむタイプでした。多くの経営者が、労働者を搾取し、ストライキを力づくで抑えるのが当たり前だと思っていた時代に、もっとうまくやれる方法があるはずだと、ずっと考えていました。本人が庶民の出というのもあったのでしょう。資本家と労働者が争わずにすむ会社を作りたいと思ったのです。そして、現在は〝マネジメント〟と呼ばれている経営管理方法を、当時、自分で考えだしました」

マルクス主義がもたらす災い、いわゆる「赤禍《せっか》」を避けるためだ。清教徒《ピューリタン》であり、衛生学者でもあったヘンリー・ジョン・ハインツは、経営者が労働者の利益を守る会社を作りたいと考えた。のちに言う「パターナリズム（家父長主義）」だ。そして実際、ヘンリーの工場はその典型となっていく。彼の「経営上の」変革は、先駆者たちの「科学上の」変革と同じように、世界の産業史に重要な意味をもたらしたのだ。

6

アメリカ、ペンシルベニア州ピッツバーグ。ハインツ歴史センター

自動車メーカーのフォードが、標準化された車をアセンブリーラインで組み立てはじめる前から、ハインツはトマト味のベイクドビーンズの缶詰をピッツバーグ工場でライン生産していた。作業員の仕事は細分化され、多くはすでにオートメーション化されていた。缶詰に蓋をする機械の「巻き締め機」は、一八九七年に導入された。[5] ライン生産方式の早期導入で知られる、あのT型フォードより一一年も前のことだ。

ハインツ歴史センターの資料室には、一九〇四年に撮られた写真が何枚も保管されている。そろいのユニフォームを着て、生産ラインで働いている女性労働者たち。ラインの上にケチャップのガラス容器が載っているのが見える。一九〇五年、ハインツのケチャップ生産量は一〇〇万個だったが、その二年後には一二〇〇万個に急増した。フォードがT型フォードのアセンブリーラインにベルトコンベアを導入するより前に、ハインツの工場では「コンベア」が動いていた。缶詰が入った金属製のカゴが、熱湯の入る高温滅菌装置に向かって、自動で移動するレールに載って運ばれていたのだ。

一九〇三年、マイケル・ジョセフ・オーウェンが「自動製瓶機」を開発・販売すると、ハイ

ンツはすぐに導入した。ガラス容器を自社生産する初の企業のひとつになり、より機能的に大量生産をするようになった。それまでガラス容器の購入コストがかさむせいでトマトケチャップなどの商品価格を下げることができず、売上がやや伸び悩んでいた。オーウェン式自動製瓶機のおかげで、ケチャップのガラス容器にかかるコストを一八分の一まで削減できたのだ。

工場のエネルギー源を最新化させたおかげで、自動製瓶機を使えるようになったことも忘れてはならない。ハインツのピッツバーグ工場では、かなり早い段階から石炭ではなくガスが使われていた。アメリカでもっとも早く電力を利用しはじめた会社のひとつでもあった。

その数年前の一八九八年、エンジニアのフレデリック・ウィンズロー・テイラーが、ペンシルベニア州東部の製鋼大手、ベスレヘム・スチールのコンサルタントに就任した。そして自らが考案した「科学的管理法」に基づいて、生産に関わるすべての仕事の見直し、作業の分割、各工程の改善を徹底的に行なった。こうした管理法の理念、いわゆる「テイラリズム」は、ピッツバーグの製鋼会社でもすぐに導入され、その後、製鋼業以外の多くの工場でも取り入れられた。そのうちのひとつが、ハインツのピッツバーグ工場だ。ハインツは、工場のオートメーション化を進め、ベルトコンベアを使い、生産力を改善させた。

ここで、ひとつの疑問が浮かんでくる。もしかしたらハインツは、近代生産方式のパイオニアとされるあのフォードよりも進んでいたのではないか？

作業員の動作にかかる時間をストップウォッチで計測し、無駄な動きをなくし、作業時間を徹底的に短縮させる。こうした「科学的管理法」が導入されたことで、ハインツの生産量は急速に増加し、それに伴って商品の原価率も下がった。ハインツは、テイラリズムによって合理的な労働の組織化を行なった、最初の食品メーカーだった。アメリカにおける大量生産のパイオニアだったのだ。

一九〇五年、ハインツはイギリスに初の海外工場を設立した。一八九六年にはすでにイギリス市場に進出していたが、これからは製品を輸出するのではなく現地で生産することにしたのだ。[6] 一九〇三年にロンドンで撮られた工場の写真には、イギリス風の建物のファサードに、大きな字でこう書かれているのが見える。

「アメリカのハインツ　五七種のトマト製品」

一九〇七年、ハインツの年間投資額は、アメリカの食品産業全体の五分の一を占めていた。[7] そして一九一〇年、トマト缶など缶詰商品の年間生産量は四〇〇〇万個、ケチャップなど瓶詰商品は二〇〇〇万個になった。海外にも商品を流通させたハインツは、アメリカでもっとも重要なグローバル企業に成長した。[8]

一九〇八年、フォードがデトロイト工場のアセンブリーラインでT型フォードの生産を始めたころ、ハインツはすでに電化された生産ラインを備え、電話も引いていた。当時はまだ、アメリカで電話はほとんど普及していなかった。

自動車メーカーのフォードが、テイラーの「科学的管理法」、いわゆるテイラリズムに基づいて独自に開発したシステムは現在、一般的に「フォーディズム」と呼ばれてよく知られている。だが、ハインツはフォーディズムより先に、徹底したテイラリズムとライン生産に基づいたマネジメントシステムを作りあげていた。

ハインツ式マネジメントの一番の特徴は、そのパターナリズム（家父長主義）にある。会社が定めた規律にしたがって行動をしている従業員には、高額な給与が支払われる。しかも、就業中だけでなく、プライベートでの行動も含まれていた。たとえば、工場の近くには、スポーツジム、屋外運動場、プール、会社が選んだ本や雑誌を置く図書館があった。従業員には、こうした施設を利用して、体力や知識を身につけることが要求される。清教徒《ピューリタン》である経営者と同じような価値観を持つよう、指導・教育されていたのだ。読むのにふさわしくないと経営者が考えた書籍は、図書館には置かれなかった。余暇を楽しむための公園さえあった。公園には、経営者がフロリダ旅行の際に購入したワニが飼われていた。

すべては、労使間の争いを回避するためのアイデアだ。ヘンリー・ジョン・ハインツのパターナリズムは大成功だった。二〇世紀初め、ハインツのライバル会社であるキャンベル・スープも生産管理を行なっていたが、取り入れた理念は「テイラリズム」ではなく、イギリス流のより厳格に労働者を管理する「ビドー方式」だった。だが、作業成績によって労働者をランク分けする徹底した合理主義のせいで、労使間の争いが絶えなかった。労働組合は、労働条件の改善を求めて大規模な抗議活動を行なった。[9] それを抑えるために経営者側が暴力的な手段に訴えたため、ますます労働者の反発は大きくなった。

ハインツにはこうした争いはまったく起きなかった。キャンベル・スープは労働者にためらうことなく「ムチ」を振るったが、ハインツは決してそうはせず、逆に「アメ」を与えつづけた。パターナリズムに基づいたやりかただ。会社に忠実な、「品行のよい」従業員に高い給与を支払うことで、ハインツは成功した。これは、のちにフォードが規則を守り仕事ができる労働者に、業界平均より高い「日当五ドル」を与えたのに先んじている。おかげで優秀な人材が長く勤めるようになり、消費能力が上がったことで自社製品を買える従業員も増えた。

一八九〇年代初め、ハインツは社内に「社会学部」を設立した。労働者について研究し、心理的なアプローチをマネジメントに取り入れるための部署だ。のちにフォードが行なったやりかたとまったく同じだ。さらに、工場の精鋭部隊「ピックルアーミー」も設立された。信頼できる従業員だけで構成された特別部門で、ほかの従業員を教育し、工場での規律、節制、品行方正を管理する役割を担《にな》っている。

こうした努力の結果、ハインツは、労使紛争が頻発《ひんぱつ》した時代に一度もストライキが起きなかった会社として、業界で注目を集めるようになった。

7

ピッツバーグ、ホームウッド墓地

二〇世紀初めのピッツバーグは、世界経済の中心地のひとつだった。多くの産業がこの地で栄えた。当時、新興産業によって財を成した実業家は、町の「イーストエンド」と呼ばれるエリアで暮らしていた。[10]

多くの銀行家、ワシントンの上院下院の議員（ワシントンはピッツバーグからさほど遠くない）、会社経営者が、ここに居を構えた。ベスレヘム・スチール代表のチャールズ・マイケル・シュワブ、カーネギー・スチールCEOのヘンリー・クレイ・フリック、そしてカーネギー・スチールを経営し、当時は「世界最大の富豪」とされたアンドリュー・カーネギーら、製鋼業界の大物たちもこのイーストエンドに住んでいた。電気産業の先駆者であるジョージ・ウエスティングハウス、ガラス産業の父と称されるエドワード・リビーも例外ではない。そして、ハインツ一族もこのエリアの名門として知られていた。

現在、静かで緑豊かなホームウッド墓地には、かつてこの地に暮らした大物たちが眠っている。ハインツ一族の霊廟《れいびょう》は大きな立方体をしている。白亜の壁にステンドグラスの窓がつき、天井にドームをいただく立派な建物だ。ヘンリー・クレイ・フリックの墓地は、そこから数メートルのところにある。フリックは現役時代、労働者を厳しく管理したことで知られている。一八九二年七月五日の夜、当時はカーネギー・スチールの工場責任者だったが、ウィンチェスターライフルで武装した民兵を使って、ストライキをしていた九人の労働者を殺害したのだ。

8

ピッツバーグ、ハインツストリート

アレゲニー川にかかるヴェテランス橋を越えると、赤いレンガ造りの煙突が二本立っているのが見える。一方に「ハインツ」、もう一方に「57」と書かれている。ピッツバーグのハインツ工場のシンボルだ。資本主義の歴史において、「五七種の商品」をスローガンにしたこの工場は、ほかのありきたりな食品工場とは一線を画している。なぜなら、ここは世界の食品産業の発祥地なのだ。

産業化時代のヨーロッパとアメリカでは、缶詰工場で雇用されるのはほとんどが女性だった。当時の性差別的偏見によって、食品を作るのは女性の仕事と考えられていたからだ。また、製鋼産業が盛んだったピッツバーグでは、男性は溶鉱炉を使って鋼鉄を作るのに雇われたため、手が空いているのは女性しかいなかったという事情もある。それに、経営者にとって、女性を雇用するのは大きなメリットがあった。男性と同じ仕事をこなしてくれるのに賃金は二分の一ですむからだ。当然、ハインツもこれを利用しない理由はなかった。

缶詰工場は、女性労働者の歴史を考えるうえで無視することのできない場所だ。一九〇〇年、ハインツでは、全従業員に女性が占める割合は五八パーセントだった。女性の雇用条件は一四歳以上。女性従業員のほとんどが一四歳から二五歳の独身で、平均年齢は二〇歳を下回っていた。

これらの数字は「ピッツバーグ調査」報告書からの抜粋だ。一九〇七年から一九〇八年に実施されたこの調査は、一九一一年に全六巻という膨大《ぼうだい》な報告書にまとめられ、アメリカ最古の社会学研究のひとつとして知られている。社会学教師で写真家であったルイス・ハインによる、アメリカの青少年労働者を撮った写真も掲載された。七〇人もの調査員によってまとめられた、ピッツバーグの労働者たちの貧困と苦しみを伝える貴重な資料だ。正確な統計データを駆使し、きちんと体系的にまとめられ、労働者たちの厳しい日常を赤裸々に伝えている。当時のメディアによるプロパガンダや、企業広告のイメージとは正反対のこうした実態は、全米に大きな衝撃を与えた。そしてこの調査報告書は、二〇年後の人権擁護を推進する「進歩主義時代」への重要なステップのひとつとなった。

「ピッツバーグ調査」報告書の第一巻には、社会学者のエリザベス・ビアーズリー・バトラーによる女性労働者に関するレポート「女性と商業」が掲載されている。その冒頭に書かれているのが、ハインツの缶詰工場における女性の労働条件の実態だ。ペンシルベニア州法では、週の労働時間は六〇時間までと決められていたが、この工場では七二時間に達することもあったという。

二〇世紀初頭のライン生産の様子を伝える資料写真といえば、自動車のアセンブリーラインを撮ったものがほとんどなので、写っているのは男性従業員ばかりだ。そのため、われわれ現代の人間は、当時の工場で大量生産を担っていたのは男性だったと思いがちだ。だが実際は、女性も同じように働いていた。白い帽子をかぶったあどけない少女たちが、手にたくさんのやけどを負い、わずかな賃金をもらって、缶詰のラインで働いている。わたしたちはその姿を忘れてはならない。こうした少女たちも、合法的に雇用されたプロレタリア階級の一員として、工場での過酷な労働に耐えていた。あらゆる側面において、フォードの自動車工場で見ることのできたすべてが、その一〇年前のハインツの缶詰工場にはすでに存在していたのだ。

「フォーディズム」ということばは、第一次世界大戦後に世界中に広まった。フォードが科学的管理法を応用して独自に開発した生産システムのことだが、広義にはアメリカ経済を築いた新しい大量生産方式を指す。もともとは、イタリアのマルクス主義思想家アントニオ・グラムシが命名したとされる。機械による人間の奴隷化、作業分割がもたらす弊害、搾取の増大といった、大量生産が社会にもたらす悪影響を分析するために用いられたのがきっかけだった。

ヘンリー・フォードは、一九二二年に出版された回想録『マイ・ライフ・アンド・ワーク』

で、フォードの生産方式は食品業界に着想を得たものだと告白している。少年時代に見た、シカゴの食肉工場の様子に影響を受けたというのだ。こうした工場において、多くが青少年である労働者たちが搾取され、奴隷化される様子は、一九〇六年に刊行されたアプトン・シンクレアの小説『ジャングル』に詳しく描かれている。

ハインツとフォードの工場が似通っていたのは、決して偶然ではない。どちらもテイラリズムの理念から、同じ生産管理法を導入していた。大量生産をベースとした経営戦略も、資本主義社会に対するビジョンもまったく同じだった。食品メーカーと自動車メーカーのふたりの経営者は、同じことを目標にし、同じことを思い描いていたのだ。唯一違う点があるとすれば、同じように標準化された大量生産品でも、T型フォードよりトマトの缶詰やケチャップのほうが安価で手に入れやすかったことだろう。そのため、ハインツの製品は早くからアメリカで購入・消費されていた。

こうして見てきてわかるように、ハインツは加工トマト業界で重要な役割を担っただけではなく、一世紀以上にわたる資本主義の歴史においても特別な位置を占めている。ハインツは資本主義社会におけるパイオニアだ。意外に感じるかもしれないが、それは確かなことだ。オートメーション、モータリゼーション、標準化、合理化による生産性向上、新しい生産システムによる労働力の強化、会社に忠実な従業員を育てるパターナリズム……ハインツは創業当時から、こうしたすべてを実施してきた。アメリカ国内だけでなく、世界中において。

9

「どんなに素晴らしい食品を生産しても、消費者に欲しいと思ってもらわなければ意味がありません」

一九五〇年代、新規雇用された従業員に配られたハインツのパンフレットにそう書かれている。冒頭の「ハインツは世界に向けて語る」という章では、広報部の仕事の内容と、PR活動の重要性が説明されている。

「ハインツの広報部は、消費者の購買意欲を刺激し、需要を維持するのに重要な役割を担っています。その仕事が成功したかどうかを確かめるのは簡単です。売上高が上がったか、ハインツの社名と五七種の商品が世界中に知られるようになったか、確認すればよいのです。（中略）五〇年以上前から、ハインツは雑誌に広告を掲載してきました。広告の巧みさに関してハインツは高い評判を得ています。数千カ所のショッピングセンターや商店街には、看板やポスターを掲示しています。いつでもどこでもハインツのことを思いだしてもらうためです。ラジオも重要なメディアです。何百万人というリスナーに同時にメッセージを伝えられるのですから。そして広報部以外にも、ハインツの宣伝のために重要なはたらきをしている部署はたくさんあります。教育部では、女性雑誌や料理雑誌に記事を掲載したり、ラジオの料理番組で作られた料理にコメントを出したり、工場生産された食品に推薦コメントを書いたり、食育のための情報を学校に提供したりしています。乳児用食品部では、医療機関、託児所、栄養士、家庭の主婦と提携した活動を行なっています。展示会部では、飲食業向けの食品展示会や、医学会議などで、ハインツの商品を紹介しています。そして経済活動部は、ハインツの広告、プレスリリース、パンフレットなどで実施される何百種類というアプローチ方法を研究開発しています。もし誰かに〝ハインツの広報部ってどういう仕事をしているの？〟と尋ねられたら、ぜひこう答えてください。〝ハインツのよさを世界に向けて語る仕事です〟と。実際、そのとおりなのですから」

第4章　濃縮トマト輸出トップの会社

1

中国、北京

北京市中心部の朝陽区《ちょうようく》にある高級住宅街にやってきた。外部からのアクセスが制限されているコミュニティで、エントランスはゲートで封鎖されている。隣にはゴルフ場がある。入口で黒服のガードマンに来訪先を告げると、無線でどこかに連絡をし、出入りを許可する手続きを取ってくれた。敷地を囲う高い壁には電気柵が張りめぐらされ、およそ五〇メートル間隔で監視カメラが設置されている。一〇分後、ようやくゲートが上がった。

敷地内は緑に溢れていた。ガードマンたちが自転車に乗ってパトロールをしている。どの庭も手入れが行き届いている。どうやら、壮麗な邸宅の前に停められた高級車と同じだけの庭師がいるらしい。そして、またしてもゲート。検問所から別の黒服が顔を出し、再び入場許可の手続きをする。先ほどと同じようにしばし待つ。無線からザーザーという音が聞こえてくる。そして、再びゲートが上がった。

リウ・イ将官は、わたしとの待ち合わせ場所に自宅を指定していた。万全なセキュリティが確保された高官向け住宅街だ。リウ将官は、中国の食品グループ、カルキス（中基）の創業者であり元経営者だ。カルキスは、新疆の開発と防衛に携わる政府組織、新疆生産建設兵団によって経営されている。「兵団」なので、リウには「将官」の肩書がついているのだ。二〇〇〇年代、リウ将官の指揮下にあったカルキスは、濃縮トマトの輸出で世界トップになった。二〇〇四年には、フランスのプロヴァンス地方にある大手トマト加工メーカー、ル・カバノンを買収している。

カルキスは創業以来ずっと、外部の人間に工場を公開することはおろか、いかなる取材もすべて拒否してきた。イタリアの〈フード・ニュース〉やフランスの〈トマト・ニュース〉などの業界専門誌に記事を書いているジャーナリストでさえ、カルキスに関する情報を何ひとつ入手できずにいた。いずれの雑誌も、トマト加工メーカーを敵視しているわけでは決してないのだが。カルキスは現在も、あたかも軍事機密を守るかのように、秘密主義をかたくなに貫いている。唯一、カルキスのドラム缶入り濃縮トマトを輸入する業者から、匿名の情報がちらほら流れてくるだけだ。だが、耳に入ってくるのは、生産量や流通量といったたわいもない情報だけだ。投資額、経営戦略、取引先との契約内容、内部の権力争いなどの話はどこからも漏《も》れてこない。

この取材を始めたころの二〇一四年六月、わたしは世界加工トマト評議会（WPTC）の会議に出席した。場所は、イタリア北部にある町、シルミオーネ。国内最大の湖、ガルダ湖畔に会場が設けられ、世界中のトマト業界の大物たちが一堂に会していた。ドラム缶入り濃縮トマトを生産する大手トマト加工メーカー、濃縮トマトの輸出入を手がける商社、ハインツ、ネスレ、ユニリーバなど濃縮トマトの購入先である大手食品メーカー、商品パッケージング会社の経営者、運送会社、海運業者、種子メーカー、農芸化学者、トマト加工工場の設計・施工も手がけるイタリアの食品機械メーカー……。そう、年間数十万トンというドラム缶入り濃縮トマトを使って商品を生産・販売しているこの業界の大物たちが、世界中からこの地に勢ぞろいしていたのだ。

原則としてテレビカメラは会場に入れず、唯一、欧州委員会農業担当委員によるテレビ電話講演と、イタリア農務大臣によるイタリア製品の品質を称賛する閉会演説だけ、撮影が許可されていた。わたしは会期中の三日間、どうにかして取材相手を見つけようと、たくさんの関係者に接触した。ポケットを名刺でいっぱいにし、加工トマト業界に関してさまざまなレクチャーを受けたり、濃縮トマトの勢力図の基礎をマスターしたりした。オーケストラ演奏つきのレセプションに忍びこんでビュッフェ料理も味わった。同郷の遺伝子組み換え作物（GMO）種子メーカー社員のおかげで、招待状なしで入ることができたのだ。

そうやって根気よく情報収集を続けた二日目のこと、カクテルパーティーの会場で、とうとう最大のターゲットに会うことができた。カルキスの代表団だ。パーティーに参加していたのはふたりだった。どちらもまったく目立たず、物陰にひっそりと佇《たたず》んで、誰とも会話を交わしていなかった。ひとりは間違いなくカルキスのナンバーツー、副社長のミン・ウーだ。上海大学で経済学を修め、中国地質大学北京校で技術者も務めている。だが、わたしがいくら質問をしても、ミン副社長はいっさい答えてくれなかった。インタビューが嫌いなのか、あるいはわたしと話をするのが嫌だったのか。

もうひとりは、リリ・ユー。エクス＝マルセイユ大学で経済学を学び、フランス語を話す女性だった。かつて、プロヴァンス地方のカマレ＝シュル＝エーグで、ル・カバノンとカルキスの経営陣を引き合わせる役割を担ったという。だが、二、三言社交辞令を交わした後でどこかへ姿を消してしまい、カルキスに関する話を引きだしたいという願いはとうとうかなわなかった。

だがそれから二年後、わたしはようやくその目的を果たす手段を見つけたようだった。

2

リウ将官は、一九九四年にカルキスを立ち上げ、二〇年近くこの会社を切り盛りしてきた敏腕経営者だ。ところが二〇一一年、突然一線を退いた。業界から忽然《こつぜん》と姿を消してしまったのだ。このとき、多くのメーカーや商社は、リウ将官は業界から消されたのだと噂した。あまりに急だったので、汚職に手を染めて失脚したと思われたのだ。

そうした噂はしばらく続いていた。二〇一六年一〇月一八日、国際食品見本市のシアル・パリで会った、あるトマト加工品大手商社の代表はこう言っていた。

「リウ将官はパスポートを押収されたんだ。中国当局の捜査対象になったんだよ」

この人物はリウ将官と親交が深かった。彼の会社は、かつてカルキスから大量に濃縮トマトを仕入れており、カルキスにとって最大のクライアントのひとつだった。二〇一四年には、一〇年間カルキスの傘下にあったル・カバノンの買収もしている。互いによく知り尽くしているビジネスパートナーだ。その人物がそう言っていたのだ。だが、その言葉を裏づける証拠はどこにもなかった。

わたしは今回の取材中、食品展示会や天津で会った業界関係者たちに、リウ将官の退任をどう思うか尋ねてみた。すると、ノーコメントか、あからさまに喜ぶ人が多かった。どうやらリウ将官は、この業界であまり好感を抱かれていないらしい。少なくともライバルは多かったようだ。予想していたことだったが。
リウ将官とは何者か、いったい今どうしているのかと、わたしはずっと考えていた。政治上の理由で失脚したのか。それとも、ほかの多くの中国人のように、取引先から賄賂《わいろ》を受けとったことが発覚し、就任したての習近平《しゅうきんぺい》国家主席によって離職させられたのか。

中国では今、中国共産党による「反腐敗運動」という腐敗撲滅キャンペーンが実施されており、一〇〇万人以上の官僚や公務員が捜査の対象になっていた。[1] とりわけ、加工トマト業界のように関係者同士がしのぎを削りあう世界では、何があってもおかしくない。リウ将官が誰かに密告された可能性は大いにありうるだろう。しかし、だからといって立ち往生しているわけにはいかない。どうにかしてリウ将官に会って、ぜひとも話を聞かなければ……。

そして念願かなって、今わたしはリウ将官の目の前にいる。だが、一番知りたいのは、将官のプライベートな事情より、謎に包まれた中国の加工トマト業界の実態だ。中国はどうして加工トマト産業に着手することになったのか？　どのようにして世界一の濃縮トマト輸出国になれたのか？　知りたいことは山のようにある。答えを知るには、中国の加工トマト産業を実際におこした人物に尋ねるのが一番いい。

一九九〇年代以降、中国は加工トマト産業で頭角を現しはじめ、二〇〇〇年代初頭には濃縮トマトの最大の輸出国になった。そして二〇一六年現在、生産量ではアメリカのカリフォルニアにトップの座を譲ったものの、今も世界一の輸出国でありつづけている。

だが、中国の国内では、トマト加工品はほとんど消費されていない。国内市場はほぼゼロに等しい。いったいなぜそういう国が、濃縮トマトのようなやや特殊な商品を作りはじめたのか？　なぜ新疆ウイグル自治区なのか？　どうして極東のあの地で加工用トマトを栽培しているのか？　中国人民解放軍と新疆生産建設兵団は、この産業にどう関わっているのか？　そして、中国のトマト加工メーカーのツートップ、中糧屯河（コフコ・トンハー）とカルキス（中基）は、なぜ対立するようになったのだろうか？

3

リウ将官は、シャツのフロントボタンを開けたままの姿で現れた。金のネックレスが胸元に輝いている。チェーンスモーカーで、ひっきりなしにタバコを吸い、次々に鳴りつづけるたくさんの携帯電話を器用に操っている。デスクの上には、アフリカ経済の推移に関する市場調査資料が山のように積まれていた。

わたしがリウ将官の北京の自宅を訪れたのは、二〇一六年八月二一日だ。この日の取材中、将官は二〇一一年にカルキスを去った理由をどうしても話してくれなかった。だからといって冷淡だったわけではない。むしろ、自分がいた時代にどうやってカルキスが繁栄していったかを熱心に話してくれた。

同世代の中国人と同じように、リウ将官も中国語しか話さない。これまで長期にわたって外国で仕事をし、フランスで暮らしたこともあったはずなのだが。ル・カバノンを買収したあと、新疆生産建設兵団はパリのシャンゼリゼ大通りにオフィスを構えた。リウ将官は毎月フランスを訪れ、ヤニック・メザドリと親しくなった。フランス最大のトマト加工品商社の経営者で、カルキスがプロヴァンス地方の協同組合からル・カバノンを買収する際に仲介役になったという。現在は、業界誌〈トマト・ニュース〉の発行人を務めるかたわら、プロヴァンス地方のタラスコンという町で、フランス最大のトマト加工メーカーを経営している。そして今も、商社代表として中国で生産された濃縮トマトを世界中に輸出しつづけている。

二〇〇〇年代、リウ将官にはフランス政府から正式な滞在許可が下りていた。わたしの目の前で財布から許可証を取りだし、笑いながら見せてくれた。裏面の住所欄には、ル・カバノンの住所が記載されていた。ヴォクリューズ県、カマレ＝シュル＝エーグ、ピオラン通りだ。

「わたしは新疆生産建設兵団の子どものようなものだ。兵団で育てられ、兵団のおかげで成長した。だから兵団のために働いたんだ」

4

ここで、新疆生産建設兵団について説明しておこう。この政府組織がどのように加工トマト業界に関わっているかを理解するには、まずは基本的なことを押さえておかなければならない。

新疆生産建設兵団（XPCC、略して「兵団」）は、中国西部の新疆ウイグル自治区に駐屯する組織で、この地域の経済開発と防衛に携わっている。中央政府と新疆ウイグル自治区の両方の指揮下にあるが、地域の行政は兵団が行なっている。超巨大な組織で、総人員は二六〇万人以上。パリ市の人口より多いので、もはやひとつの都市と言えるだろう。

二〇一一年に首府のウルムチでわたしが極秘入手した内部映像によると、兵団内には一四の師団があり、それらがさらに一七五の農牧団場と呼ばれる農場に分かれている。農業は兵団における重要な産業なのだ。兵団は一四の企業を経営しており、カルキスはその花形のひとつだ。カルキスのライバルである中糧屯河（コフコ・トンハー）は中国政府が経営する国有企業だが、兵団が経営するカルキスは国有企業ではない。二社とも中国の大手トマト加工メーカーだが、その成り立ちは大きく異なるのだ。兵団は、国のなかのもうひとつの国のようなものだ。フランス国土の三倍の面積の新疆地区において、この地域の耕作地の三分の一を管理し、地域産業の生産量の四分の一を手がけている。

兵団が軍事・農業・工業の各分野で発展してきたことは、新疆の歴史と大きく関わっている。新疆は中国の五つの自治区のひとつで、現在の正式名称を新疆ウイグル自治区という。場所は中国国土の最西部だ。もともと、テュルク（トルコ）系ムスリムのウイグル族が多く暮らす地域で、現在もおよそ九〇〇万人のウイグル人が住んでいる。

歴史的に見ると、新疆が初めて中国の支配下に置かれたのは一八世紀半ば、清朝のころだ。原住民のウイグル人や回族（漢人ムスリム）は中国の統治に抵抗して何度も反乱を起こしたが、清朝は同化政策を掲げて彼らと戦った。[2] その後、一八六四年から一八七七年までのわずか十数年間だけ中国支配から免れたものの、一八八四年に再び併合され、省制が敷かれて新疆省となった。

時代は下り、一九三三年にウイグル人による民族国家、東トルキスタン共和国が建設されたが、わずか数カ月（一九三三年一一月から一九三四年二月）で崩壊。一九四四年から一九四九年にかけては、中華民国に支配されたり、一部地域をソ連に支配されたりし、一九四九年にとうとう共産党による一党独裁国家、中華人民共和国に統一された。新疆ウイグル自治区が設置されたのは、一九五五年のことだ。

長い戦いの歴史を経て、今、新疆は中国の一部となっている。では、中国はなぜこれほどまでにこの地域にこだわるのだろうか？ ひとつには、この地に石油、天然ガス、石炭、ウラン、金といった天然資源が豊富だからだ。それに加えて、新疆の広大な大地は軍事訓練を行なうのに適している。実際、新疆のタクラマカン砂漠では、一九六四年から一九九六年にかけて、核実験が四五回（うち大気圏内が二三回）行なわれている。

だからこそ中国政府は、新疆統一後の一九五二年、中国人民解放軍をこの地に派遣して開墾《かいこん》と防衛をさせたのだ。新疆を漢族の植民地にするために。そして二年後の一九五四年、解放軍は新疆生産建設兵団と命名された。漢族の人口は、統一当時はわずか二〇万人だったが、いまや一一〇〇万人近くにふくれあがっている。

現在、中国政府は「一帯一路（ワンベルト・ワンロード）」という一大プロジェクトを進めている。別名「新シルクロード」と呼ばれるこの構想は、中国を起点に、道路、鉄道、港湾、発電所、ガスパイプラインなどのインフラを整備し、アジア、中東、アフリカ、欧州を結ぶネットワークを築くものだ。経済外交の活発化と地政学的戦略の意味合いがあるとされる[3]。とりわけロシア、カザフスタン、パキスタンなどの周辺諸国、中近東、アフリカ、ヨーロッパへつながるルートを築くのに、新疆ウイグル自治区は重要な拠点になる。新疆の重要性は、中国政府にとっていっそう増していると言えるだろう。

その一方で、新疆ウイグル自治区では、今でも漢族とウイグル人の紛争がたびたび発生している。二〇〇九年七月五日から八日にかけても、首府のウルムチでウイグル人による大規模な暴動が起きた。公式発表によると、死者一九七人、負傷者一六八四人を出したという。だが、こうした大惨事があったときは別として、新疆の情報はほとんど外国に流れてこない。現地では緊張状態が続き、外国と連絡を取るのも容易ではなく、厳しく監視される。インターネットの利用も北京以上に管理され、厳しい検閲がある。

わたしがウルムチのホテルに宿泊したときは、外国からの電話を受信するのにあらかじめ許可を取らねばならなかった。多くのホテル、レストラン、ショップでは、入店するのにゲート式の金属探知機をくぐらされる。車で新疆内を移動すると、どこへ行っても頻繁に検問所にぶつかるので、そのたびに車を止めて検査を受けなければならない。ウルムチの町中を歩けば、通りの角を曲がるごとに、暴動抑止のためのトラックと警官隊の姿が目に入る。そもそも飛行機でウルムチ地窩堡《ちかほう》国際空港に着いた途端、軍用ヘルメットをかぶって完全武装した男たちが大勢いてギョッとさせられるのだ。こうしたものものしい雰囲気は、中国のほかの地域とはまったく異なっている。

だが、新疆がほかの地域と異なる点はほかにもある。それこそが新疆生産建設兵団だ。さて、ここでようやく本題に戻ろう。兵団が軍事・農業・工業の各分野で発展してこられたのはいったいどうしてか？　前述したように、兵団のもともとの使命は、新疆を漢族の植民地にすることだった。そのために、国境を警備し、農地を開墾し、街を築き、あらゆるものを管理下に置いた。病院、学校、大学、農場、工場……あらゆる施設を経営するようになった。

新疆生産建設兵団は、地域の経済開発と社会安定のために、まるでタコが四方八方に足を伸ばすように活動分野を広げてきた。たとえば、自分たちが所有する鉱山から石炭を発掘すると、それを原料にして自分たちで製鉄用コークスを生産する。畑で栽培された綿花は、自分たちで収穫し、兵団が経営する紡績工場で綿糸や綿織物にされる。飼育された家畜は、兵団の食肉工場で解体され、兵団の食品工場で加工される。広大な農地で収穫されるさまざまな農作物も、兵団の工場で食品にされる。化学産業分野も同様だ。

つまり、兵団は、栽培、飼育、発掘、加工などをすべて自分たちで行ない、自分たちの生活必需品を作ったり、よそに販売して利益を得たりしている。トマトに関しても、兵団の畑で栽培された加工用トマトを兵団の加工工場でドラム缶入り濃縮トマトに加工したり、一部を缶詰工場でトマト缶にしたりしている。

「一九五四年、中央政府の命令を受けて、中国人民解放軍の士官や兵士たちがこの新疆ウイグル自治区に集まり、新疆生産建設兵団が結成されました」

軍歌をBGMに、ナレーションがそう告げる。前述した、ウルムチでわたしが極秘入手した映像だ。団員向けに活動内容を紹介したもので、当然外部には公開されていないが、USBメモリに入れてこっそり国外に持ちだした。兵団がいかに素晴らしい活動を行なってきたかを資料映像とナレーションで伝えている。軍事パレードと戦車の列。広大な畑を農業機械が並んで進む様子を上空から撮った映像。まるで天安門広場での戦車パレードのように、複数のコンバインが対角線を描きながら畑のなかを進んでいく。殺虫剤を空中散布する飛行機、巨大な工場で大型機械がフル回転する様子、建設中の高層ビル、海上のコンテナ船……。そうやって団員たちが必死に働いてきたおかげで、今の繁栄があるというわけだ。

「こうして兵団は、この辺境の地とタクラマカン砂漠に、数百万ヘクタールの畑を作りだしました。ただの砂漠を緑豊かなオアシスに変えたのです。そして、近代農業と近代工業を実現させました。何もない土地に町を築きました。兵団は、中国共産党、軍隊、企業の集合体です。

中央政府と新疆ウイグル自治区委員会の指揮下で活動を行なっています」

どうやら新疆生産建設兵団にとって、集約農場と対外貿易は戦争の延長であるらしい。違いは武力に頼るかどうかだけだ。われわれ欧米人が見ると、過剰なまでの生産第一主義を手放しで賞賛するその姿は、こっけいにすら見える。だが本人たちはいたってまじめに、この映像を団員たちに見せているのだろう。二〇一一年、兵団が手がけたすべての生産品の年間販売額は九六八万八四〇〇元（一三二億ユーロ）だった。

「二〇一一年、兵団はトマトの生産量と輸出量でアジア第一位になりました。われわれは多くの血と汗を流しながら、国境を警備し、国を発展させています。兵団は栄光の集団です。今後、われわれは世界へと活動の場を広げていきます。新疆の兵団は世界の兵団になるのです」

そうナレーションが入ると、ウラン鉱山、原子力発電所、トマト収穫の様子、いかにも社会主義的な記念碑などが映しだされる。ラストシーンは、町がみるみる都市化していく様子を上空から眺めた早回し映像だ。それはまるで、都市経営シミュレーションゲームの画面のようだった。

5

「一九七七年、中国は改革開放に向かって進んでいた。つまり、市場経済体制への移行が始まり、ヒト、モノ、カネが国境を超えて自由に行き来しはじめた。文化大革命のために一時中断していた大学入試も再開した。そこでわたしは、新疆師範大学に入って美術を学ぶことにしたんだ」と、リウ・イ将官は言った。

「卒業後は、ほかの大学で教鞭《きょうべん》をとった。教員として働いたのは八年間だったな。一九八九年に大学を辞めて、自分で会社を設立した。はじめのころは、ロシアやカザフスタンなど周辺国としか取引していなかった。だが、一九九四年にカルキスを立ち上げ、一九九六年に加工トマト産業に乗りだすと、ほかの国々とも取引するようになった。そして二〇〇〇年に上場したのをきっかけに、加工トマトに専念することにした。不動産、家具製作、養豚、酪農、飼料生産など、それまでやっていたほかの事業をすべてやめてね。

カルキスを立ち上げた当初、会社の資本の三〇パーセントをわたしが保有し、残りの七〇パーセントは兵団が経営する複合企業《コングロマリット》が保有していた。具体的には、農業第二師団（農二師）、農五師、農八師だ。でも上場したときにわたしが持株を売り、兵団が一〇〇パーセント保有するようになった。それが一番いいと思ったからさ。土地を持ってるのは兵団だからね。二〇一〇年には、経営をよりいっそうシンプルにするために、農六師にすべての株を譲渡した。畑のほとんどが農六師のものだからね。これでぐんと経営がやりやすくなった」

こうしてリウ将官は、将官でありながら一度も軍隊を指揮することなく、元中国人民解放軍の組織が所有する会社を指揮していたのだ。そしてその指揮下で、労働者たちがトマト戦争へと駆りだされた。

「わたしが加工トマトを始めたころは、中国の加工トマト産業は世界でまったく知られていなかった。当時、有名だったのは、イタリア、南フランス、スペイン、ポルトガル、アメリカのカリフォルニア、トルコの一部、チュニジアだ。中国はまだまだだった。わたしは市場を調査し、兵団の上層部に〝中国を世界的な加工用トマトの生産国にしましょう〟と提案したんだ。ちょうどタイミングもよかった。政府は食品産業の改革に取りかかっていて、カルキスはその意向に応えなければならなかった。それまで、新疆では小麦と綿花を主に栽培していたのだが、連作障害が起きていた。同じ作物を同じ場所で繰り返し栽培すると、土壌の養分が不足したり病原体が増加したりして生育不良を起こしてしまうのだ。回復させるには、別の作物を植えて輪作しなければならない。綿花の代わりに育てられて、利益が得られる作物について調べたら、トマトが一番よかったんだ。兵団には広大な領土がある。土地も資金も豊富にあった。いくらでも使い放題だ。地元の新疆ウイグル自治区政府もトマト栽培を歓迎してくれた。

そのとき、兵団はカルキスを主要企業にすることに決めた。われわれが世界一になったのにはこういう背景があったんだ」

第5章　イタリアの巨大トマト加工メーカーのジレンマ

1

イタリア、トスカーナ州。マレンマ自然公園、アルベレーゼ

トマト畑の周囲には、大きなオリーブの木が一列に植えられていた。真っ赤に熟した実が日差しにキラキラと輝いている。「明日収穫します」と生産者が言う。有機栽培されたというそれらの実は驚くほど立派だった。近づいていって、ひとつもぎとる。太陽をたっぷり浴びた実はほんのり温かい。「ほら、ウサギよ！」と、ペッティの広報部の女性ふたりが声を上げた。

二〇一六年七月二六日、わたしは、イタリアのトマト加工メーカー、ペッティが所有する畑にやってきた。一九二五年、ナポリのヴェスヴィオ山の麓《ふもと》で初代アントニオ・ペッティ（一八八六年〜一九五五年）が設立した会社だ。

二〇世紀を通じて、ペッティはアフリカと中近東に多くの市場を開拓した。一九七一年にはホールトマト缶、一九八〇年代初頭にはトマトペースト缶の生産で、それぞれ世界第一位になっている。二〇〇〇年代初めには、アフリカで消費されるトマトペーストの七〇パーセント近くを供給した。二〇〇五年からは、ナイジェリアに工場を構え、中国から輸入したドラム缶入り濃縮トマトを再加工して出荷している。

ペッティは、いまや加工トマト業界で無視することのできない巨大メーカーだ。たとえるなら、トマト色のチェスボードの上に立つクイーン。アメリカのハインツに次いで濃縮トマト輸入量も世界第二位だ。イタリアのテレビでは、「ペッティはトマトが大好き」というキャッチフレーズのCMがしょっちゅう流れている。

ペッティの工場はイタリア国内に複数あるが、それぞれが違う役割を担っている。カンパニア州サレルノ県のノチェーラ・スペリオーレには、ヨーロッパ最大のトマト加工工場がある。ここではトマトペーストの缶詰とチューブを生産し、世界中へ輸出している。ただし、生トマトからの加工はいっさい行なっていない。主に中国からドラム缶入り濃縮トマトを輸入し、大型機械を使って再加工して個別の容器に詰めなおした後、「イタリア産」のラベルを貼って出荷している。

現在の最高経営責任者（CEO）はそのノチェーラ工場にいるはずだった。創業者の祖父と同じ名前の、アントニオ・ペッティだ。わたしはどうしてもこの人物に会いたかった。そしてそのインタビューは、今回の取材のハイライトになるはずだ。決して失敗は許されない。だが、カンパニア州にあるトマト加工メーカーの経営者たちは、事業についてあまり話したがらないと聞いている。ダイレクトに攻めるのは危険かもしれない。

そこでまず、トスカーナ州ヴェントゥリーナを訪れることにした。わたしが今いる場所だ。ペッティのトスカーナ工場では、イタリア産トマトを使って加工品が生産されている。トスカーナ産の高品質トマトは、ペッティの広告にしょっちゅう登場する。ここで作られるトマト缶は、カンパニア州のノチェーラ工場のものとはまったくの別物だ。イタリアで栽培したトマトしか使われておらず、しかもその一部は有機栽培されている。ここで作られたトマトペーストとトマトソースは、イタリア国内のみで流通される。

広報部の女性たちが、美しい田園風景で知られるマレンマ自然公園を案内してくれた。とても素晴らしいところだ。だがわたしは、ペッティにとってここは格好のショーウィンドウであることを知っている。会社のよいイメージをアピールするための場所。有機栽培されたおいしいトマトをかじりにやってきたウサギは、エデンの園が描かれた美しい絵のなかの重要な脇役だ。いいだろう、喜んで散策しようじゃないか。そうすることで、ノチェーラ・スペリオーレで創業者の孫で現CEOのアントニオ・ペッティに会えるのなら。だがあちらの工場には走り回るウサギはいないだろう。ここで禁断の実をかじってしまったわたしには、もしかしたら大変なことが待ち受けているのかもしれない。

2

トスカーナ州、ヴェントゥリーナ・テルメ

世界中のどんなトマト加工工場でも同じだが、ここでもまた耳をつんざくような騒音が鳴りひびいている。遠くのほうの機械から、けたたましいサイレン音が聞こえる。この匂いも特徴的だ。夏の熱気に温められたトマトの山が発する甘ったるい匂い。最初はほんのりとやさしい匂いに感じられるのだが、次第に鼻にまとわりつくようになり、やがて頭痛がしてきて吐《は》き気さえ覚えることがある。工場経営者たちは「自宅のキッチンでトマトピューレを作るときと同じ匂いです」と言うが、本当にそうだろうか。というよりこの場合は、夏の間ずっと毎日、一日二四時間、数千トンのトマトを焼いたときの匂いというべきだ。あまりにも量が多すぎて具合が悪くなる。

建物内に入り、白い上着と帽子を身につけると、工場の幹部社員が案内に立ってくれた。時刻は夜一〇時だ。ベルトコンベアの前でトマトを選別している女性作業員たちがいた。そばまで近づいてみる。トマトがすごいスピードで流れている。女性たちは、まだ青い実、傷んでいるもの、茎などの異物を取りのぞいていた。ごく稀に小動物や昆虫が紛《まぎ》れこむこともあるとい

う。トマトは工場まで機械で収穫・運搬されるからそういうこともあるらしい。

世界のトマト加工工場はどこでもそうだが、ここでも毎年夏になると夜間も操業する。男も女も働く。経営者にとっては、より多くのトマトを加工でき、機械の稼働率を上げ、工場の生産力を最大限に活用することができる。利益を増やし、会社の競争力を高めることができる。

トマトを選別している女性作業員たちのそばに、真新しい機械が置かれていた。光学式選別機だ。これはわたしも知っている。パルマで開催された業界のプロ向け展示会で、機械メーカー社員に見せてもらったのだ。光学センサーによって、赤く熟したトマト以外のものを認識して取りのぞく機械だ。滝のようなスピードで流れていく大量のトマトを、一秒当たり数十個の割合ですばやくスキャンする。トマトがコンベアの上を流れている間に不要なものが検知されると、機械の仕切り板がすばやく動き、コンマ数秒の速さで外へはじきだす。まだ赤くないトマト、なんだかよくわからない正体不明のものがすべて、カチッという乾いた音とともに即座に排除されるのだ。

「この技術はじつに素晴らしいです」と、パルマの展示会でメーカー社員は言っていた。

「休むこともミスすることもなく、一日二四時間働いてくれます。一番のポイントは、なんといっても人材を減らしてコスト削減ができるところです。それに、機械なら人間と違って疲れないし、注意力が散漫になることもない。バカンスも有給休暇も不要です」

確かにこの選別機を導入すれば、会社は労働者を減らして、より多くの利益を挙げることができるだろう。

「イタリアでは人件費はとても高いのです！」と、工場内の騒音にかき消されないよう、案内をしてくれている幹部社員がわたしの耳元で叫んだ。

「この機械はじつに便利です。もちろん、大変高価で数十万ユーロもしますが、わずか数年で元が取れますよ」

ほかのトマト加工工場のように、ここでもラインはトマトの選別と洗浄から始まる。その後、皮をむかれ、種子を取られ、加熱粉砕され、水分を蒸発される。それからは、濃縮の度合いによってトマトソースにされたり、ペーストにされたりする。だがこうした工程は、機械の内部や煙が充満したパイプ内で行なわれるため、その様子を見ることはほとんどできない。

トマトの赤い色が再び外に現れるのは、自動充填機でガラスボトルにトマトソースを注入するときだ。回転木馬のようにぐるぐる回っている機械で、空のガラスボトルを運びながら、そのなかにすごいスピードでソースを注いでいく。ボトルがいっぱいになると蓋が閉じられ、滅菌処理をされる。たくさんのソース瓶が、わたしの頭上や周囲をどんどん流れていく。

ラインの最後に、また別の最先端機器があった。充填後のボトルに異常がないかを調べるX線検査装置だ。コンマ数秒の速さでボトルを一本ずつ撮影し、その画像を解析する。もしボトルに傷があったり、蓋が凹んでいたり、ガラス片や小石などの異物が混ざっていたりしたら、すぐにそのボトルをはじきだす。それと同時にアラームが鳴るので、作業員ははじかれたボトルをチェックし、報告書に詳細を記載する。

3

工場見学を終えたあと、パスクワーレ・ペッティに会うことができた。この工場の代表者で、ペッティ一族の後継者でもある。わたしたちは、工場の屋上にある幹部社員専用のテラスに上り、いっしょにディナーをとった。夏の夜、屋外での食事は気持ちがいい。

パスクワーレは早口でしゃべる男だった。テーブルの隅に席をとると、まるでひとり言のようにぶつぶつつぶやきながら、大手スーパーチェーンに対する怒りをぶちまけはじめた。そうとう興奮しているらしい。

「うちの工場の商品は、トスカーナ産トマトを一〇〇パーセント使用している。高い品質を保つために、そうとう苦労してるんだ。なのに大手スーパーチェーンのやつらときたら値段のことしか言わない。一セントでも安く手に入れることにしか関心がない。こっちの努力なんて、やつらにはどうだっていいんだ。そうさ、うちの工場では、あいつらのためにプライベートブランド商品を作っている。でもそのおかげで、こっちはちっともやりたいことができない。あいつらのやりかたを押しつけられて、まったく息が詰まりそうだよ。前回注文を受けた分をまだ納品も精算もしていないうちから、また次の分のトマトソースを大量に作れと命令してくる。

ぼくはペッティのために戦ってるんだ。このブランドの価値を上げて、利幅を大きくし、社員が自社の商品に誇りを抱けるようにしたいんだ。大手スーパーのやつらがメーカーに何を要求してるか知りたいだろう？　あいつらが何を欲しがってるか、教えてやろうか？　どんなものを作れと言ってきてると思う？」

パスクワーレがカリカリと怒りながらしゃべりつづける姿に、わたしはあっけにとられていた。だが、相槌《あいづち》を打ちながら、相手の話にじっくり耳を傾けた。もちろん知りたい。大手スーパーはいったい何を欲しがっているのか。

「やつらが欲しいのは、なるべく安い商品さ。それが少なくともトマトソースに見えて、消費者が食べて死ななければ、なんでもいいんだ。待ってろ、見せてやる」

パスクワーレは突然立ち上がってどこかへ行ったかと思うと、トマトソース缶、大きなサラダボウル、ボトルウォーター、スプーンを抱えて戻ってきた。わたしたちのテーブルのまわりでは、ほかの幹部社員たちがみな、身動きひとつせずに表情をこわばらせている。だが、一言も口出しすることなく、事の成り行きを見守っていた。

「いいかい？　本物のトマトソースと、大手スーパーのプライベートブランドのクソみたいなトマトソースの違いを見せてやろう。さあ、こうしてトマトソースを少量ボウルに入れるだろう？　そこに水を注いでスプーンでかき混ぜて、さらに水をもっと……もっと入れて……」

パスクワーレは、相変わらず怒りがおさまらない様子で、スプーン数杯のトマトソースに水をたっぷり注いでずっとかき混ぜている。少しずつ、ソースと水が混ざりはじめていく。とうとう、大量の水とトマトソースによる赤い液体が完成した。

「ほら、これがプライベートブランドのソースだ。そちらは、トスカーナ産トマト一〇〇パーセントの、ペッティブランドのトマトソース。食べ比べてみて、どう違うか言ってくれ」

確かに誇りに思うだけのことはある。パスクワーレ・ペッティの工場で作られたトスカーナ産のトマトソースは、味も舌ざわりもまさに本物だった。

4

翌日は、パスクワーレ・ペッティのインタビューと撮影をさせてもらう予定だった。ところが、広報部の女性ふたりがやってきて、急遽中止になったと告げられた。想定外のトラブルが起きて、その対処に忙しいのだという。同行したカメラマンのグザヴィエ・ドゥルーは、社内を撮影することさえ禁じられた。突然、すべてが白紙に戻されたのだ。いったい何が起きたのか。昨夜の一件の影響で、広報部が中止を決断したのか？　それとも、本当に工場でトラブルが起きたのだろうか？

結局、いくら交渉しても駄目だった。どうやらあきらめるしかないらしい。「パスクワーレはトラブルを自分で解決したがっているので」とのことだ。あれほど一生懸命にペッティのよいところを紹介してくれた女性たちが、今は商品見本が並べられた会議室にわたしを閉じこめようとしている。時間つぶしに、部屋の窓から外を撮影することさえ許されなかった。なぜトマトを運ぶトラックを撮ってはいけないのか？　いったい何が起きたのか？　だが、理由はいっさい説明されなかった。

わたしに許されたのは、ここを発つ前にもう一度パスクワーレ・ペッティに会って、別れの挨拶をすることだけだった。そのときに、どうにかして父親のことを話さなければ。南イタリアのカンパニア州にいる、どうしても会いたいあのアントニオ・ペッティのことを。

パスクワーレ・ペッティは予定より二〇分遅れてやってきた。昨日よりさらに気が立っているようだった。わたしは別れの挨拶の前に、今回の取材について説明を繰り返した。加工トマト産業の歴史について書くために、業界の大物に会って話を聞いている、と。そして、本物の取材であることを証明するために、これまでに会った大手メーカー経営者、イタリアの商社代表たちの名前をあげた。さらに、今後はパスクワーレの父親、アントニオ・ペッティにも会うつもりだと述べた。

それを聞いたパスクワーレは、「なんだって！　嘘だろう、信じられない！」と、急に怒りだした。そしてわたしの顔から数センチまで近づいてきて、大声で怒鳴りちらした。

「トマトの歴史を書きたいんだな？　じゃあ、うちで書いてやる！」

そして、広報部の女性のひとりに向かってこう言った。

「この人にトマトの歴史について書いてやれ。いいな？」

それからまた、こちらへ向きなおって言った。

「わかったな？　うちで書いてやる。いいか、うちをあいつらと一緒にするなよ。きみがさっき並べたのは中国と取引してるやつらだ。ちいさな子どもが畑で働かされても平気な連中ばかりだ。うちはそんなのとはまったく関係ない！　ここではトスカーナのトマトを使ってソースを作ってるんだ。父親がしていることと、ぼくがしていることを一緒にしないでくれ！　ぼくのイメージが台なしだ。わかるだろ？」

広報部の女性たちのほうをちらりと見ると、ふたりとも顔面を蒼白《そうはく》にしてその場に凍りついていた。わたしは彼女たちのプロフェッショナルな仕事ぶりを思いだした。有機栽培された美しいトマトがたわわに実るトスカーナのエデンの園で、会社のイメージをよくしようと本当に一生懸命だった。そんな素晴らしいPR活動が、逆上した経営者のせいで水の泡《あわ》になろうとしているのだ。

突然、パスクワーレはトマト缶を手に取り、またしても怒りを爆発させた。

「おい、見えるか？　この缶詰が見えるか？　ぼくの父親はこれと同じような缶のなかに、三つの国からやってきた三種類の濃縮トマトを詰めこんでる。とりわけ中国からは大量の濃縮トマトを買っている。父親がしていることと、ぼくがしていることを一緒にするな！　安心しろ、トマトの歴史については、こっちで書いて送ってやるから」

第6章　中国産トマトも「イタリア産」に

1

イタリア、カンパニア州。サレルノ港

ひとりの男が埠頭《ふとう》を歩いている。頭上には、さまざまな色のコンテナがケーブルでいくつも吊《つ》るされている。男は右手に地図を握りしめていた。地図の上には一〇台のコンテナの位置が記されている。停泊中の貨物船を通りすぎ、右に曲がると、そこに積まれていたコンテナの山の前でしゃがみこむ。金属製のコンテナは強い日差しを浴び、さわると火傷《やけど》しそうなくらい熱くなっていた。淡いオレンジ色の二枚の扉は、金属製のボルトシールでしっかり封印されている。男は扉の上のコンテナ番号に目をやり、手元のリストと照らし合わせた。合っていることを確認してから、おもむろに立ち上がる。その三〇メートルほど後方を、コンテナ用の巨大な

フォークリフトが、けたたましいサイレンを鳴らしながら通りすぎていった。

男の名はエミリアーノ・グラナート。サレルノ港で不正取引の取り締まりをしている税関職員だ。グラナートは、うしろで待機していた男に手で合図を送り、後ずさりをする。うしろの男はサレルノ・コンテナ・ターミナルの従業員だ。コンテナに近づいていき、専用のシールカッターでボルトシールを切断する。銀色のボルトシールが、そばで見ていたわたしの足元に転がり落ちる。ギイギイときしむ音を立てて、コンテナの扉が開けられた。プラスティックと古い木の匂いが漂ってくる。わたしはコンテナに近づいた。なかには、中国から来た三倍濃縮トマトのドラム缶がぎっしりと詰めこまれていた。

中国で加工トマト産業が誕生してから、南イタリアは長い間ずっと濃縮トマトの最大の輸出先だった。のちにアメリカにその地位を譲ったものの、今でもナポリとサレルノは重要な拠点でありつづけている。

サレルノ港はナポリほど大きな港ではないが、それでも濃縮トマトを積んだコンテナが、一日平均一〇台以上到着する。週にだいたい七〇台から八〇台、多いときは二〇〇台になることもあるという。二〇一四年、サレルノ港で陸揚げされた中国産の三倍濃縮トマトは約九万二〇〇〇トンで、金額にして六九〇〇万ユーロ分だった。二〇一五年には、九万八〇〇〇トン、九一〇〇万ユーロ分に増加している。では今年、つまり二〇一六年はどうだろう、少しは減少したのだろうか？　わたしの質問に、グラナートはこう答えた。

「いえ、そんなことはないですよ。たとえば、二〇一六年六月一五日は、中国から到着した濃縮トマトがサレルノ港に三五〇トン陸揚げされています。六月一六日は、最初に四八七トン到着し、第二便で五〇五トン到着しています。六月二二日は三八四トン、六月二三日は四九六トン、六月二八日も四九六トン、六月二九日は計二便で最初が三八七トン、二度目が五四三二トンとかなり多く、これはおよそ三九〇万ユーロ分です。とまあ、今日までずっとこんな調子ですよ」

一九九〇年代終わりに中国の加工トマト産業が急速に発展し、さらに二〇〇一年に中国が世界貿易機関（WTO）に加盟してからというもの、サレルノ港を通してヨーロッパに入ってくる中国産三倍濃縮トマトのほとんどは、南イタリアの食品メーカー三社によって輸入されていた[1]。

そのうちのひとつが、サレルノとナポリの間にあるアングリを拠点とする、ARインドゥストリエ・アリメンターリ、通称ルッソ。ARは創業者アントニーノ・ルッソの頭文字だ。ふたつめが、アングリから数キロメートル東のノチェーラ・スペリオーレにある、アントニオ・ペッティ・フ・パスクワーレ、通称ペッティ。そして三つめが、ノチェーラから数キロメートル北のサルノにあるジャグアーロだ。三社とも、ヴェスヴィオ山の麓の内陸部、サレルノ港とナポリ港の双方から四〇キロメートル圏内に位置している。

これら三社はいずれも、過去数十年間にわたって、ヨーロッパのほとんどのスーパーマーケットにトマトペースト缶を供給している。また、ヨーロッパのみならず、アフリカ、中近東、アメリカにもトマトペースト缶を輸出している。

三社が輸出しているのは、トマトペースト缶だけではない。ホールトマト缶とカットトマト缶でも、世界市場をほぼ独占している。二〇一五年、トマト缶の世界貿易量一六〇万トンに対して、イタリアの輸出量の占める割合は七七パーセントだった。これは金額ベースで一〇億ドル以上に相当する。続いて、スペインが一〇パーセントで、アメリカ、ギリシャ、ポルトガル、オランダの四カ国合わせて一〇パーセント未満になっている。[2]

2

「南イタリアに到着した中国産濃縮トマトの一部は、ナポリ近郊の工場で缶詰にされて、ヨーロッパの市場に供給されます」と、税関職員のグラナートが言う。

「でも大半は、ヨーロッパ内では流通されず、再加工されてまた輸出されていきます。行き先は世界中あちこちです。ヨーロッパに入ってきて再加工後に再び輸出される濃縮トマトには、〝再輸出加工手続き〟という関税法が適用されます」

欧州連合（ＥＵ）では、商品の輸入に関して複数の関税制度が存在する。もっとも標準的な関税はＥＵ圏内で消費される商品に適用され、圏外から圏内に入る国境を通過する際に課せられる。ちなみに、トマト加工品の税率は一四・四パーセントだ。その一方で、関税を支払うことなく商品をEU圏内に輸入できる方法がある。それが、「一時輸入」や「一時通過」とも呼ばれる「再輸出加工手続き」だ。EUによると、この特別制度は、輸入した商品を加工・修繕してから再輸出する事業者の経済活動を促進するために設けられているという。

簡単な例をあげよう。たとえば、EU圏内のある香水メーカーがアジアから原材料を輸入し、それを使って香水を作り、その香水をEU圏外へ輸出する。その場合、この原材料にかかる関税は「再輸出加工手続き」によって免除される。そう考えると、確かにこの制度は、その香水メーカーの競争力を高めるのに役立つだろう。だがその一方で、同じ原材料を生産するヨーロッパの会社には大いに不利になる。こうした会社のライバルであるアジアの会社は、関税というバリアを飛び越えて、いつでもヨーロッパ市場に乗りこんでこられるからだ。

こうした関税制度は「比較優位論」を実用化したものだ。イギリスの経済学者、デヴィッド・リカードが提唱した経済理論で、商品を自由に流通させる「自由貿易」の有益性を説明している。自由貿易のもとで、各国が生産性の高い商品の生産に特化すれば、互いに高品質の商品と高い利益を得ることができ、結果的にそれぞれの国の社会が豊かになるというのだ。これはつまり、「誰もが自由貿易の恩恵を受けられる」という、グローバリゼーションの肯定的見解にもつながっている。ところが実際は、少なくとも加工トマト産業においては、誰もが同じように恩恵を受けているとは言えない。

この「再輸出加工手続き」制度を利用することで、ドラム缶入り三倍濃縮トマトも、関税を支払うことなくEU圏内に輸入することができる。だが、これらの商品が税関で「一時通過」と認められるには、いったんEU圏内に入ってから必ず加工されて再輸出されなければならない。大量の中国産濃縮トマトは、そうやって南イタリアのナポリ港とサレルノ港からEU圏内に入ってくるのだ。ふたつのいずれかの港に到着した濃縮トマトは、そこから車で一時間もかからない加工工場に輸送され、水分を加えられ、再パッケージングされる。つまり、巨大なドラム缶から、イタリア国旗の緑・白・赤の「トリコローレ」に彩られた缶詰に詰め替えられる。こうして加工された缶詰は再び港へ運ばれて、EU圏外へ輸出されていくのだ。

イタリア税関の公式な貿易統計によると、二〇一五年、九万トンの外国産三倍濃縮トマトが「再輸出加工手続き」によって輸入された。南イタリアで加工された後、主にアフリカと中近東に再輸出されている。同じ年、標準的な関税制度で輸入されて再輸出された濃縮トマトは、一〇万七〇〇〇トンだった。これらはイタリアに輸入されてから、フランスやドイツなどほかのEU諸国に輸出されている。

関税を支払うことなく、「再輸出加工手続き」によって輸入された中国産三倍濃縮トマトは、水で希釈されてわずかな塩を加えられただけで、「イタリア産」の商品に生まれ変わる。こうして付加価値がつけられて高い値段で売られていくのだ。ラベルには濃縮トマトの原産地は記載されない。それどころか、ほとんどの商品にイタリア産と書かれている。缶の上に印刷されるのは「中国」ではなく「イタリア」という文字だ。ヨーロッパには原材料の原産地の表示を義務付ける法律が存在しないからだ。

3

イタリア、ローマ

イタリア最大の農業生産者団体コルディレッティによると、ナポリ近郊の一部のトマト加工メーカーは、「再輸出加工手続き」によってEU圏内に入ってきた中国産濃縮トマトを利用して不正行為を働いているという。関税免除を悪用してひともうけしているらしい。方法はごく単純だ。加工したあとはEU圏外へ再輸出しなければならない商品を、EU圏内で流通させているのだ。まぎれもない不正行為だ。

さらにこうしたトマト加工メーカーには、税関に申告すべき輸入量をごまかしているところもあるという。わたしたちがしょっちゅう目にするトマト缶を生産している大手メーカーも例外ではない。トマト缶にかけられる一四・四パーセントの関税を免《まぬが》れているばかりか、商品のクオリティまで偽っているというのだ。

「濃縮トマトは、どこでどう作られようが見分けがつきませんからね」と、コルディレッティのトマト加工品専門家、ロレンツォ・バッツァーナは言う。ローマのオフィスには、ものすごい数のトマト缶のコレクションが、所狭しと並べられていた。

「輸入したときは三倍濃縮トマトだったのに、輸出するときは二倍濃縮トマトになってるんです。巨大なドラム缶に入っていた濃縮トマトは、工場で大量の缶詰に生まれ変わります。ドラム缶に入っているときは三倍濃縮だったのに、缶詰になると二倍濃縮という名の商品になってしまう」

そう言われて、思い当たることがあった。アフリカの市場《いちば》だろうが、ヨーロッパのスーパーだろうが、世界中の販売店には「二倍濃縮トマト」と表示された缶詰やチューブが溢れている。いったいどうしてか？　ナポリの工場では、生のトマトを一から煮詰めて濃縮されているのではなく、輸入された三倍濃縮トマトを水で希釈することで二倍濃縮トマトが作られているからだ。

コルディレッティのこうした批判に対して、ナポリのトマト加工メーカー側は強く反発している。こんな論争はばかばかしい、と彼らは言う。南イタリアの税関では厳しい審査が行なわれており、濃縮トマトの輸入量と輸出量はきちんと管理されている。希釈されているかどうかにかかわらず、輸入量と輸出量は同等でなくてはならず、もし「再輸出加工手続き」で輸入した分で再輸出されなかったものがあれば、その関税は徴収されている、と言うのだ。

だがロレンツォ・バッツァーナは、ヨーロッパの税関の管理体制は不十分だと反論している。

コンテナの扉を開けて中身を確かめることはほとんどない。たいていの場合、書類に不備がないかどうかを確認するだけだという。

「それに、この〝再輸出加工手続き〟自体にも問題があります。中国産の濃縮トマトに水と塩を加えただけのものが〝加工食品〟ですって？　ふざけてるにもほどがある。われわれはまったく納得していません。〝加工〟と〝二倍濃縮〟ということばの定義については、もっと議論されなくてはならない。われわれにとっての〝二倍濃縮〟とは、原材料を煮詰めて二倍に濃縮させたものであって、三倍濃縮を水で希釈したものではありません」

コルディレッティは、数年間にわたって、中国産濃縮トマトの使用に対して抗議をしつづけてきた。その甲斐あって、今イタリアでは、国内で栽培されたトマトを使った商品以外は「パッサータ・ディ・ポモドーロ」とは名乗れなくなっている。ポモドーロはトマト、パッサータはピューレやソースの意味だ。さらにイタリア農務省の省令によって、パッサータ・ディ・ポモドーロには、原材料であるトマトの原産地を表示することが義務付けられた。

だがこのルールは、今のところイタリアでしか実施されていない。同様の規則は、EU圏内外のどの国にも存在しない。つまりイタリア以外の国では、今も中国産濃縮トマトを希釈しただけのソースやピューレが、さもイタリア産や南仏産のようにして売られているのだ。こうして規制の足並みがそろわないせいで、イタリアのトマト加工メーカーは今も合法的に、外国産濃縮トマトをイタリア産トマトピューレとして販売しつづけている。ヨーロッパ中のスーパーの棚に並べられたイタリア産トマト缶やチューブには、イタリアのトマトがまったく使われていないものがたくさんある。それらは、イタリア国内では販売が許されていない商品なのだ。

「問題はもうひとつあります」と、ロレンツォ・バッツァーナは言う。

「もし、イタリアの港で輸入品の審査を厳しくしたら、利用者は減ってしまうでしょう。審査が厳しくない港のほうが輸入業者にはありがたいですからね。世界中の港が、入港する船舶数と取りあつかう貨物量を増やそうと必死になっています。管理体制を厳しくした港は競争力を失います。船舶や貨物はよそへ流れていくでしょう。それは国にとっても大きな痛手です」

腐敗と汚職の問題に取り組む国際的なNGO〈トランスペアレンシー・インターナショナル〉は、その国の政治家と公務員がどの程度腐敗しているか示す「腐敗認識指数」を毎年発表している。二〇一六年発表の指数によると、イタリアはブルガリアより上、ルーマニアより下で、EUで二番目に腐敗した国とされている。

4

イタリア、カンパニア州。サレルノ港

サレルノ港で不正取引の取り締まりをしている税関職員、エミリアーノ・グラナートが言う。

「中国産濃縮トマトについてわれわれが行なっているのは、衛生上の審査だけです。濃縮トマトは危険な商品とはみなされていません。だから、審査はあまり厳しくないんです。衛生基準を満たしていない商品が見つかったら、廃棄するのではなく中国へ送り返しています。そういう規則なんです」

税関では、送られてきた商品が、食用として安全かどうかをチェックしているだけなのだ。だが、衛生基準を満たさないものは、廃棄処分にするのでも、業者に罰則を科すのでもなく、ただ商品を送り返しているだけだという。送り返された商品は、またそのまま世界のどこか別の港に送られるのだろう。たとえばアフリカなどのもっと規制のゆるい港へ。

残念なことに、加工トマト産業も、ほかの多くの産業と同様に、アフリカを巨大なゴミ箱とみなしているらしい。しかもアフリカは、イタリアの税関で入国拒否された商品を押しつけられているだけではない。世界加工トマト評議会（ＷＰＴＣ）の事務局長、ソフィー・コルヴィーヌによると、在庫が増えすぎて消費期限切れになった濃縮トマトも、アフリカに出荷されているという。

トマト加工メーカーがドラム缶入り濃縮トマトの在庫を大量に抱えてしまうのは、原材料の宿命として、市場のニーズや流通量によって相場が変動するからだ。トマトの場合、農産物の先物取引で知られるシカゴ商品取引所で相場が決められるわけではない。売り手と買い手の相互合意によってその都度決められる。そのため、品質によっては価格が二分の一に下がることもある。ドラム缶の中身が古くなると、在庫を減らしたいメーカーが、値段を大幅に下げて販売するからだ。そうなると、市場のグローバル化、国によって異なる衛生基準、流通量の不透明さなどの要因もあって思惑買いが加速し、在庫がふくらんでしまうことがある。とくに、中国のトマト加工メーカーは生産量や在庫量について正確な数字を公表しないため、こういう状況に陥りやすい。

こうして悪循環が生まれる。在庫がふくらんで古くなった濃縮トマトが安価で売りに出される。できるだけ安く仕入れたい商社やメーカーはこうした商品を進んで買う。その濃縮トマトの買い手や用途が見つかる。次もまた同じように安い商品を仕入れる……古くなった中国産濃縮トマトの市場はこうして生まれたのだ。そのほとんどがアフリカの国々だ。取引されるのは、消費期限が切れていたり、衛生基準を満たしていなかったりする商品ばかりだ。

アフリカの各メディアでは、腐ったトマト缶が税関で押収されたというニュースがたびたび報道されている。たとえば、二〇一四年九月二一日、アルジェリアのアルジェ港の税関で消費期限切れの中国産濃縮トマトが入った四〇台のコンテナが押収された。[3] アルジェリアはこの年、中国産濃縮トマトを二〇〇〇万ドル分以上輸入している。[4] また、二〇一六年三月一六日、チュニジアでは、食用に適さないトマト缶三万個が押収された。[5] チュニジアは、国民ひとり当たりの濃縮トマト消費量が世界最多の国のひとつだが、濃縮トマトの重要な生産国でもある。それなのに、二〇一四年には二〇〇〇万ドル分もの濃縮トマトを輸入しているのだ。[6] 二〇一五年四月二四日、チュニジアのアラッチ地方では、腐った濃縮トマトから作られたという消費期限切れのトマトペースト缶が、憲兵によって四〇〇トン押収された。[7] そして二〇一三年一一月二五日、同じチュニジアのナブールでは、一〇〇万個以上の消費期限切れのトマト缶が見つかり、廃棄処分された。[8] さらに二〇一一年には、チュニジアのラゴス州イケジャにある食品メーカーの工場で、輸入したドラム缶入り濃縮トマト二六〇九個がすべて腐っていたのが発見され、衛生当局によって工場が閉鎖させられている。このメーカーは、こうした濃縮トマトを別の容器に詰め替えて販売していたという。[9] 同年、ナイジェリアは、九一四〇万ドル相当の中国産濃縮トマトを輸入していた。[10]

さらにナイジェリアでは、二〇〇八年、輸入したドラム缶入り濃縮トマトを使って違法に缶詰を生産していた工場が閉鎖され、工場責任者ふたりが逮捕されている。[11] 偽造品の取り締まりを行なうナイジェリアの特別捜査班によると、この工場から押収された二万個の缶詰の中身は腐った濃縮トマトで、登録番号と消費期限は偽装されていた。これらの商品は、食べると重大な健康被害が引き起こされ、最悪の場合は死にいたる危険性もあったという。

食用に適していない濃縮トマトは、アフリカ以外の国にも輸出されている。二〇一一年二月、キルギスのビシュケクで、貨物列車一六両に積まれた数千トンの腐った中国産濃縮トマトが押収された。[12] すでに消費期限から二年も経過していた。これらの商品は、アラブ首長国連邦の商社からキルギスの商社に転売するために運ばれていた。

グローバル化した市場では、ある国で衛生基準を満たさなかった濃縮トマトは、別の国に運ばれて安く売り飛ばされる。標的にされるのは、衛生基準がゆるい、税関審査が厳しくない、管理体制に不備がある、公務員が買収されやすい、といった国々だ。こうした国へ安く売られていった腐った濃縮トマトは、工場でほとんどコストをかけずに加工され、その国の市場で流通される。

加工トマト業界の専門家たちは、アフリカの状況に関してこう口をそろえる。

「アフリカの市場で重要なのは価格だけだ。品質は問題じゃない。できるだけ安い濃縮トマトを誰もが欲しがっていて、それがどんなにひどい品質であっても、必ずいずれは買い手がつくんだ」

通称「ブラックインク」と呼ばれる商品が出回っているのも、主にアフリカの国々だ。古くなって酸化が進み、腐ってしまった濃縮トマトのことだ。本来の赤い色は失われ、まさにインクのように黒ずんでいる。品質は最悪だが、非常に安く取引される。こうしたドラム缶入りブラックインクを売るために、赤い色をしたそれほど古くない濃縮トマトを混ぜることもある。だが、これはまだましなほうだ。もっともよく行なわれているのは、変色した濃縮トマトを水で希釈してからデンプンや食物繊維を加えてとろみをつけ、着色料で鮮やかな赤色に染めるやりかただ。これならほかの濃縮トマトを混ぜるよりコストが安くすむ。こうして、あたかも新鮮な商品であるように偽装されているのだ。

5

イタリアでは、食品業界で犯罪を繰りかえすマフィアが急増しており、これを示す「アグロマフィア」という新語まで作られた。従来の活動では資金を稼げなくなってきたことと、二〇〇八年のリーマンブラザーズの破綻による景気後退の影響で、アグロマフィアはここ一〇年で加速度的に増えつづけている。

イタリア検察庁内でマフィア取り締まりを担当する国家反マフィア局（DNA）によると、二〇一一年、マフィアの食品業界での活動の年間収入は一二五億ユーロに上ったという。これは全犯罪収入の五・六パーセントに相当する。二〇一四年には、さらに一五四億ユーロまで伸びている。[13]比較対象としてあげると、同年のダノン・グループの売上高は二一一億四〇〇〇万ユーロだった。

いまや、イタリアのアグリビジネスのあらゆる分野にマフィアがからんでいる。モッツァレラチーズ、豚肉加工製品など、イタリアの名産品はひとつ残らずマフィアの影響を受けている。グローバル化のために商品が広く流通するようになったことや、「イタリア産」のブランド力、アグリビジネスの構造的な変革などの影響で、アグロマフィアはどんどん勢力を伸ばしつつある。イタリア議会の反マフィア委員会や農業労働組合も、食品業界における犯罪件数の増加に頭を悩ませている。

なぜマフィアは食品業界に目をつけたのか？　理屈は簡単だ。カンパニア州のカモッラ、シチリア島のコーサ・ノストラ、カラブリア州のンドランゲタ、プッリャ州のサクラ・コローナ・ウニータというイタリア四大マフィアが、犯罪活動によって多くの資金をたくわえた。次は、その資金を流通させ、新しい分野を開拓し、より多くの利益を得るため、ク、リ、ー、ン、な商売に手を出す必要があった。

そこで目をつけたのが、オリーブオイルと濃縮トマトだ。犯罪で得た金を洗浄するために、これら典型的な「イタリア産」製品のクリーンなイメージを利用しようとしたのだ。こうして投資が行なわれ、会社が設立されると、アグロマフィアは「合法に」市場経済をスタートさせた。ほかの企業と（ほぼ）同じように経済活動を行ない、グローバル化した経済ネットワークに乗って商品を流通させるようになった。

現在、アグロマフィアの会社は成長し、ごくふつうの会社と同じように投資を行なったり、有名ブランドを買収したりしている。ほかの会社と業務提携をしたり、異業種連携を行なったりもする。たとえば、街中にごくありふれたピザ店がある。客にとってはふつうの店だが、裏ではアグロマフィアが経営していたり、業務提携していたりする。店で使われるトマトソース、オリーブオイル、小麦粉、モッツァレラチーズは、そうしたアグロマフィアの会社から調達される。

ピザ店だけでなく、サンドイッチ店、大手スーパーチェーン、アフリカの市場《いちば》など、ありとあらゆるところにアグロマフィアの製品は進出している。世界中の食卓にもすでに上っている。イタリア最大の農業生産者団体コルディレッティが、民間調査機関エウリスペスと共同で行なった調査の報告書によると、イタリアの五〇〇〇軒ものレストランがマフィアと何らかの関係があるという。

マフィアが麻薬密売、恐喝、高利貸しだけをしていた時代は、もうとっくに終わってしまった。いまやマフィア経営の会社は、グローバル化した食品業界を牛耳《ぎゅうじ》り、生産した製品を世界中に供給している。マフィアにとっては、食品業界での犯罪のほうが、麻薬密売や恐喝よりずっとリスクが低い。トマト缶やオリーブオイルのラベルを偽装するだけで、コカインを売るのと同じ利益が得られるのだ。それに、もし犯罪が摘発されても、科される刑罰はずっと軽くてすむ。

近年、反マフィア裁判の判決によって没収された資産のうち、二三パーセントが農地だったという。コルディレッティによると、二〇一三年、没収された一万二一八一件の不動産のうち二九一九件が農地だった。だが、マフィアにとってそんな刑罰はちっとも痛手にならない。ある食品がスーパーで高く売られたからといって、その食品の原材料を作っている生産者の収入が増えるわけではない。もうけているのは加工会社だ。それを知っているマフィアは、原材料の農産物は生産せず、加工とパッケージングだけで多額の利益を得ている。そうやって、犯罪でもうけた莫大な資金を食品業界で洗浄しているのだ。

大手スーパーチェーンが求めているのは、とにかく安い商品だ。安ければ安いほどいい。アグロマフィアは、合法的に設立した企業を隠れみのにして、巧みに業界内部に入りこんでいく。そして、他社には決して真似できない破格の低価格で市場に商品を提供する。そのために、原価をぎりぎりまで低く抑える。資金洗浄のためならマフィアは手段を選ばないので、あらゆる手を使って業界最安値を実現させる。たとえば、不法労働者を安く雇ったり、製品を偽装したりする。

やがて市場はアグロマフィアの独壇場《どくだんじょう》となり、マフィアの工場で次々と製品が生産される。労働法を無視し、税金をごまかし、原材料表示や製品名を偽装しながら、加工食品を大量に生産し、超低価格でどんどん商品を売りさばく。そうやって、マフィアは何百万ユーロという金を動かしながら、資金洗浄を行なっている。大手スーパーは、そういう低価格の商品を店頭に並べて販売しているのだ。

二〇一四年、イタリア財務警察は、不正販売された食品を一万四〇〇〇トン分押収した[14]。そして翌年には、食品業界で活動していた一〇〇〇以上の工場が閉鎖させられている。

さて、ここで問題だ。南イタリアで生産されている製品で、世界でもっとも有名なものは何か？　一九世紀末にはすでにイタリアからアメリカに大量に輸出され、いまや世界中に流通しているものは何か？　イタリア系アメリカ人のマフィア映画の、ほとんどすべてに登場しているものは何か？

6

答えはすべて同じ。トマト缶だ。

現在、イタリアで生産された加工用トマトの六〇パーセントは国外に輸出されている。二〇一六年、国内の食品メーカーのために生産されたトマトは五〇〇万トン強で、うち四四パーセントはカットトマト缶、二一パーセントはホールトマト缶に加工された[15]。いずれも主に南イタリアで生産されている。一方、濃縮トマトに加工されたのはわずか一〇パーセントだ。こちらは、トマトピューレやトマトソースと同様、主に北イタリアで生産される。

南イタリアで行なわれている加工トマト事業は、主にふたつに分けられる。ひとつは、地元で収穫されたトマトを使ってトマト缶（ホールトマト缶とカットトマト缶）を生産すること。そしてもうひとつは、中国産などの輸入濃縮トマトを「再加工」することだ。

南イタリアでこれらふたつの事業が生まれたことには、歴史的な背景がある。ホールトマト缶を作る過程では、加工された後のトマトの屑《くず》や、選別ではじかれた規格外トマトがどうしても出てくる。かつてモラルに欠けたメーカーが、生産余剰トマトに屑や規格外品を混ぜてトマトペーストを作り、貧しい国に安く輸出していたのだ[16]。その後、こうした屑を再利用することはなくなったという。だが、南イタリアで輸出向けの粗悪なトマトペーストが作られていたのは事実だ。中国産濃縮トマトを希釈したトマトペーストを輸出するようになったのは、そのときの名残と言える。

今でもナポリ近郊には、夏の収穫期はイタリア産トマトを使ってホールトマト缶を作り、農閑期になると輸入濃縮トマトを「再加工」するメーカーがある。当然、農閑期に作られるトマトペースト缶にも「イタリア産」のラベルが貼られる。南イタリアのカンパニア州ナポリ近郊には、こうして輸入濃縮トマトを再加工するメーカーがたくさん集まっているのだ。

7

ナポリ生まれ、「トマト王」の異名をとったアントニーノ・ルッソ（二〇一四年に八三歳で死去）は、一九六二年にラ・ゴティカというトマト加工メーカーを設立し、華々しいキャリアのスタートを切った。

一九七〇年代から一九八〇年代にかけて、加工トマト業界において次々と企業を買収・設立し、やがてトマト以外の野菜やフルーツの缶詰生産も手がけるようになった。二〇〇〇年代に入ると、それらを傘下に置いた企業グループ、ARインドゥストリエ・アリメンターリを設立。イタリア産トマト缶の二〇パーセントのシェアと三億ユーロの売上高を誇る巨大グループに成長させた。

だが、そうした輝かしいルッソのキャリアにもいくつかの汚点があった。一九九五年、イタリア議会の反マフィア委員会による報告書で、マフィアと関係があると言及されたのだ。[17]そして二〇一三年には、中国産濃縮トマトをイタリア産と偽って販売したかどで有罪判決を受けている。

南イタリア、プッリャ州フォッジャにはトマト加工工場が集まり、さながら加工トマト産業の都といった様相を呈《てい》している。あるとき、フォッジャの元知事の男性が、ある集会での出来事を反マフィア委員会に報告したという。一九九三年八月のその集会には、トマト生産者や卸売業者が出席していた。南イタリアで四〇ほどの企業を経営するアントニーノ・ルッソもその場にいた。反マフィア委員会によると、当時の生産者たちはマフィアによる恐喝の被害に遭っていた。トマト生産者だけでなく、プッリャ州のほかの産業でも同様だった。マフィアから脅されたり、暴力を受けたりして、みかじめ料を無理やり支払わされていたのだ。

この集会で、ルッソは生産者たちにある要求をしたという。収穫したトマトを輸送する際、トラックに乗せる量を従来より二〇パーセント減らし、二六四キンタル（約一三トン）から二二〇キンタル（約二二トン）にしろというのだ。さらに、トマトを積んでいる容器の重量をかさ上げするよう命じた。だがそれでは、トマト一個当たりの輸送コストが高くなってしまう。生産者たちは真っ向から反対した。とりわけ生産者代表の男性は、絶対拒否の姿勢を最後まで貫いた。すると翌日、その代表の男性は見知らぬ男から脅迫され、同じ名前のいとこまで人違いでけがを負わされてしまった。

一九八〇年代、マフィアによるトマト生産者への脅迫や暴行はかなり頻繁に行なわれていた。ところが、反マフィア委員会によると、一九九四年を境にその手の事件はぴたりと鳴りをひそめ、奇妙な平和が訪れているのだという。ルッソによる奇妙な要求はその直前のことだった。それにしても、どうしてルッソは、自分が仕入れたトマトにかかる輸送コストをわざと引き上げようとしたのか？　マフィアの要求に応じざるを得なかったのだろうか？

畑から工場までトマトを輸送する作業は、この業界の要《かなめ》となる仕事だ。マフィアは以前から、トマトの輸送中を狙って事件を起こすことが多かった。[18] 二〇一六年六月、フォッジャで、ロベルト・シネシ[19]とその仲間五人が、トマト輸送中のトラックドライバーに対する恐喝および恐喝未遂の容疑で逮捕された。シネシは一九九〇年代から活動していたマフィアのボスだ。[20] そのトラックは、ヨーロッパ最大のトマト加工工場、プリンセスのフォッジャ工場へ向かう途中だった。

その工場はアントニーノ・ルッソによって設立され、かつてはARインドゥストリエ・アリメンターリの傘下にあったが、二〇一二年、三菱商事傘下のイギリス子会社プリンセスに買収されていた。ところが、逮捕から一カ月後の二〇一六年七月、シネシは逮捕状不備のために釈放される。[21] しかしその二カ月後の九月、自分の子どもを乗せて車を運転していたところを殺し屋に襲われた。二〇発近い銃弾を浴び、そのうちひとつは心臓から数ミリのところに撃ちこまれていた。瀕死《ひんし》の重傷を負ったシネシは緊急手術を受け、奇跡的に一命をとりとめたが、その数日後に再び逮捕された。またしてもトマト輸送ドライバーに対する恐喝容疑だった。

8

二〇一三年、アントニーノ・ルッソは、中国産濃縮トマトをイタリア産と偽って販売したかどで起訴され、懲役四カ月の有罪判決を受けた。[22] その直前の二〇一二年、自らが所有する株式の五一パーセントをプリンセスに譲渡し、残り四九パーセントを親族に相続させていた。ルッソが死去したのはそのすぐ後の二〇一四年だ。

逮捕当時のルッソは、カルフール、ウォルマート傘下のアズダなど数々のヨーロッパの大手スーパーチェーンのために、トマトペースト缶のプライベートブランド商品を生産していた。検察官のロベルト・レンツァの押収物資料には、「白地に青のカルフールのロゴ入り二倍濃縮トマト缶を五万七六九六個押収。フランス語とオランダ語で〝AR社によりイタリアで生産〟と表記されている」と書かれている。[23] 中国産濃縮トマトが詰められたトマトペースト缶に〝イタリア産〟との表示があったのだ。

裁判でのアントニーノ・ルッソは、中国産濃縮トマトを使って缶詰を作ったことを否定しなかった。それどころか、自分がしたことはヨーロッパにおいて完全に合法だと言い張り、こう主張した。

「わたしは自分で何度も中国に足を運んでいます。中国のトマトはイタリア産と同じくらい良質です。それに、中国産トマトを使って作った商品の九〇パーセントは輸出用です。イタリアでは販売していません[24]」

この裁判で、ヨーロッパの大手スーパーチェーンは、ルッソに商品の生産を委託していたにもかかわらず何のとがめも受けなかった。法に触れることはしていないからだ。ロベルト・レンツァはこう言った。

「悪いのはＥＵの法律です。あまりにも甘すぎる。イタリアの商品はほかの国でとても人気があります。ラベル表示に問題があるのです。ＥＵの基準をもっと厳しくしないといけません」

9

「イタリアで缶詰にされています」

南イタリアの大手トマト加工メーカー、ジャグアーロのトマトペースト缶には、七カ国語でこう表記されている。「缶詰にされている」場所は記されているが、原材料の原産地は示されていない。ジャグアーロは、ナポリから四〇キロメートルほど離れたサルノに工場を構え、そこからロンドン、マドリッド、パリ、ベルリンなど、ヨーロッパのほとんどのスーパーに製品を供給している。緑・白・赤の「トリコローレ」で彩られた缶詰は、いかにもイタリアらしいパッケージだ。どの国でもわずか数十ユーロセントで購入できる。

アントニーノ・ルッソが有罪判決を受けた後、ヨーロッパの大手スーパーチェーンは取引先をジャグアーロに変更した。プライベートブランドの缶詰を作らせるためだ。だがジャグアーロもかねてから司法警察にマークされており、今も悪い噂が後を絶たない。

一九九七年、イタリア国家憲兵カラビニエリによる加工トマト業界不正摘発作戦の際、ジャグアーロがトマトの屑を使ってトマトペースト缶を生産していたことが発覚し、生産基盤を解体させられた。[25]通常、トマトの皮や種は家畜の飼料にされる。それをトマト加工品の原材料として再利用したのだ。これらの製品はアフリカと中近東の国々で流通された。この件で、工場責任者、トマト生産者、運送会社や商社の担当者ら、総勢一九人が逮捕された。

二〇〇八年には、ジャグアーロの幹部社員が法外な利子をつけて融資を行なっていたことが発覚し、やはり訴訟事件になっている。[26]当時、この人物は、イタリア、ルーマニア、エジプトにある一〇カ所の工場の責任者だった。[27]ナポリ近郊カイヴァーノにある旧チリオ工場も、そのうちのひとつだ。チリオはイタリアの老舗食品ブランドで、二〇〇四年に農業協同組合コンセルヴェ・イタリアに譲渡されている。

その三年前の二〇〇五年、税関と経済犯罪を取り締まるイタリア財務警察によって、ジャグアーロの秘密倉庫が発見されていた。ラツィオ州モンタルト・ディ・カストロからカンパニア州サルノの本社へ向かう路上で、トラック二台に積まれた不審な三倍濃縮トマト一二トンが押収されたのがきっかけだった。[28]

その後の調べで、モンタルト・ディ・カストロの旧火薬倉庫の存在が明らかになった。倉庫には、五〇〇グラム入りのトマト缶が一〇〇万個保管されており、いずれもラベルや消費期限の記載がなかった。倉庫の外にも、濃縮トマト二二〇キロ入りのドラム缶が一五〇〇基も放置されていた。全部で三一〇トン分だ。なかには大量の蛆《うじ》がわいていた。ラツィオ州チヴィタヴェッキアの検察官は、ドラム缶のなかの腐ったトマトについて「食用に適しておらず、食べると健康を害する」という分析結果を発表した。すべて中国産だった。[29] ふつうなら、濃縮トマトに蛆がわいたら、もう食べられないと思って捨ててしまうだろう。だがどうやらそうではないらしい。虫がいる表面を取りのぞき、ちょっとした加工を施せば、まだ使用可能なのだ。しかしジャグアーロは、倉庫の外に置かれていたドラム缶は古くなったために廃棄される予定だったと主張している。

その一カ月後、今度はサルノで、ジャグアーロが所有するドラム缶二四六〇基分の不審な濃縮トマトが押収された。二年後の二〇〇七年には、サレルノ港で、ジャグアーロあてに届いた不審なコンテナが二台押収されている。[30] ルーマニアを出港したコンテナで、なかに四五トンの中国産濃縮トマトが入っていたという。だがこれだけではもちろん罪にならない。これらのコンテナが押収され、ジャグアーロが法令違反に問われたのは、そこに未報告の食品廃棄物が混ざっていたからだ。しかし、なぜジャグアーロが、中国からルーマニア経由で食品廃棄物を密輸しようとしたのか、その理由は今も判明していない。

二〇〇一年と二〇〇七年、ジャグアーロの社屋は二度の火災にみまわれている。二〇〇九年、責任者のヴィンチェンツォ・フランチェーゼが、二度目の火災における職務怠慢で有罪判決を受けた。[31] 火元に段ボール箱が山積みにされており、それが出火原因と判明したからだ。フランチェーゼは、前年の二〇〇八年にも、架空請求書を使って脱税をしたとして有罪になっている。[32]

二〇〇八年、またしてもジャグアーロは司法捜査を受けた。当時、イタリア警察は、サレルノ県のサンテジーディオ・デル・モンテ・アルビーノにある認定分析研究所、エコスクリーニングの捜査を行なっていた。[33] 捜査の結果、廃棄物の分析を専門にしていた同研究所が、虚偽の分析結果を発表していたことが明らかになった。有毒な廃棄物に対して無毒を証明する書類を大量に発行し、その廃棄物を地面に埋められるよう取り計らっていたのだ。下水処理で発生した有毒の汚泥《おでい》、汚染された液体産業廃棄物、浄化槽の中身といった有毒ゴミが、偽りの分析結果が書かれた証明書のせいで堆肥《たいひ》として合法的に埋められていた。[34] 研究所は偽造証明書の印刷所と化していたのだ。

捜査中の通信傍受によって、エコスクリーニングのクライアントにジャグアーロがいることが判明した。中国産濃縮トマトとイタリア産トマト缶について、偽の証明書を発行してもらっていたのだ。
トマト収穫期がピークを迎えた二〇〇七年八月二一日の一二時三四分、ジャグアーロのルイザという女性から、研究所に電話があった。要件はふたつ。ひとつは、「イタリア産」表記のトマト缶の原材料に重金属が含まれていないことを示す証明書を発行してほしいというもの。そしてもうひとつは、中国産濃縮トマトに関することで、ふたりの間で次のような会話が交わされたという。[35]
「サンプルについて、農薬の検出を含めてあらゆるデータを分析してちょうだい。でも本当のことを書いていいのはどれかひとつのデータだけよ」
「了解しました」[36]
こうして、重金属に汚染された土壌で栽培されたトマトで作られたトマト缶と、食用に適していない中国製濃縮トマトに対して、その品質を保証する偽造証明書が発行されたのだ。
過去にこれほどの事件を起こしながら、ジャグアーロは今も成長しつづけている。二〇一五年、老舗トマトブランドのヴィターレを買収。現在は世界六〇カ国に進出し、食品関連の大規模な国際見本市に参加して、世界中に名を知られるようになった。カルフール、オーシャン、ルクレール、メトロ、カジノ、モノプリ、コラ、システムU、インターマルシェ、ディアなど、多くのヨーロッパ大手スーパーチェーンに缶詰を供給しつづけている。[37]

10

加工トマト業界における「犯罪」はほかにもある。

二〇一〇年一〇月二九日、カンパニア州サレルノで、アメリカに出荷されるはずだった一八台のコンテナが、イタリア国家憲兵カラビニエリによって差し押さえられた。コンテナには、サン・マルツァーノという原産地呼称保護（ＤＯＰ）表示を偽造したホールトマト缶三〇万個が積まれていた。[38] すべてが有名食品メーカー、アントニオ・アマートのトマト缶で、実際に使われていたのはサン・マルツァーノ産ではなく安くて品質のよくないトマトだった。家宅捜索された工場からは、数千枚の偽ラベルと、一八台のコンテナ分の請求書が見つかった。この不正取引の請求額は四〇万ユーロ超に上ったという。この事件で、トマト王アントニーノ・ルッソの息子であるワルテル・ルッソと、アントニオ・アマート社の旧経営者であるアントニーノ・アマートが起訴され、アマートはラベル偽造の罪で懲役一年四カ月の有罪判決を受けた。

近年では、二〇一六年二月、今度はアントニーノ・ルッソの娘、ロッセーラ・ルッソが、詐欺罪で懲役八カ月の判決を受けた。ロッセーラが代表を務める缶詰メーカー、サンパオリーナでも、サン・マルツァーノのＤＯＰ表示を偽装して商品を販売していたのだ。[39]

「彼女は、この国の素晴らしい財産を守るために働いてきたのです」と、ロッセーラの弁護士は言った。

こうした事件が頻発したことから、さすがにヨーロッパの大手スーパーチェーンもナポリ近郊のトマト加工メーカーの悪評を無視できなくなりつつある。事件の多くはすでに世間に知られており、司法捜査の対象とされ、そのうちのいくつかは有罪判決を受けている。こうしたメーカーが、イタリア産ではない濃縮トマトをトリコローレに彩られたイタリアブランドの缶に詰めて売っていることは、もはや隠しようのない事実なのだ。

中国から青いドラム缶入りの濃縮トマトを輸入し、ヴェスヴィオ山の麓の工場で希釈し、小さな缶詰に詰めなおす……このプロセスは、もはやこの業界では当たり前のことになってしまった。現在、EU圏内で格安で販売されているトマトペースト缶のほとんどが、ナポリ近郊のメーカーによって供給されている。これらの激安トマト缶には原産地の表示がない。表示がないのは、原産地が不確かなのではなく、むしろ輸入濃縮トマトを使用している証拠かもしれないのだ。

品質のよいトマトペースト缶に原産地を表示しない理由はない。品質の証明は原産地にこそあるのだから。世界市場におけるトマトペーストの価格は、その品質の良し悪《よ あ》しによって、一トン当たり四五〇ユーロから九〇〇ユーロまで約二倍に変動するのだ。

トマトはおそらく、あらゆる時代、気候、国を超えた、真に普遍的である唯一の食品と言っていいだろう。

一九三三年五月一八日、一九日、パルマにて
全国イタリア加工トマト産業会議
保存食品ファシスト全国連盟

第7章　ファシズム政権の政策の象徴、トマト缶

1

ここで、保存食品と缶詰の歴史についておさらいしておこう。食材を加熱殺菌することで保存食品を初めて作ったのは、フランス人のニコラ・アペールだ。[1] 一七九四年から幾度も実験を重ねて瓶詰を開発し、一八〇二年、パリ郊外マッシーに世界初の瓶詰工場を設立した。アペールの瓶詰は、ドイツのバイエルン地方やロシアの富裕層から、冬場でも春夏の料理が味わえると好評を博した。四年後には、第四回フランス工業製品博覧会に出品もしている。[2]

だが、瓶詰に使っていたガラス容器は、輸送中に破損しやすいという大きな欠点があった。そこで数年後、今度はイギリス人のピーター・デュランドが、瓶の代わりに薄い鉄板に錫《すず》をメッキしたブリキを使って缶詰を発明する。これで輸送や携行がしやすくなり、保存食品が一気に進化した。

一八一九年、ニューヨークにアメリカ初の缶詰メーカーが設立された。翌年の一八二〇年にはフランスとイギリスで、一八二二年にはアメリカでも缶詰は一般に流通され、広く知られるようになった。その後、フランスのブルターニュ地方で、オイルサーディンの保存用に缶詰が使われるようになり、そのための工場が次々と建てられた[3]。こうした工場で雇われたのは、漁師の妻や子どもたちだ。低賃金で働かされ、労働条件が劣悪だったため、ストライキが頻繁に起きた。

オイルサーディン缶は、初めは船乗りのための保存食として作られ、その後急速に世界に広まった。一八六〇年代は、フランスが世界最大の輸出国だった。一八六二年に英仏通商条約が結ばれると、植民地でも生産が行なわれた。

ほぼ同じ時期の一八五六年、二〇歳のイタリア人青年、フランチェスコ・チリオが、北イタリアのトリノにイタリア初の缶詰メーカーを設立した。チリオの商品が世界から注目を集めたのは一八六七年のパリ万博のときだ。このときすでにチリオは、トマト缶をリバプールからシドニーまで世界各地に輸出していた。

一八七一年七月二日、イタリア国王ヴィットーリオ・エマヌエーレ二世がローマに遷都し、南北イタリアがほぼ統一される。するとチリオは南イタリアにも工場をいくつか設立し、広大な畑を利用して計画的な農業を行なった。南イタリアで遅ればせながら産業化が進んだのは、チリオの缶詰工場がきっかけだったのだ。チリオブランドの主力商品であるホールトマト缶は、イタリア製品のシンボル的存在になった。

一八六一年から一八六五年までの南北戦争のころ、ヨーロッパからアメリカへ大量の缶詰が輸出された。兵糧《ひょうろう》として兵士に支給するためだ。だが当時、缶詰は大変高価だったため、上級士官にしか与えられなかった。それでも缶詰はたくさん消費され、食べ終わったあとの空き缶が南北両軍の兵舎に散乱した。ブルターニュ産オイルサーディン缶や、トマトベースの野菜スープ缶も含まれていた。南北戦争は近代兵器を使った史上初の戦争だったと言われるが、それと同時に缶詰を世界に普及させた戦争でもあったのだ。缶詰のおかげで、アメリカの食品産業が急速に発展し、ヨーロッパでも生産がさらに加速した。

アメリカでは一八五九年から一八九九年の間に工業が六倍に伸び、とりわけ新しい分野の食品産業は一五〇〇パーセントも成長した。二〇世紀に各地で起きたさまざまな戦争の影響もあり、缶詰は世界中に普及した。輸送に便利で、季節を問わず入手でき、どんなに過酷な環境でも破損・劣化しないため、戦闘中の兵士でも携帯できる。輸送や配給が容易なので、戦争が長期化しても対応できる。

二〇世紀を通じて武器は次々と進化し、戦争のスタイルも変わりつづけたが、缶詰の配給だけは変わらなかった。いつの時代のどの軍隊にも缶詰は欠かせなかった。長きにわたって大規模な戦争をするのに、缶詰は必需品だった。戦時、缶詰は兵士たち、そして一般市民にとっても非常に便利な食糧として重宝されていたのだ。

一九〇〇年、ニューヨークのイタリア人移民の数は二二万人だったが、一九一〇年には五四万五〇〇〇人に急増した。一九三〇年、ニューヨークの人口に占めるイタリア人移民の割合は一七パーセントになり、一九三八年には、アメリカで食品店を経営するイタリア人移民が一万人以上になった。そうしたすべての店の陳列棚にトマト缶が並べられ、そのほとんどがイタリア産だったため、さながら「駐米トマト大使館」のようだったという。[4] トマト缶はイタリア人移民の生活になくてはならない食品だった。

一九三〇年代になると、一部のトマト缶は、アメリカに暮らすイタリア人向けのファシスト政権のプロパガンダに利用された。[5] プログレッソというブランドのトマト缶のラベルには、ローマ人兵士の姿とともに、ファシストのシンボルが表された。イタリアの急速な工業発展をアピールするために、近代的な建築物、飛行機、船舶、トンネルから現れる電車などが描かれたのだ。

2

イタリア、エミリア＝ロマーニャ州パルマ。トマト博物館

北イタリアのパルマは、トマトペーストとトマトピューレの名産地だ。その起源をパニ・ネ

リというパンに見ることができる。一八四〇年、この地域の田舎の主婦たちは、天日干しにしたトマトをペースト状にして生地に練りこんでパンを作っていた。六倍濃縮というかなり濃いペーストで、大きくてとても硬いパンだった。なお、六倍濃縮トマトの起源はシチリア島にあるが、今日、生産者はほとんどいない。シチリア島のパレルモにひとり残っているだけだ。

それから二五年後の一八六五年、パルマ在住、化学者で農業技術者のカルロ・ロニョーニ（一八二九〜一九〇四）が、トマト加工品の生産の近代化に努めた。まさに加工トマト産業の父と言えよう。[6] 地元の実験農場で先頭に立って働きながら、加工用トマトの栽培方法を多くの農民たちに伝授し、収穫した実で加工品を生産させた。トマト栽培の技術を進化させて生産性を向上させ、トマト生産者の協同組合の結成にも尽力した。

一九世紀末、イタリアはトマト缶の輸出を開始し、二〇世紀初頭には、早くも世界一のトマト缶輸出国になった。一八九七年には二〇〇〇トンだった輸出量が、一九〇六年に一万四三五五トン、一九一二年に四万九一〇〇トンと右肩上がりに増加。この年、イタリアは年間六三万トンのトマト缶を生産していた。これは、当時としては世界でほかに例を見ない圧倒的な数字だった。[7]

とくに、イタリア人移民が多く暮らす国々はたくさんのトマト缶を輸入した。その筆頭であるアメリカは、一九一三年、たった一カ国でイタリアの総輸出量の半分近い二万一〇〇〇トン近くを輸入している。アルゼンチンも六〇〇〇トン以上を輸入した。[8] 当時、チリオはまだトマト缶を輸出する数多いメーカーのひとつにすぎなかったが、一九二〇年代から大々的な宣伝活動したことが功を奏し、一躍トマト加工品のトップ企業になった。

現在、パルマのトマト博物館には、加工トマト産業にまつわるさまざまな遺産が展示されている。もっとも目を引くのは、「ブール（球体）」とフランス語で名づけられた機械だ。銅製で大きく丸い形をしており、まるで一九世紀の作家、ジュール・ヴェルヌの『月世界旅行』に出てくる砲弾のようだ。一世紀以上前に使われていたビール醸造機を、イタリア人がトマト加工用に改造したのだという。まさにこの「ブール」こそが、一九世紀のイタリアで使われた初期の蒸発濃縮装置のひとつだ。原材料のトマトをなかに入れて蒸発濃縮させる。現在の装置も技術的にはこの機械とほとんど変わらない。

ほかの展示スペースには、赤白ツートンカラーのフィアット車の屋根に、巨大なトマトペーストのチューブを乗せたものがあった。一九五〇年代の宣伝カーだ。チューブ入りのトマトペーストは戦後のイタリアで発明された。このおかげで冷蔵庫のない貧しい家庭でも、開封後のトマトペーストを安全に長期保存できるようになった。

一番奥の展示スペースでは、巨大なショーウィンドウにトマト缶がずらりと並べられていた。百個ほどあるだろうか、どれも赤や金に輝いていて、一世紀以上前のものもある。そう、まさにこのパルマで、一八八八年、さまざまなラインナップをそろえるトマト加工メーカーが初めて誕生したのだ。

並べられた缶を見れば、かつてこの業界がいかに繁栄したかがよくわかる。缶にはそれぞれブランド名が書かれているが、その多くがもうすでに存在していない。描かれているイラストはどれも個性的で、壁一面に並ぶ様子はまるで古代エジプトの象形文字を見ているようだ。白鳥、鷹、雄鶏《おんどり》、ライオン、ヒヨコ、虎、雄牛……いろいろな動物たちがいる。奥のほうには月、太陽、星、向こう側には、バラやスミレもある。天使に決闘を挑もうとしている騎士、大西洋横断船、大型帆船や飛行船、空飛ぶ複葉機。その下の列には、パエトーン、ヘラクレス、ケンタウルスといったギリシャ神話の登場人物や、イタリアの詩人ダンテの姿もある。わたしがしげしげと眺めていると、博物館のガイドの男性が説明してくれた。

「そうなんです、当時は識字率が低かったので、トマト缶の種類をイラストで見分けていたんです。名前やブランド名がわからなくても、食品店で〝虎のやつをちょうだい〟とか〝鷹のをくださいײ と注文できました。他社と差別化するために、各メーカーがそれぞれのトレードマークを持っていました。中身はたいして変わらなかったんですけどね。どのメーカーであろうが、トマトペーストの品質に差はありませんでした」

このガイドの男性は、本人も気づかないうちに、現在も続いているある事実を語っていた。トマト加工メーカーは今も、アフリカ市場のために缶にイラストを表示している。たとえ中身が同じであろうとも、他社と差別化するために。

3

一九二二年のイタリア王国で、ムッソリーニによるローマ進軍とファシスト政権樹立に伴い、新たな農業政策が実施された。新政権下では「アウタルキア（自給自足経済）」政策が掲げられ、公共機関の建物の壁にも大きく貼りだされた。イデオロギー色の強い経済政策は、イタリアの農業にいくつかの大きな影響を与えた。加工トマト産業に関して言えば、この時期にかつてないほど目覚ましい組織化、近代化、計画化を遂げている。

一九二五年、ファシスト政権は、ムッソリーニが上半身裸で農民たちといっしょに麦刈りをする写真をプロパガンダに、穀物類を優先的に生産する「小麦戦争」キャンペーンを実施した。その甲斐あって、わずか八年間で、小麦の生産量は五〇〇〇万キンタル（約二五〇〇万トン）から八〇〇〇万キンタル（約四〇〇〇万トン）に急増する。ほかにも新政権は、地域・産業ごとにさまざまな戦略を立て、目標生産量を設定した。

加工トマト産業では、栽培と加工技術のさらなる進化が求められ、北イタリアの都市パルマにその中心的な役割が与えられた。これ以降、イタリアの北部と南部の役割分担が明確にされた。加工技術の発達した北イタリアでは主にトマトペーストを、トマト産地の多い南イタリアでは主にホールトマト缶をそれぞれ生産するようになり、その傾向は今も続いている。

ファシスト政権にとって、加工トマトは決して優先順位が高い産業ではなかった。だが結果的に「自給自足経済」の目標生産量をクリアしたうえ、トマト缶の輸出量を増やすこともできたのだ。

一九二九年、二倍濃縮トマト輸出協同組合の多大なる努力もあって、イタリアのトマト缶輸出量は一三万七六一〇トンに増加した。ところが一九三〇年代になると、世界恐慌の影響で保護貿易が進み、各国で関税率が上昇したため、輸出量が大幅に減少してしまう。食品産業に多額の投資をしていた銀行は次々と倒産した。最大の打撃は、一九三〇年六月一七日にアメリカで成立したスムート・ホーリー法だ。二万点以上の品目に法外な関税がかけられ、アメリカへのトマト缶輸出量はみるみる落ちこんだ。これと時期をほぼ同じくして、アメリカでは、トマト缶の高い需要に応えるため、イタリア移民によって次々とトマト缶メーカーが設立されはじめていた。さらに一九三六年、前年からのムッソリーニによるエチオピア侵攻に対し、イタリアは国際連盟から経済制裁を受けてしまう。

こうしたさまざまなマイナス要因が重なって、イタリアの加工トマト産業は徐々に縮小していった。イタリアのファシスト政権は、最初はトマト缶の生産を合理化して輸出量の増加に貢献したものの、後になって逆に輸出量を減少させてしまったのだ。

第二次世界大戦が勃発してアメリカが敵国になると、イタリアはとうとうトマト缶を輸出できなくなった。だがその一方で、イタリア軍の兵糧としてのトマト缶需要が高まり、おかげで輸出量の減少分が相殺《そうさい》された。二〇一五年、当時の痕跡がエジプトで見つかっている。ふたりのオーストリア人考古学者が発掘調査を行なっていたとき、チリオの缶詰がたまたま発見されたのだ。そのうちのひとつが、一九二三年製のトマト缶だった。これは、戦時中にイタリア軍が植民地に向けて南下していたことの証明であると同時に、イタリアの加工トマト産業史においてチリオが果たした役割の大きさも示している。

第二次世界大戦中、チリオはイタリア軍にトマト缶を供給する役割を担っていた。チリオの缶詰は、イタリアから東部戦線にいたる広いエリアで、イタリアやドイツなどの枢軸国の兵士の食糧とされた。その一方で、アメリカ、イギリス、フランスなど連合国の兵士には、キャンベル・スープとハインツの缶詰が支給されたのだ。

少し時期がさかのぼった一九三八年、イタリアのファシスト政権は、トマト加工品の生産を国家計画化する法律を公布した。生産を手作業で行なっていた小規模な缶詰メーカーは撤退を余儀なくされた一方、業界におけるパルマの重要性はますます大きくなった。こうして、国家の支配下に置かれた加工トマト産業は、もはや銀行の収益に左右されることなく、多くの点で保護されるようになった。原材料の供給、加工設備、技術研究は、すべて政府が保障してくれた。

ファシスト政権時代、とくに第二次世界大戦直前は、食品産業における重要な革新はいつも北イタリアで行なわれてきた。ファシスト政権下の二〇年間、加工用トマトの栽培面積は拡大しつづけた。一九二〇年から一九二二年までは三万三〇〇〇ヘクタールだったのが、一九二三年から一九二五年までは四万一〇〇〇ヘクタールに、一九二九年から一九三一年までは五万二〇〇〇ヘクタールに、そして一九三八年から一九四〇年までは五万九〇〇〇ヘクタールになった。

戦時の一九四〇年、第一回目の缶詰展示会（モストラ・デッレ・コンセルヴェ）がパルマで開催された。アウタルキア（自給自足経済）政策における缶詰の役割に焦点を定めたもので、展示会カタログの表紙には、大文字で「アウタルキア」と書かれた缶詰が描かれた。[9]

このイベントは政権幹部から大絶賛された。ファシスト政権のイデオロギーに缶詰はぴったりだったからだ。政権のアウタルキア政策と、戦争・都市・機械を賛美する未来派に影響された「文化革命」のシンボルだ。「新時代の人間の食糧」ともみなされた。そしてその容器は、近代工業によって科学的な方法で生産され、祖国の大地で栽培されたものを保存しているとして、重要な意味を持っていた。

そしてファシスト政権は、とうとう保存食品の歴史まで書き換えてしまった。[10] 保存食品を発明したのはフランス人のニコラ・アペールではなく、イタリア人の生物学者ラザッロ・スパランツァーニ（一七二九〜一七九九）だと主張したのだ。アペールより先に、加熱殺菌して密閉したスープに微生物が発生しないことをスパランツァーニが証明し、そのおかげで保存食品が誕生したのだという。

料理歴史家のアルベルト・カパッティは、二〇一六年八月二四日の取材でこう言っていた。

「ファシスト政権のアウタルキア政策において、トマト缶は大きな役割を果たしました。当時、加工用トマトとトマト缶はすべてイタリア国内で生産されていました。トマト缶こそが典型的なイタリアの食品で、自給自足のイメージそのものだったのです。増産政策が農業全体に打撃を与えた小麦や、イタリア人にとって重要ではなかったジャガイモとは大違いです。もともとはイタリア生まれでいまや世界中に広まったファストフードがふたつあります。何だかわかりますか？　パスタとピザです。どちらにもトマトが使われます。そのことはある意味で、加工トマト産業がファシスト政権によって組織化され、成長が促進され、生産を奨励され、資金を提供されてきた歴史の遺産と言えるでしょう。当時の缶詰展示会で賛美されたのは、決してファシズムではありません。イタリアの生産力の高さです。ただし、ファシストの支配下に置かれていたものです。イタリアが食品機械の製造において世界のパイオニアになったのも、ファシスト政権下でのことでした。そして、こうした機械が食品業界において重要な役割を持つようになったのも、まさにこの時代からでした。その影響は今も続いています」

イタリアの缶詰展示会は戦後も重要なイベントとして継続され、食品業界から多くの来場者を集めている。一九八五年、このイベントは「チブス・テック」と改名された。「チブス」は、イタリア語の「チーボ（食品）」の語源になったラテン語だ。チブス・テックは食品加工機械の見本市として、今もパルマで開催されている。パルマは現在も、加工トマト産業の世界的拠点のひとつでありつづけているのだ。

それにしても、歴史はときどき奇妙なパラドックスを生みだす。イタリアの食品産業に機械化と合理化をもたらしたのは、ムッソリーニの自給自足経済政策だった。外国と取引せずに自国内で生産と消費を行なうことを目的に、イタリアの食品産業は進化した。それによって戦後のイタリアは、トマト缶の世界シェアでトップに立ち、業界をリードする存在になった。加工機械の製造でも世界の最先端に立った。イタリアはファシスト政権の政策のおかげで、加工トマト業界の組織化とグローバル化を確立することができたのだ。

一九四四年、エミリア＝ロマーニャ州で多くの工場が爆撃された。そこにはトマト加工機械を製造する工場も含まれていた。一九四五年、カミッロ・カテッリ（一九一九〜二〇一二）は、技術者のアンジェロ・ロッシと共同で、この地に新しいトマト加工機械メーカー、ロッシ＆カテッリを設立した。機械を製造するだけでなく、工場の設計・建設も手がけて好評を博し、みるみる世界のトップ企業になった。その後、同業他社と合併を経て、二〇〇六年以降はＣＦＴ社と名を変えている。

戦前、カミッロ・カテッリは、当時の大手トマト加工機械メーカー、ルチアーニの工場で働く見習い労働者にすぎなかった。だが一九五〇年代に入ると、実業家としての才能をめきめきと発揮し、瞬く間に世界中に自社の機械を輸出するようになった。その後、アンジェロ・ロッシとのコンビを解消。ロッシのほうは、一九五一年にインジェニェーレ・ロッシ社を設立し、こちらもトマト加工機械業界の大手になった。ただし、二〇世紀後半にインジェニェーレ・ロッシが取得した特許や契約は、ロッシ&カテッリ名義になっている。

ロッシ&カテッリが本格的に世界市場を席巻したのは、一九五七年、近代型蒸発濃縮装置の第一号機を発明したときだ。革命的な製品で、このおかげで加工トマト産業の生産性は大きく向上した。ロッシ&カテッリは、それから数十年間にわたって最先端の商品を開発しつづけ、それは今日まで続いている。一九六〇年代からは、ソ連とアメリカにもトマト加工機械を輸出しはじめた。そしてこのころ、初の戦略的なパートナーシップをハインツと契約した。

そして一九九〇年代初頭、中国の時代がやってくる。

第8章　トマト加工工場の奇妙な光景

1

中国、新疆ウイグル自治区ウルムチ郊外。一一二号道路

それは、赤い屋根にガラス張りの大きな建物だった。ファサードにはカルキス（中基）の看板が掲げられている。だが、ここはカルキスの本社ではない。本社があるのはウルムチの中心街だ。この近代的な建築の「研究所」は、カルキスのウェブサイトにも写真が掲載されている。ウルムチから車で一一二号道路を進むと、やがてこの派手な外観の建物が見えてくる。隣にはトマト加工工場がある。

そのとき、わたしはふと疑問を感じた。今はトマト収穫期たけなわだ。なのに、工場の煙突から煙が出ていない。あの独特な、焼けたトマトの匂いもしない。あたりは奇妙なほど静まり

かえっている。

ひびわれたアスファルトの細い道を進み、工場へ向かう。トマトを運搬するトラックはどこから出入りするのだろう？　車が一台も通らない。入口にも誰もいない。正門のそばに警備室があり、アスファルトの地面には積荷の重量を測るためのトラックスケールが埋めこまれていた。だが、今も機能しているかどうかはわからない。警備室の窓ガラスは割れ、ゲートの塗装ははげ落ち、スケールも錆《さ》びついている。アスファルトのひび割れからは雑草が伸びている。ここを見るかぎり、このトマト加工工場はもう使われていないようだ。いや、もしかしたら、なかへ入ればきちんとした警備室やトラックスケールがあるのかもしれない。

ゲートは開いていた。車でトラックスケールの上を通りすぎると、大きな金属音が鳴りひびいた。一〇〇メートルほど先に古びた荷下ろし場が見える。積荷のトマトはあそこで下ろされるはずだ。間違いない、この工場はもう使われていない。トマトの洗浄が行なわれるプラットホームやたくさんの水道管は、すべて腐食してボロボロになっていた。場内の中央に蒸発濃縮装置が置かれているのが見える。だが、人間はひとりもいない。

車から降りてドアを閉めると、バタンという大きな音が響きわたった。あまりにも静かだ。数歩進み、屋外に置かれている配電箱へ近づいてみる。箱は壊されていた。トマトを自動で運ぶコンベアにも穴が開いている。窓ガラスも割れていた。

いったいここで何があったのだろう？　煙突や巨大タンクなどはそのまま残っている。まるで工場の亡骸《なきがら》だ。イタリア式の工場で、完成してそれほど経っていないように見える。機械の購入や設置にかかったコストは数百万ユーロに達しただろう。敷地内には一〇〇台ほどの工事車両が置かれていた。とくにパワーショベルの数が多い。おそらく、土木技術を知り尽くした新疆生産建設兵団のものだろう。

倉庫へ行ってみる。なかには、消費期限切れのドラム缶入り濃縮トマトが並んでいた。トマトペースト缶もたくさんある。「トリコローレ」のパッケージに、満面の笑みを浮かべたトマトのキャラクターが描かれている。アフリカで一番よく売れているブランド、ジーノの缶詰だ。

倉庫から出て、さらに敷地内を歩く。工場の建物の脇に外階段があり、その上にドアがあるのが見えた。あそこからなかに入れるのだろうか？　行ってみよう。でもドアは開いているのか？　階段を上ってみる。カギがすでに壊されていた。よし、幸運の女神はわたしに微笑んだ。

ドアを開けると、なかは渡り廊下になっていた。片方の壁がガラス張りで、階下を見下ろせるようになっている。人っ子ひとりいない。機械はすべて停まっている。それにしても見事な生産ラインだ。あらゆる設備がそろっている。だが、すべて埃《ほこり》にまみれていた。なんという奇妙な光景だろう。

渡り廊下の先にまたドアがあった。ドアを開けると、再びガラス張りの渡り廊下が現れた。だがその階下には、トマト加工工場にあるまじき光景が広がっていた。工事用の資材や機械がずらりと並んでいる。どうやらここは工事のための機材置き場に使われているらしい。渡り廊下に張られた床板がみしみしと音を立てる。一足進むごとに大きな音が鳴り響くので、誰かに見つかりはしないかとハラハラする。

廊下にはいくつかドアが並んでいて、その奥に部屋があるようだった。掛け金がかかっているだけなので、はずしてなかへ入っていく。いくつもの事務机が、ひっくり返ったり、壊されたり、穴が開けられたりしていた。床の上にはおびただしい数の紙類が山になっている。中国語が印刷されているが、埃と湿気で黒ずんでいる。まるで泥まみれの漂流物のようだ。おそらく、同じ部屋にあるスチール製キャビネットの中身をぶちまけたのだろう。工場の写真も床に散らばっていた。

隣の部屋へ入る。そこでもまた、さまざまなものが床に散らばっていた。加工工場のかつての様子を偲《しの》ばせるものが多い。顔写真入りの従業員証や、数百枚もの証明写真が入った分厚い封筒。写真をひとつひとつ見ていく。ウイグル人らしき顔はひとつもない。みな漢族の顔立ちだった。おそらく、新疆生産建設兵団の従業員だろう。

棚の上に、軍用ヘルメットがひとつ置かれていた。それを見て、カルキスの工場では兵団員たちが軍服で働いていたことを思いだした。ほかの棚の上には小さな赤い中国国旗や、たくさんののぼり旗があった。書類棚を開けてみると、工場の見取り図が入っていた。パルマで製造された機械の図面もある。ほかには、文書が保管されたファイルが数十冊、古い電話機、旧式のコンピュータと関連機器、未使用のパスポートのような赤い小冊子、優秀な従業員に授与される表彰状、工場のスローガンが書かれたステッカー、そしてゴミも。

山積みになったさまざまなものの上に、いくつかの冊子が積み重なっていることに気づいた。新入社員のための中国語の案内マニュアルや、カルキスが運営する一四の工場を紹介するブックレット。かなり立派な本もあった。タイトルは、『新疆《しんきょう》中《ちゅう》基《き》実業《じつぎょう》股份《こふん》有限公司　一〇周年記念[1]』。カルキス創立一〇周年の記念誌らしい。中国語と英語の二カ国語で書かれていて、二〇〇四年に発行されている。表紙にはカルキスのロゴが刻印されている。

開いてみると、最初のページに、カルキスの創業者、リウ将官の大きな顔写真が掲載されていた。次のページ以降にもリウ将官の写真がたくさん載っている。金正日《キムジョンイル》風の分厚い黒メガネをかけた中国高官たちといっしょに写っている。

記念誌には、加工トマト産業における兵団の輝かしい業績が紹介されていた。南フランスの大手トマト加工メーカー、ル・カバノンの買収について書かれたページには、元代表のジョエル・ベルナールの写真もあった。ベルナールはリウ将官と中国国旗の間に立っていた。

フランスのヴォクリューズ県の元下院議員、ティエリー・マリアーニとリウ将官が、笑顔で握手を交わす写真もある。二〇〇四年四月九日、パリの高級ホテルであるロワイヤル・モンソーの大広間で開催されたセレモニーでの一場面らしい。いったい何のセレモニーだったのだろう？　解説を読んだところ、どうやら、フランスの食品メーカーに中国が初めて投資を行なったことを祝ったのだそうだ。

カルキスの活動内容を紹介する写真が数十枚あった。たくさんのトマトを積んで走るトラックの列、完成した商品を積んだコンテナ、工場の様子……。リウ将官もあちこちに写っている。世界地図を指さしているところ、ペンを片手に書類を見ながら考えこんでいるところ、販売戦略のために部下に指示を出しているところなど、何かしら重要なことをしているらしき写真が多い。ページをさらに繰ると、ハインツの工場の前で、役員の誰かといっしょに写っているものもあった。別の写真では、中国政府の役人といっしょにル・カバノンを訪問していた。

さらにページを進めると、テーブルを囲んだ男たちがグラスを持ち上げている写真があった。テーブルにはイタリア国旗と中国国旗の小旗が飾られている。リウ将官の隣にいるのは、ナポリ出身のトマト王、アントニーノ・ルッソだ。数ページ先にも、ルッソが書類に署名をしている写真があった。解説によると、「ケチャップの輸出に関する契約を交わしたところ」だそうだ。そして、三枚目のルッソの写真。また別のセレモニーらしい。解説には「中国にトマト加工ラインを建設するために合弁契約を結んだことを祝って」とある。四枚目の写真では、リウ将官がナポリのルッソの工場を訪れていた。新疆ウイグル自治区の高官も同行したらしい。さらに別の写真には、アントニーノ・ルッソのライバル、アントニオ・ペッティの姿もあった。

わたしは記念誌から顔を上げ、顔写真入り従業員証の山のほうへちらりと視線を向けた。よし、これで用はすんだ。さっさとここから立ち去ろう。

2

中国、北京

「今日はある本を持ってきました。二〇〇四年、カルキスの創立一〇周年に刊行された記念誌です。ここに掲載されている写真についてお話ししていただけますか？」

二〇一六年八月二一日、北京の自宅でわたしがそう問いかけると、同社の元経営者、リウ将官は笑顔で「もちろん」と応じた。

「まず、これは一九九六年、イギリスでハインツと輸出契約を交わしたときの写真だ。この男は中国政府の対外経済貿易部の元部長。カルキスの工場を視察に来たんだ。そしてこっちは、全国人民代表大会常務委員長の呉報国《ウーバングオ》。それからこれは二〇〇一年のイタリア。アントニーノ・ルッソと初めて大きな提携契約で合意したときだ」

呉報国は、中国共産党中央政治局常務委員会の実質ナンバーツーだった人物だ。国の最高権力者のひとりとされている。

「イタリアへはよく行かれていたんですか？」

「ああ。ナポリはわたしにとって第二の故郷のようなものだった。カルキスの発展にとって、イタリアはなくてはならない存在だったからね。ナポリ、そしてパルマには本当によく行っていた。アントニオ・ペッティ、アントニーノ・ルッソとも親しくしていたんだ」

「ルッソはあなたのクライアントだったんですか？」

「クライアント以上の存在だったよ。アントニーノ・ルッソは、わたしの最初のビジネスパートナーだ。協力者であり、もっとも大事なクライアントでもあった。この業界のことをいろいろ教えてくれたんだ。本当にいい人間だった。ルッソはどれだけの濃縮トマトをカルキスから買ってくれたと思う？　すごい量だったよ。最初の大口の顧客がルッソだった。二〇〇一年から二〇〇六年の間に、カルキスが生産した濃縮トマトの三五パーセントから四〇パーセントを買ってくれたんだ。わたしがカルキスを経営していた時代は、ナポリにあるルッソの工場に大量の濃縮トマトを送っていた。わたしたちは真の友人だった。二〇〇一年には、ルッソに工場をひとつ造ってもらったんだ」

「なぜ工場を造ってもらうことになったんですか？」

「友だちだったからさ。友情の証《あかし》に工場をくれたんだよ」

第9章　中国の加工トマト産業の暴走
――始まりと発展、強制労働

1

一九九〇年代初めから、中国では、イタリア資本によるトマト加工工場が次々と建設された。加工トマト産業はみるみる発展し、二〇〇〇年代に入ると、中国は濃縮トマトの生産量で世界トップに躍りでた。そして二〇〇四年、カルキス（中基）は、濃縮トマトをヨーロッパで販売する足がかりとして、フランスの大手トマト加工メーカー、ル・カバノンを買収する。こうして、中国は史上最速でトマト加工品分野の大国に成長したのだ。

まったく経験がなかった分野で、中国がこれほどスピーディーに成長したことは、確かに大きな驚きだった。だがそれ以上に驚かされたのは、工場のあまりにもずさんな管理体制だった。二〇〇〇年代、イタリアの機械メーカーによって工場が建設されすぎたため、その一部はもう使われていなかった。新疆ウイグル自治区では、すでに取り壊されたものもあれば、廃墟のまま放置されているものもあるという。

「信じがたいことだけど、中国人ときたら、多く造りすぎたと思ったら、一〇〇〇万ユーロ以上の価値がある工場でも平気で取り壊してしまうんだ」

イタリア〈フード・ニュース〉誌の元ジャーナリストで、中国の加工トマト業界に詳しいダヴィデ・ギロッティはそう言った。

それにしても、中国の加工トマト産業は、どうやって短期間にこれほどまでに成長できたのか？　その理由を探る前に、まずはそれ以前の加工トマト業界の状況について知っておきたい。業界はどういう構造をしていて、誰が権力を握っていたのか。

戦後、世界の加工トマト業界を取りしきっていたのは、イタリアのパルマとナポリだった。当時、ホールトマト缶やトマトペースト缶などのトマト加工品分野は、少数の企業が市場を支配する寡占状態だった。イタリアの市場を牛耳っていたのは、三つの分野のトップ企業だ。まずはパルマ。北イタリアのこの町には、国内外に濃縮トマトの販売ルートを持つ大手商社と、最先端のトマト加工機械のノウハウを持つ食品機械メーカーがあった。そしてナポリ。この南イタリアの都市には、パルマの商社にとって最大のクライアント、大手食品メーカーのルッソとペッティがあった。

当時の加工トマト業界では、商社、食品機械メーカー、食品メーカーの三つが密接な利害関係にある、堅固なトライアングルを形成していた。関連企業の数は片手で数えられるほどだった。これらごく少数の企業は、二〇世紀後半にわたって、揺るぎない関係を維持してきた。イタリアの加工トマト産業は、まさにカルテルの様相を呈していたのだ。

2

イタリア、エミリア・ロマーニャ州パルマ

一九三〇年、アルマンドとウーゴのガンドルフィ兄弟は、パルマで食品の卸売をする会社を設立した。ウーゴはチーズとハムを、アルマンドは缶詰などの保存食品を担当した。一九六九年にアルマンドが死去すると、息子のロランド・ガンドルフィが父の仕事を引き継いだ。以来、同社は海外へも進出し、膨大な量の濃縮トマトを取りあつかうようになった。数多くのクライアントを抱えていたが、そこにハインツも含まれていた。二〇世紀後半、ガンドルフィはトマト加工品の取引で世界最大の商社に成長し、今もその地位を守りつづけている。

ロランド・ガンドルフィは二〇〇二年に他界している。だが、彼には生前からの忠実な右腕、シルヴェストロ・ピエラッチがいた。ピエラッチは、仕入れルートと市場を開拓するため、世界中を駆けまわった。

「わたしはもともと化学者だったんだ。ところが一九六四年のある日、パルマの保存食品産業試験場（SSICA）から電話がかかってきた。トマト加工工場が化学分析をしてくれる人間を探していると言うんだ。それがこの業界に入ったきっかけだった」

二〇一六年七月二五日の取材時、ピエラッチはすでに現役を引退していたが、むかしの思い出を惜しみなく話してくれた。

「一九六九年、ロランドと仕事を始めた。すぐにふたりで海外へ出かけるようになったよ。当時は外国へ出かけるのはめずらしかったけどね。最初はギリシャとトルコ、次はポルトガルへ行った。ギリシャの仕入れルートは、その直後の一九七〇年代初めに確立した。パスクワーレ・ペッティが、ギリシャ産の濃縮トマトを買ってくれるようになったんだ。今、ナポリのペッティ社を経営しているのは、その息子のアントニオだよ。パスクワーレ・ペッティは、じつにたくさんの濃縮トマトを買ってくれた。そしてわれわれガンドルフィ社は、いくらでも商品を供給することができた。どうしてだと思う？　パルマには優秀なトマト加工機械メーカーがある。うちの会社のすぐそばで、最先端の機械が作られていた。そこでわれわれは、ギリシャの工場に最先端の加工機械を設置して、濃縮トマトを大量に生産させた。そうやって作らせた商品を買い上げて、クライアントに売ったのさ。

外国の仕入れルートはギリシャが初めてだった。当時はうち以外にもたくさんの会社がトマト加工品の卸売をしていたよ。でもうちには、独自のノウハウ、高い供給能力、クライアントとの厚い信頼関係があったからね。一九七〇年代の終わりには、トマト加工品取引で世界一のシェアを誇るようになった。ハインツ、ネスレ、クラフトフーズ、パンツァーニなど、たくさんの企業と素晴らしいパートナーシップを築いてきた。この業界の大手メーカーとはたいてい取引してきたよ」

現役時代のピエラッチは、トマト加工工場がひとつでもあるとわかれば、必ずその国を訪れたという。そうやって、大量の濃縮トマトを入手し、あちこちに売りさばいたのだ。追随できる同業他社はどこにもなかった。

「電話一本で契約が決まって、三万トンの濃縮トマトを売ったこともあったよ。貨物船が数隻分だ」

一九八〇年代、ガンドルフィ社は主にナポリ方面で取引をしていた。南イタリアのナポリ近郊、アグロ・サルネーゼ・ノチェリーノ地域は保存食品産業が盛んで、そこにあるいくつかの食品メーカーがクライアントだった。

「ナポリの会社は大量に商品を買ってくれたよ。アントニーノ・ルッソとは一九七九年に知り合った。初めて会ったとき、工場の倉庫で、たくさんの木箱に囲まれて話をしたのを覚えている。何時間も話しこんだ末、とうとう木箱の上に座りこんだりしてね。南イタリアの人間と仕事をするには、最初に信頼関係を築いておくことが大切なんだ。どれくらいの濃縮トマトが売れたか、数えきれないくらいさ。とにかく当時は、ルッソとペッティが二大企業だった。ジャグアーロはまだそれほどでもなかった」
「かつて南イタリアの会社は、トマト加工後に残った屑でトマトペーストを作って、超激安価格でアフリカで売っていたんだ。南ではそうやって加工トマト産業が発展した。トマト缶だけじゃない、モモ、サクランボ、インゲン豆などの缶詰もそうやって作られていた。当時、アグロ・サルネーゼ・ノチェリーノでは、野菜とフルーツの市場のほとんどがカモッラ、つまり地元のマフィアの手中に握られていたんだ」

ルッソとペッティが巨大な加工トマト市場を二分するようになると、シェア争いが激しくなり、互いに相手の取引先を横取りしようとするようになった。そしてさまざまな出来事があって、両社は真っ向から対立しはじめた。アルジェリアやリビアなど北アフリカの国での入札のときもそうだった。

「そういう入札で決まるのは、コンテナ数台レベルの話じゃない。数万トンだ。だからルッソもペッティも、アフリカの市場を喉から手が出るほど欲しがった。そこでルッソは、ペッティを出しぬくためにダンピングをやった。いくつかの商品を不当な低価格で売りはじめたんだ。年に一度、アルジェリアとリビアで入札が行なわれるときは、それはもう大変な騒ぎだったよ。今だから言うけれど、そういうときに一番効き目があるのは賄賂さ。その点に関して、リビア人は最悪だった。際限なく要求してくるからね。アルジェリア人にはなんとか我慢できたが、リビア人は本当にひどかった。まあ、今では状況が一変してしまったけどね。アルジェリア人は中国から仕入れた濃縮トマトを、自分たちで缶に詰めて売るようになったから」

だが、ルッソとペッティの値下げ競争は、両社に原材料を供給しているガンドルフィ社にとっては都合がよくない。そこでガンドルフィ社は、折りに触れて両社の仲を取りもとうとした。ロランド・ガンドルフィは、ルッソとペッティの和解交渉の場を設けるよう、右腕のピエラッチに命じたという。ある日彼らは、ローマの高級ホテル、エデン・デ・ラ・ヴィア・ルドヴィージの客室で、秘密裏に集まった。

「ロランドとわたしは、ルッソとペッティを何度も説得しようとした。争いの末、殺し合いになってもしかたがないからね。市場が一〇〇買うと言ったら、それは一〇〇なんだ。それ以上にも以下にもならない。だったら、互いに妥協できる線でルールを決めておくほうがずっといい。激安で売って損をして、共倒れになるのはバカげてる。正当な値段で売ると互いに約束しておかないと、いずれはどちらも行き詰まってしまう。大損をして、大赤字になって、税金を収めることも、仕入れの支払いをすることもできなくなる。

トマトペースト缶だけじゃない、ホールトマト缶だってそうさ。だが、ホールトマト缶については、とうとうルッソとペッティを合意させることができなかった。二、三度、戦略を練って、市場獲得と販売に関するルールを取り決めようとしたが、結局失敗に終わった。その一方で、トマトペースト缶についてはどうにか合意させることができたよ。とくにアルジェリアとリビアの入札に関してはね。ルッソとペッティのどちらかが注文を受けたら、それを二社で折半するのさ。しばらくはそれでうまくいっていた。どちらがどういう注文を取ってもね。ごく簡単なことさ」

ガンドルフィ、ルッソ、ペッティ……このイタリア三社の〈濃縮トマトカルテル〉は、一九八〇年代以来、ヨーロッパ、アメリカ、アフリカの加工トマト産業を支配している。豊かな国だけでなく貧しい国にも、大手食品メーカーやスーパーチェーンだけでなく独裁国の町の食品市場《いちば》にも、濃縮トマトを供給しているのだ。

「中国と仕事を始めたきっかけは、一九九〇年代のある日、食品機械メーカーのインジェニェーレ・ロッシからかかってきた電話だった。中国にトマト加工工場を売ることになったから、そこで生産される濃縮トマトを売るのに手を貸してくれないか、と頼まれたんだ。ハインツが中国に参入したのも同じころだった」

3

中国、北京

二〇一六年八月二一日、カルキス（中基）の創業者で元経営者、リウ将官は北京の自宅でこう言った。

「中国の加工トマト産業の歴史において、イタリアはマルコ・ポーロと同じ役割を果たしてくれた。中国にトマト加工設備を最初に設置したのは、イタリアの会社だったんだ。北イタリアのパルマの機械メーカーが工場を建設して、いろいろなことを教えてくれた。機械の操作方法、さまざまな技術とノウハウ、人材育成のしかた……。何もかも向こうで手はずを整えてくれた。工場設備のほとんどが、ロッシ&カテッリとインジェニエーレ・ロッシの製品だった。完成した工場で生産された濃縮トマトは、南イタリアのナポリの食品メーカー、ルッソとペッティが買いとってくれた。イタリアは工場を提供してくれたうえ、商品まで買ってくれたんだ。最初から全部ね。

アントニーノ・ルッソと初めて会ったのは、一九九九年か、二〇〇〇年だったかな。わたしが濃縮トマトの商品サンプルを持ってナポリを訪れたんだ。そのサンプルを分析した結果を見て、ルッソはとても驚いていた。うちの商品のコストパフォーマンスの高さにびっくりし、信じられないという顔をしていたよ。そして、もっと詳しいテストをしたいからコンテナ一台分送ってほしい、と頼まれたんだ。言われたとおりにすると、いきなり最初から五〇〇〇トンの濃縮トマトを発注してくれたよ。

商品が到着すると、ルッソは自社のために三〇〇〇トンをキープし、残りはナポリのほかの会社に分けてやったらしい。イタリアでは、カルキスの濃縮トマトの品質の高さに誰もが驚いたんだ。うちの商品は本当に優れていたからね。カルキスの名前はたちまち知れわたった。その後、新疆生産建設兵団の副代表をナポリへ連れていき、アントニーノ・ルッソに紹介した。そのとき、取引金額の合意が取れて、わたしたちのパートナーシップはよりいっそう強固になった。二〇〇三年には、感謝のしるしにと、ルッソがもうひとつ工場を造ってくれた。わたしたちは長年にわたって協力関係にあったんだ」

4

イタリア、エミリア・ロマーニャ州パルマ

濃縮トマトの世界最大の商社、ガンドルフィ社のオフィスは、シンプルで洗練された内装で、広々として落ち着いた雰囲気だった。まさにこの場所で、かつて加工トマト業界の「マルコ・ポーロ」たちが中国へ出発し、業界のグローバル化の一大ドラマの幕が開かれたのだ。

現在は、ガンドルフィ一族の三世代目に当たる三兄弟が共同経営し、世界中を駆けまわって濃縮トマトの売買を行なっている。毎年、トマト収穫期の夏になると、三兄弟は代わる代わる中国へ出張に行く。生産現場の監督をしに行くのだ。

わたしの取材の申し出に、長男のアルマンド・ガンドルフィが快く応じてくれた。二〇一六年七月二六日のことだ。

「中国に仕入れルートを確立したのは、うちの会社が初めてです。イタリアから専門家を派遣して技術指導を行なうなどして、われわれはずっと中国をサポートしてきました。そのおかげで、現在うちの会社は、中国製品を輸入する世界最大の商社のひとつになっています」

一九九〇年代初頭、アルマンド・ガンドルフィは、新規仕入れルートの視察のために初めて中国を訪れた。その旅をきっかけにして、中国の加工トマト産業が築きあげられたのだ。だが最初にそう聞いたとき、にわかには信じがたかった。そのころのアルマンドは、まだ三〇歳そこそこだったはずなのだから。

「当時の中国は、今とはまったくちがいました。人々はまだ人民服を着ていました。通りには車はほとんど走っておらず、自転車で溢れかえっていました。発展前のむかしの中国です。あれからあの国はずいぶん変わりました。当時の中国を旅するのは、わたしにとってまさに大冒険でした。都市から遠く離れた田舎をはるばる訪れました。寝台車で旅をしたときのことを、今もよく覚えています。丸一日、ひどく不衛生な列車に閉じこめられたのがつらくて、果てしなく長い時間に思われました。新疆ウイグル自治区では、橋のない川を車で渡ったこともあります。まるで未開の地を開拓に来た気分でした。そういう地域も、今ではトマトの重要な生産地になっていますけどね」

当時、中国政府は新疆ウイグル自治区を開発したいと考えていた。この地域にはすでに新疆生産建設兵団が駐屯し、農地開拓と産業化を推し進めていた。だが、ウイグル人による独立運動を弾圧し、中国政府による支配を強化するには、さらなる開発が必要だと考えたのだ。

「当時、濃縮トマトを輸出して海外市場を開発しようとまでは、中国政府は考えていなかったんじゃないでしょうか。すくなくとも、具体的な戦略はなかったはずです。わたしが思うに、当時の中国政府の主な目的は、農民に仕事を与えること、雇用を創出すること、そして経済を発展させることだった。そのために投資を行なったのです。ところが最初から、生産された濃縮トマトはほとんどすべて輸出されました。中国には市場がないからです。中国人はあまりトマト加工品を食べません。多く見積もっても生産量の一〇パーセント程度しか国内消費されません。あとはすべて輸出するしかないのです。生のトマトはたくさん食べられていますが、加工品は売れないんです。これは文化的な要因でしょう。国民の消費の嗜好《しこう》が、生トマトからトマト加工品に移るには時間がかかります。簡単ではありません、国によって食べかたがまったくちがいますからね。でも最近の若い人たちは、加工品も食べるようになってきました。ただし、時間はかかりますね」

アルマンド・ガンドルフィは、父ロランドと父の右腕のシルヴェストロ・ピエラッチが現役だった時代の、一九七五年に経営に関わりはじめた。当時、ガンドルフィ社はハインツに濃縮トマトを供給していた。ハインツにとって重要な卸売業者だったのだ。そのため、ロランド・ガンドルフィは、ハインツの本社工場があるピッツバーグをしばしば訪れていた。

5

一九九〇年代半ば、中国に工場を建設するためのイタリアの資金は、スイスを拠点に流通していた[1]。初期のころの工場の建設は、バーター貿易協定によって行なわれていた。

バーター貿易とはいったいどういうものか。シルヴェストロ・ピエラッチがわかりやすく説明してくれた。

「まず、わたしがきみに機械を与えるだろう？　きみはその機械を使って商品を生産する。商品が完成したら、きみはわたしにそれをくれる。わたしはその商品をよそに売ることで、きみに与えた機械にかかった金を回収する……どうだ、わかったかい？　むかしはそういうシステムをよく使ったものだ。それでうまくいっていた」

つまり、初期のころの工場建設にかかった費用は、通貨によっては支払われていなかった。その翌年にトマトが収穫され、加工されたあと、完成した濃縮トマトによって後払いされていたのだ。一言で言えば、物々交換だ。

アメリカ農務省の二〇〇二年の報告書に、こうしたバーター貿易協定についての記録が残されている[2]。実際、わたしがこの協定について尋ねると、イタリアや中国の業界有力者の多くは、確かにかつてはこの手の協定があったと証言してくれた。この協定のおかげでイタリアの資金は、イタリア国内で、そしてイタリアからスイスへ、税金を免れて流れていったのだ。

だが、世界の加工トマト業界の有力者は誰ひとりとして、自分が協定の当事者だったとは言わない。そして、誰が当事者だったか覚えていないと主張する。それはなぜか？　もしかしたらこうした資金の流通が、資金洗浄《マネーロンダリング》を可能にしたのだろうか？　マフィアが経営する食品メーカー、つまりアグロマフィアのためか、あるいは、何かほかにうしろ暗い資金があったのか……。だが、その答えは決してわからないだろう。中国でも、イタリアと同じように、この協定に関しては誰もが知らぬ存ぜぬの一点張りだった。汚れた金であろうがなかろうが、中国にとっては、この新しいビジネスで得られる利益は魅力的なものだったのだ。

6

中国、新疆ウイグル自治区ウルムチ

ウルムチのさびれた古いホテルのロビーで、ある男性と待ち合わせをした。中国の加工トマト業界における重要人物のひとりだ。イタリアの商社の人間は、彼のことをファーストネームで呼ぶ。だが、ここにその名前を書くことはできない。

その男性と会ってことばを交わしたとき、おもしろいことに気がついた。話す英語がイタリア語なまりなのだ。そのことは、中国の加工トマト産業の歴史を象徴しているようにわたしに

は思われた。

一九九〇年代、中国に仕入れルートを確立するため、イタリア人が初めて新疆ウイグル自治区にやってきた。そのころ、ウルムチにはあまりパッとしないホテルが一軒あるだけだった。イタリアからやってきた「マルコ・ポーロ」たちは中国語がわからない。すぐにでも通訳が必要だった。

白羽の矢が立ったのがこの男性だった。男性は若く、流暢《りゆうちよう》な英語を話した。数年にわたって通訳として雇われつづけ、パルマの機械メーカーや商社の人間たちといっしょに新疆の各地や北京を訪れた。イタリア人の信用を得て、多くの商談を通訳した。高度に技術的な会話や、重要な交渉にも立ち会った。そして次第に、この業界の技術や経営に関する知識を深めていった。

通訳として業界の有力者たちといっしょにいたおかげで、男性はこの業界について何もかも知り尽くすようになっていた。現在は中国企業に勤めているという。濃縮トマトの二大メーカー、中糧屯河（コフコ・トンハー）とカルキス（中基）の内情にも通じている。

「中国の加工トマト産業は、三つの段階を経て成長しました。第一段階は一九九〇年から一九九三年まで。中国の加工トマト産業の黎明期《れいめいき》です。当時、年間およそ四〇万トンの加工用トマトが栽培されていました。イタリア人も中国人も、新疆ウイグル自治区の気候がトマトの栽培に向いているとわかると、工場をどんどん増やしました。第二段階は一九九九年から二〇〇三年まで。加工トマト産業は急成長し、年間五〇〇万トンもの加工用トマトが栽培されました。

これらのトマトを加工することで、六〇万トン以上の濃縮トマトが生産されました。そして第三段階は二〇〇九年から二〇一一年まで。この時期、トマトの生産量は年間一〇〇〇万トンの大台に乗りました。すべてが加工用、そしてほぼすべてが輸出用です。

ところがその後、中糧屯河とカルキスのシェア争いが激化しました。両社とも次から次へと工場を建設し、膨大な量の濃縮トマトを生産しました。明らかに生産過剰です。でも、両社とも世界第一位の座が欲しかった。それはもう苛烈な争いでした。イタリアは黙ってその様子を見ているだけでした。二社が激しく競争するほど、イタリアは安く濃縮トマトを仕入れられますからね。二〇一四年になって、見るに見かねたわたしがとうとう和解の場を設けました。両社はようやく、市場がないのにたくさん作っても価格が下がるばかりだと気づき、生産を縮小しはじめました。実際、バーター貿易協定の時期が終わると、中国銀行の資金はどんどん海外へ流出していったのです。

新疆から濃縮トマトを買っている会社の名前を全部あげるのはちょっと難しいですね。あまりにたくさんの食品メーカーがありますから。そういう食品メーカーは、大量に濃縮トマトを買っています。とくに、ユニリーバ、ハインツ、ネスレの三社は、年間数万トン単位です。クラフトフーズも多く買ってます。ヨーロッパでの主な販売先は、イタリア、イギリス、ポーランド、ドイツ、オランダ。こうした国々でトマトソースやケチャップを作るのに使われます。ロシアにも大量に輸出されます。アフリカの場合、いったんイタリアに輸出して、再加工されてからアフリカに再輸出されることもあります」

二〇一五年、中国国内でトップ、世界で第二位だった中糧屯河は、三倍濃縮トマトを二五万トン以上生産した。国内第二位のカルキスは一六万トンだった。さらに、国内第三位の昊漢《ハオハン》集団、第四位の冠農《クアンノン》果茸は、それぞれ八万トンと四万五〇〇〇トンだった。これら上位四社だけで、中国国内の濃縮トマト全生産量（七三万七〇〇〇トン）の四分の三を生産している計算だ。

現在、中国は世界最大の濃縮トマト輸出国だ。アメリカやイタリアより多いのを意外に感じるかもしれない。だが、ほかの生産国は国内に大きな市場があるので、まずはそちらに供給しなくてはならない。カリフォルニアの生産量の大半は、アメリカ国内で消費されている。イタリアも同様で、まずはイタリア国内市場、次にEU圏内の国々に供給し、残りをEU圏外に輸出している。ところが中国の場合、世界第二位の生産国でありながら、その生産量のほとんどすべてを輸出している。これは濃縮トマト主要生産国では例外的なケースだ。

〈トマト・ニュース〉によると、二〇一六年、加工用トマトの生産量は世界全体で三八〇〇万トンだった。うち、アメリカ（ほとんどがカリフォルニア州）は一一五〇万トン以上、中国は五一〇万トン、イタリアも五一〇万トン、スペインは二九〇万トン、トルコは二一〇万トンだった。二〇一五年は金額ベースで見ると、濃縮トマトの世界の総輸出額は六五億ドル近くに達し、一九九七年の三倍以上になった。だが、濃縮トマトに関して貿易収支が黒字になったのは、世界中でわずか一三カ国だけだった。

7

取材で出会った複数の関係者によると、二〇〇〇年代初め、中国が加工トマト業界で台頭しはじめた時期、中国人経営者に賄賂が渡っていたという。もちろん、取材に応じた人は誰ひとりとして、自分が関わったとは認めていない。ポルトガルのトマト加工品商社代表、パウロ・クーニャ・リベイロは、中国人の要求があまりにしつこかったからやむをえずそうしたのではないか、と言った。そう言うリベイロ自身も、自分はやったことはないと主張している。また、工場の建設や食品機械の購入に関する契約書には、数字が水増しされたものがあったという。

水増し請求を使ってどのように賄賂がやりとりされるのか、リベイロがわかりやすく説明してくれた。

「まず、機械メーカーが中国の会社に機械を売り、水増し請求書を作る。会社は中国政府の銀行から融資を受けて、請求された金額をメーカーに支払う。取引が終了すると、経営者本人の名義、または別名義の外国の銀行口座に、メーカーから水増し分の〝手数料〟が振りこまれるんだ」

8

中国に加工トマト産業が誕生したころは、新疆ウイグル自治区でのトマトの収穫はすべて手作業で行なわれていた。労働者に支払う賃金は、現在の六分の一から一〇分の一程度だった。日当二、三ユーロで、東方からの出稼ぎ労働者やウイグル人を働かせていたのだ。今なら二〇ユーロくらいが相場だろう。

労改《ラオカイ》の収容者も働かされた。中国には二〇一三年まで、反革命犯や政治犯を「改造」するために労働をさせる「労働改造」という制度があった。旧ソ連の強制収容所、グラーグの中国版だ。その「労働改造所＝労改」の収容者たちが、新疆でのトマト収穫作業を強いられていたのだ。

欧米のメディアでしばしば「ウイグル人のダライ・ラマ」と紹介される、ラビア・カーディルという女性がいる。一九七〇年代に新疆ウイグル自治区の実業家として成功し、一九九〇年代には中国でもっとも富裕な女性のひとりになった。当時はその高い社会的地位から、さまざまな政治団体のメンバーになっていた。ところが一九九九年、ウイグル人の人権の改善を訴え、中国政府によるウイグル人抑圧を非難したために逮捕され、政治犯として収監されてしまう。労働改造所に収容され、縫製作業の懲役を科せられた後、二〇〇五年にようやく釈放された。現在はアメリカで暮らしつつ、世界ウイグル会議の議長として、ウイグル人の人権擁護を訴える活動を行なっている。

二〇一六年七月一〇日、わたしはラビア・カーディルに取材することができた。カーディルは、中国の政治犯が新疆ウイグル自治区で加工用トマトの収穫作業を強いられていること、そして政治犯以外の受刑者も農作業を強制されていることを教えてくれた。

「中国でもっとも多くの労改収容者が働かされているのが、新疆ウイグル自治区です。労改の所長は、まるで会社の経営者です。収容者を無理やり働かせて、輸出向けの商品を生産しています。とくに農地や工場で働かされています」

反中国政府のプロパガンダのための嘘ではない。新疆ウイグル自治区で、わたしはカーディルの証言の裏付けを取ることができた。加工トマト産業に関わる役人は誰ひとりとして、労改収容者にトマト収穫をさせたことを認めなかった。だが、漢民族のトマト生産者が、かつて収容者にトマトの収穫をさせたことがあると証言したのだ。強制労働によって収穫されたトマトは、工場で加工され、濃縮トマトになって大手食品メーカーの手に渡っている。

かつて、ソ連時代の強制収容所のグラーグは、世界中の知識人から非難の的になっていた。現在でも、テレビ番組で共産主義の是非が論じられるとき、もし誰かがグラーグのことに言及すれば、その点に関してはすべての人の意見が一致する。なのに、どうして中国の強制労働は許されているのか？　「労働改造」の制度自体は二〇一三年に廃止されたが、強制労働は今も中国で続いている。だが、誰もそれを非難しようとしない。いつの間にか、強制労働は国際的に容認されてしまったのだろうか？

確かに、中国版グラーグは、グローバル化された今の資本主義社会にすっかり組みこまれている。労働コスト削減のためなら手段を選ばない大手食品メーカーにとって、原材料の下請会社でただで使える労働力があるのは、実に都合がよいことなのだ。この件について、中国政府は公式な数字をいっさい公表していない。だが複数のNGOは、およそ四〇〇〇万人が今も強制労働をさせられていると発表している。

ドイツ公共放送ARDテレビで長年アジア特派員を務めたジャーナリスト、ハルトムート・アイックは、中国の強制労働に関するドキュメンタリー番組を制作した。この作品は、独仏共同出資テレビ局アルテで放映されている。

二〇一五年九月一日、わたしの取材に対し、アイックはこう言った。

「中国の強制労働は、国の経済発展に大きく貢献しています。金額にしてざっと数十億ユーロになるでしょう。ヨーロッパの企業が視察に訪れるのは、いつも近代的な工場です。現地ですぐに商品を発注する企業もあります。でも、工場の裏手に収容所があって、商品は本当はそこで作られています。ヨーロッパの人たちにはそれがわかりません。クリスマス飾り、プラスティックケース、衣類、ぬいぐるみ、機械のパーツなど、わたしたちが暮らす町で安く売られている中国製品の多くは、こうした強制労働によって作られているのです」

ヨーロッパの経済は、いまや中国からの輸入に大きく依存している。そのせいか、中国で強制労働が行なわれている実態は、メディアでほとんど取りあげられない。だが、こうした強制労働によって農業労働力が提供され、そのおかげで中国が世界中に食品や原材料を輸出しているのは確かな事実だ。そういう卑劣な行為によって作られた商品が、欧米のスーパーの店頭に並び、わたしたちの食卓に並べられるのだ。

9

中国の加工トマト産業が暴走したのは、さまざまな要因が積み重なったためだった。ただ同然の労働力、激安価格で競争力が高い濃縮トマトの世界市場進出、少しでも安い濃縮トマトを求めるナポリの食品メーカー、新疆ウイグル自治区の産業化と領土の有効利用と賄賂を求める中国の権力者たち、年間三パーセントずつ増加する加工用トマトの世界需要、なるべく多くの設備を売ろうとする食品機械メーカー……。こうして中国の加工トマト産業はうなぎのぼりで成長し、やがて生産過剰に陥り、増えすぎて使われない工場があちこちに現れるようになったのだ。

第10章　ハインツの経営合理化とその影響

1

一九八三年六月三〇日、アメリカ元国務長官のヘンリー・キッシンジャーは、ハインツ社のジェット機に乗って初めてアイルランドを訪れた。わずか数日間の滞在で、七月一日には現地を発ったという。アイルランドのメディアはプライベートな旅行と報じ、目的は明らかにしなかった。ところが、その訪問の目的がなんと三〇年後に明かされた。

二〇一三年に公開された国家機密文書によると、アイルランドの当時の首相、ガレット・フィッツジェラルドは、キッシンジャーの突然の訪問に大変困惑したという。だが、ともあれ首相はキッシンジャーをダブリンでの晩餐会《ばんさんかい》に招待した。そしてそこには、トニー・オライリーという人物も同席した。[1]

トニー・オライリーは、ラグビーのアイルランド代表の元選手で、引退後は実業家として知られるようになった。アイルランドの大手新聞社のCEOであり、億万長者、そしてハインツの五代目社長だった。この数年後の一九八七年には、創業者ヘンリー・ジョン・ハインツの孫であるヘンリー・ジョン・ジャック・ハインツ二世の死去に伴い、会長に就任している。

キッシンジャーをアイルランドに呼び寄せたのは、何を隠そうこのオライリーだった。オライリーは、ダブリン近郊キルカレンにある自邸のひとつ、キャッスルマーティン館にキッシンジャーを招待した。三〇〇ヘクタールの敷地を有する、歴史ある豪奢《ごうしゃ》な城館だ。ふたりは庭園を並んで散策しながら、さまざまなことを話し合った。そのときの会話が、アグリビジネスの歴史に大きな転換期をもたらしたのだ。

当時、キッシンジャーは政界を引退して間もなかった。前年の一九八二年、国際コンサルティング会社、キッシンジャー・アソシエーツを創業し、社長に就任していた。同社は、ゴールドマン・サックスをはじめとする大手銀行の支援を受けて設立され、国際的な企業と各国政府と間の契約の交渉や調整を行なっていた。

キッシンジャーといえば、一九六九年から一九七五年まで、ニクソン政権下で国家安全保障問題担当大統領補佐官を務めた人物だ。一九七三年九月二二日からは、大統領補佐官に留任したまま国務大臣にも任命されている。一九七七年に政界を引退してからも、各国の大統領、首相、大臣らと親交があり、広くて太い人脈を維持していた。キッシンジャー・アソシエーツを設立してからは、こうした政治家時代の人脈ネットワークを活かして、国際的な企業を相手にビジネスを展開していた。[2]

また、キッシンジャーは、一九七一年六月から極秘で中国と交渉を続け、一九七二年のリチャード・ニクソン大統領の中国公式訪問をお膳立てした人物でもある。アメリカの大統領が毛沢東《もうたくとう》統治下の中国を訪問したのは初めてのことで、このニュースに世界中が驚愕《きようがく》した。トニー・オライリーは、キッシンジャーのその交渉力に頼りたかったのだ。

そのころ、オライリーが社長を務めるハインツの商品は、世界人口のわずか一五パーセントにしか流通されていなかった。つまり、アメリカ、オーストラリア、ヨーロッパの市場にしか出回っていなかったのだ。もっと販路を広げたい、進出が難しいとされる中国のような国で、同業他社に先駆けて商品を販売したい……オライリーはかねてからそう願っていた。当時の中国の最高指導者、鄧小平《とうしようへい》が進める対外開放政策に乗じてどうにか中国に進出できないか。その相談で、キッシンジャーをアイルランドに呼び寄せたのだ。

アメリカに戻ったキッシンジャーは、さっそくハインツのために動きだし、あっという間に中国市場参入の話をまとめあげた。そして翌年の一九八四年、ハインツは広東省のメーカーと、ベビーフードの生産における合弁会社を設立した。契約締結までわずか七カ月というスピードだった。

中国の生産工場は一九八六年六月に完成し、落成式は中国共産党の役人やハインツの経営陣を迎えて盛大に行なわれた。当日の写真を見ると、ハインツ創業者の孫であり三代目社長だったヘンリー・ジョン・ジャック・ハインツ二世と、五代目社長のトニー・オライリーが、中国の子どもたちに囲まれている。子どもたちはハインツのロゴが印刷された風船を手にしている。その場に集まった地元の人たちは、人民服を着て、「ハインツ」と書かれた帽子をかぶっていた。

その二年後、工場は三倍の規模に拡張された。中国のテレビで初めてＣＭを流した外国企業もハインツなら、資本主義国のブランド食品を中国で初めて販売したのもハインツだった。天安門事件から一年も経たない一九九〇年には、ハインツはすでに中国の国土の半分で自社商品を販売していた。ハインツは再び資本主義の歴史の最先端に立ったのだ。

2

一九八〇年代のネオリベラリズムの流行によって、政府が市場に極力介入しない市場原理主義が世界中に広まった。その影響で、多くの先進国で規制緩和や金融自由化が行なわれ、自由競争が促進された。経済における金融の役割が大きくなり、いわゆる経済の金融化が進んだことで、国内外における生産システムと金融システムが根底からくつがえされた。一九六二年、アメリカの国民総生産（ＧＮＰ）に占める金融業の割合はおよそ一六パーセントで、製造業は四九パーセントだった。ところがその四〇年後の二〇〇二年、金融業は四三パーセント、製造業は八パーセントと完全に逆転してしまった。

ハインツの社長、トニー・オライリーはネオリベラリズム信奉者で、経営にもすぐにこの思想を取り入れた。そういう意味で、オライリーは一九八〇年代を象徴する経営者だったと言えるだろう。ネオリベラリズムとグローバリズムに合わせようとしたというより、積極的に推し進めていったのだ。

トニー・オライリーは、当時の大統領、ロナルド・レーガンの公私にわたる友人だった。その人脈を利用して、一九八一年、オライリーはアメリカのネオリベラリズムをケチャップ色に染めようと試みたようだ。[3]

一九八二年度の連邦予算が決定したとき、社会保障費が二七〇億ドル削減され、それに伴って学校給食費も一〇億ドルほど削られた。そこで当時のアメリカ農務省は、一九八一年九月三日にケチャップを「調味料」ではなく「野菜」と分類することを提案した。そうすれば生野菜や調理野菜の量を減らしても、ケチャップを使うことで一食当たりの野菜摂取量を満たすことができるうえ、大幅なコスト削減が可能になる。しかし、当然のことながら反対の声は大きく、この提案は却下された。だが現在、大さじ二杯以上ならトマトペーストが「野菜」と認められていることから、ピザはアメリカの給食で「野菜」に分類されている。

「トニーは五〇歳と、まだまだ子どもだ。だがわたしが思うに、数年後には政界進出できるくらいに成熟するだろう」

一九八六年、アイルランド系アメリカ人経営者クラブに向けて、同じくアイルランド系のレーガン大統領は、ホワイトハウスからビデオメッセージを送っている。実際、レーガン二期目の共和党政権では、トニー・オライリーを閣僚に迎え、商務長官に任命しようとする動きもあったのだ。大統領はビデオメッセージでこうも言っている。

「トニーは偉大なアイルランド系アメリカ人だ。イギリスとアイルランドの両方でその功績が認められている。世界的なラグビープレイヤーとして、複数のメディアのトップとして、国際的な実業家として、さまざまな分野で素晴らしい仕事を成し遂げている。われわれは彼に感謝しているのだ」

ハインツ創業者のひ孫、ヘンリー・ジョン・ハインツ三世もまた、共和党大統領の秘蔵っ子議員のひとりだった。一九七一年から一九七七年まで下院議員を務め、一九七七年からは上院議員に選出されている。一九九一年に飛行機事故で死去したときは、ジョージ・H・W・ブッシュ大統領自らがハインツ記念チャペルでの葬儀に駆けつけ、故人の冥福を祈った。

ハインツ記念チャペルは、ハインツ社によってピッツバーグ中心街に建てられたゴシック様式の教会だ。今、ハインツ三世は、ハインツ創業者で曽祖父のヘンリー・ジョン・ハインツ、二代目社長で祖父のハワード・ハインツ、三代目社長で父のヘンリー・ジョン・ジャック・ハインツ二世らとともに一族の霊廟で眠っている。なお、ハインツ三世の未亡人、テレサ・ハインツは、一九九五年、アメリカ第六八代目国務長官ジョン・ケリーと再婚している。

3

一九八〇年代、国際コンサルティング会社のキッシンジャー・アソシエーツがハインツのために何をしてきたか、その一部はいまだ謎に包まれている。だが一九八六年、トニー・オライリー社長は〈ニューヨーク・タイムズ〉紙に対し、キッシンジャーがコートジボワールとハインツの契約の仲介をしたことを明らかにしている。フェリックス・ウフェ＝ボワニ大統領とオライリーが一対一で会えるよう、間に立って交渉をしたのだという。そのわずか一年前、ハインツはジンバブエでも合弁会社を設立している。[4]ロバート・ムガベ首相とオライリーとの間で契約が交わされたのだ。これもキッシンジャーの交渉の成果だったのだろう。

「ハインツは重要なパートナーです。ほかの外国企業もぜひ後に続いてほしいと思っています。ハインツがジンバブエに進出し、この国の発展を支援してくれることを、心から喜んでいます。ハインツのおかげで、多くの国民の生活レベルが向上するでしょう」

ムガベ首相は熱を帯びた声でそう語った。トニー・オライリーのほうもまったく同じ気持ちだったらしい。

「ジンバブエへの進出は大成功でした。この投資をして本当によかったと思います。ジンバブエ政府による積極的で協力的な姿勢にも感謝しています」

一九九二年、ハインツの年間売上高のエリア別内訳は、アメリカ六四パーセント、ヨーロッパ二八パーセント、その他八パーセントだった。キッシンジャーの交渉のおかげで、商品の販売エリアの拡大に成功したのだ。

一九九〇年代初め、アフリカ、ロシア、中国、タイへの進出に伴って、ハインツ栄養学協会の主宰による大規模な「科学的」セミナーが開催された。[5] セミナーには、科学者や政府保健福祉省の代表らが参加した。目的は、科学的に信頼できるというイメージをハインツの商品に与えることだった。さらに、ハインツ財団特別レクチャーと題して国際講演会を開催することで、このイメージ戦略はいっそう強化された。講師には著名な政治家が集まった。報酬をもらえるうえに、自分のキャリアに箔《はく》がつくとあり、みんな嬉々としてやってきたのだ。当時アフリカ民族会（ANC）の議長に就任したばかりの、ネルソン・マンデラもそのひとりだった。

現在、ハインツ中国法人のウェブサイトには、同社の輝かしい歴史を伝える年表が、かわいいキリンのイラストとともに紹介されている。だがその歴史からは、ハインツにとって都合の悪い多くの出来事が巧妙に省かれている。たとえば、二〇〇六年、国際環境NGO〈グリーンピース〉が、ドイツの研究機関に委託してハインツの製品を検査したところ、ベビーフードに違法な遺伝子組み換えコメが含まれていることが発見された。ハインツ中国法人の広州工場で生産されたものだった。

〈グリーンピース〉によると、ベビーフードから遺伝子組み換え作物が見つかったのは世界初だという。[6]ハインツはすぐに声明を発表した。「該当の製品はしかるべき検査を受けており、遺伝子組み換え作物が含まれていないことは確認済みだ」と反論し、「問題のコメがどうして混入したかはわからない」と述べている。

その二年後の二〇〇八年、中国のあるメーカーの粉ミルクを飲んだ乳児が次々に体調をくずし、そのうち数人が死亡するという事件が起きた。化学物質のメラミンが混入されていたのだ。この騒ぎで、当該メーカーだけでなく、国内の食品メーカーの製品が次々と当局の捜査を受けた。するとその一環で、ハインツ中国法人のベビーフードにも、基準を超えるメラミンが含まれているのが発見された。[7]アメリカのハインツ本社は、メラミンが含まれているおそれのあるベビーフードのロットをすべて回収し、中国産粉ミルクを今後は一切使用しないと宣言した。ロイター通信によると、食品に混入されたメラミンによる中毒者は、総勢およそ九万四〇〇〇人に上ったという。一方、中国政府は徹底的に報道を規制し、中国の食品業界の実態を象徴するこの出来事を周到にもみ消そうとした。

だが二〇一三年、またしても事件が起きた。ハインツのベビーフードが水銀に汚染されているとして、中国当局が製品の回収を命じたのだ。[8]事件はさらに続く。今度は二〇一四年、別のベビーフードに基準量を超える鉛《なまり》が含まれていることが衛生当局の検査で発覚し、やはり市場からの回収に追いこまれている。[9]

食の安全に関する「科学的」セミナーとはいったい何だったのだろうか。

4

一九七〇年代半ば、ハインツは海外市場を拡大するのと並行して、アメリカ、イギリス、オーストラリアの生産拠点を次々と閉鎖した。一九七五年から一九八〇年の間に工場の数は半減し、何千人もの従業員が解雇された。最終的に、従業員の五人にひとりが辞めさせられた。[10]ハインツは最低限のコストで生産することを目指し、そのためには大規模解雇も厭わなかった。コスト削減のため、あちこちの工場で少しずつ生産するのではなく、巨大工場で大量に生産するようになった。それは、創業当時からの経営方針、パターナリズム（家父長制度）との完全な決別だった。

一九八二年、三万六六〇〇人の従業員で売上は三七億ドルだったが、一〇年後の一九九二年には三万五五〇〇人の従業員で六六億ドルとなった。労働コストを削減しつつ売上高を上げることに成功したのだ。

一九九一年から一九九二年にかけて、ハインツはもうひとつ大きな企業再構築を行なっている。原材料を自社で生産するのを辞めたのだ。コーンスターチ、グルコース、イソグルコースなどを生産していた工場を手放し、代わりに世界中から安く原材料を調達するネットワークを築きあげた。安い原材料を購入すれば、自社で生産するよりコストを下げることができる。[11]濃縮トマトもそのひとつだった。

ハインツ本社には、原材料調達に関する情報収集と取引交渉を行なう特別部署が設けられ、原材料の仕入れはすべて一任されるようになった。

こうして全社を通じて大規模なコスト削減が行なわれる一方で、広告宣伝費は爆発的に増えた。一九八二年には二億ドルだった予算が、一九九二年には一二億ドル、売上高の一八パーセントにふくれあがっている。ハインツでは、これまでもマーケティングに多額の予算が投じられていたが、一九九二年にはそれがピークに達したのだ。

トニー・オライリー社長は、現在のハインツについてこう語っている。

「われわれは、ハインツを素晴らしい国際企業に育てあげた。弊社はグローバルな戦略で事業を展開している。これからは、世界中のすべての人がハインツを一番に選んでくれるよう、さらなる努力を続けなければならない。この地球のあらゆる場所で、現在も、そしてこれから何世代にもわたって、常にトップでいられるように」

一九八三年から一九九三年にかけて、ハインツ株の配当金を再投資した場合、年利回りは二〇・六パーセントだった。[12] 一〇年間だと五五一・五パーセントになる。

アメリカ元国務長官のヘンリー・キッシンジャーはこう述べている。

「ハインツの歴史は、われわれに刺激を与え、いろいろなことを教えてくれる。トニー・オライリー社長のリーダーシップは、よい経営とはこういうものだという手本を示してくれる。世界市場には新しい世代の消費者が増えつつあるが、ハインツはこれからも理想的な企業でありつづけ、輝かしい業績を作っていくだろう[13]」

太陽は明けの明星《モーニング・スター》にすぎない。

ヘンリー・デイヴィッド・ソロー
『ウォールデン—森の生活』（一八五四年）

カリフォルニア州コルサ郡ウィリアムズにある
モーニングスター社の工場の看板に書かれたスローガン

第11章　加工トマト業界トップ企業、驚異の生産力

1

アメリカ、カリフォルニア州コルサ郡ウィリアムズ

その工場は線路沿いに建っていた。鉄道輸送に便利なロケーションだ。車で近づいていって最初に目に入ったのは、無数の木箱が積み上げられてできた巨大な壁だ。箱は一メートル四方の立方体で、一ショートトン（九〇七・一八キロ）のアセプティック（無菌）パック入り濃縮トマトが詰まっている。工場へ向かう道路の上から眺めると、木箱の壁ははるかかなたまで続き、数キロメートルはあるようだった。

ゲートをくぐると、トマトを積んだ二輌連結の巨大トレーラーが縦横に走りまわっていた。

圧巻の光景だ。トラクターがトレーラーを切り離したり連結したりしている。ドドドと低いうなり声を上げているのは、北米産の超大型トラックだ。

経営者のクリス・ルーファーの運転する車が、トレーラーやトラックの列を横ぎり、従業員用駐車場へ向かう。駐車場にはピックアップトラックが数台停まっていた。ルーファーは背が高く、愛想がなくて、いつも何かを計算しているような深い青色の目をしている。くたびれた黒いブーツを見るかぎりでは、彼が資産家とはとても想像できない。だが、まぎれもなく加工トマト業界における最高権力者なのだ。

ルーファーが経営するモーニング・スター・カンパニーは、加工トマト業界の世界トップ企業で、世界の濃縮トマトの一二パーセントを生産している。たった一社で、濃縮トマトとカットトマトのアメリカ国内需要の四〇パーセントをまかなっている。年間売上高は七億ドルに上るが、従業員はわずか四〇〇人で、工場も三カ所しかない。だがこれらの工場は世界最高の生産力を誇り、三カ所合わせると一時間当たり二五〇〇トン以上のトマトを加工している。

三つのうちふたつの工場は、カリフォルニア州マーセド郡、ロスバノスとサンタネラの間のサンホアキン・バレーにある。セントラル・バレーの南側で、世界でもっとも集約農業化が著しい農業地帯のひとつだ。そして三つめが、世界最大のトマト加工工場、わたしが今いるこのコルサ郡ウィリアムズだ。サクラメント・バレーにほど近く、セントラル・バレーの北側にある。二〇一六年八月二七日、わたしはこの工場を訪れ、ルーファーに取材することができた。

工場の規則に従って白い上着を羽織り、ヘルメットをかぶると、ルーファーが先に立って案内をしてくれる。銀色のタンクがずらりと並ぶ通路を通りぬけ、工場のなかをしばらく歩くと、大きな鉄骨階段が現れた。階段を上りきったところでドアを開けると、目の前に青空が広がっていた。

モーニング・スターのウィリアムズ工場はとてつもなく広い。生産ラインはこの建物の屋上からスタートする。まずはここで積み荷のトマトを下ろすのだ。もし遠くから双眼鏡でこの場所を眺めたら、きっとミニチュアのように見えるだろう。子どもが大好きなおもちゃのパーキングタワーにそっくりだ。一階ずつミニカーを手で上へ運んでいき、最上階に着いたら螺旋《らせん》状のスロープをすべり落とすミニチュア立体駐車場だ。

二両編成のトレーラーにトマトを積んだトラクターは、建物の屋上まで一方通行のスロープを上っていき、荷下ろし場に入る。トラクターが停止すると、ケーブルで吊るされた可動式の四角い給水パイプが荷台の真上に降りてくる。作業員がトレーラー側面後方のハッチを開ける。プラットホームに立っている別の作業員が問題がないことを確認してから、自動給水システムのスイッチを入れる。

この工場では、イタリアや中国の工場とちがって、荷下ろしはすべて自動で行なわれる。作業員がホースを手にしてトマトを溝に追いこむ必要はなく、ただスイッチを入れるだけでよい。これは、「トマト業界のヘンリー・フォード」の異名を取るクリス・ルーファーが発明したシステムだ。

「ホースで放水しながらトマトを下ろすだって？　古くさいやりかただ。時間がかかってしかたがないじゃないか」と、ルーファーは言う。ハミガキ粉のＣＭに出てきそうな笑顔だ。「このシステムはわたしが考えたんだ」

　この業界で世界一になるために、ルーファーは徹底的なコスト削減を行ない、なるべく多くの作業を自動化した。あらゆる方法を駆使して工場の生産性を上げようとした。そして、なるべく多くの「不要な作業」をなくし、雇用を削減した。

「この工場では、可動式のパイプを使って、トラックが荷下ろし場の定位置に到着する前から給水を始める。これで一五秒の時間短縮が可能になった」

　ルーファーはそう言うと、すぐに計算を始めた。トラック一台当たり一五秒節約することで、一時間当たり七分、一シーズン当たり丸一日分が節約できるという。給水システムに限らず、この工場ではさまざまな節約が行なわれている。ルーファーは、トマト加工のためのあらゆる作業、人材、動きを入念に研究した。さすがはフォーディズムの生みの親、ヘンリー・フォードの二一世紀版と言われるだけある。現在、モーニング・スターの工場は世界でもっとも高い生産力を持つとされる。だが、ルーファーはそれでもまだ満足していない。

「もっとよくならないかって、いつも考えているんだ。観察すればするほど、よくないところが見えてくる。変えるべきところはたくさんある。改善の余地はいくらでもある。うちなんかまだまださ。もっとよくなるはずなんだ」

目の前のトレーラーの荷台にどんどん水が溜《た》まっていく。水圧に押されてトマトが転がり落ち、山が崩れて凹みができた。開いたハッチから大量の水とトマトが滝のように落ちて、溝のなかで川になって流れていく。キラキラ光るたくさんのトマトがぶつかり合い、跳ねまわりながら、轟音《ごうおん》を立てる機械に吸いこまれる。

「モーニング・スター一社だけで、中国やイタリアの一国の生産量に相当する濃縮トマトを作っているんだ」と、フアン・ホセ・アメザガは以前の取材でそう語った。ウルグアイ人で、世界の加工トマト業界で重要な商社の代表だ。かつてはモーニング・スターの濃縮トマトのヨーロッパでの販売を手がけていたという。

「モーニング・スターは公的な助成金をいっさい受けとっていない。それでも世界でもっとも競争力が高い企業に成長した。中国やヨーロッパのトマト加工メーカーとは違って、完璧にスケールメリットの原則にのっとった生産が行なわれている。つまり、生産規模を拡大することでコストを下げ、効率を上げているんだ。これはさまざまな貿易圏の市場競争において非常に大きな武器になる。だからこそ、中国とヨーロッパもこの会社のシステムを学ぼうとしているんだ」

つまりそれは、クリス・ルーファーに学ぼうとしているということだ。それがもっとも進化したやりかただからだ。中糧屯河《ちゅうりょうとんが》（コフコ・トンハー）のトマト加工部門の最高責任者、ユ・ティアンチーも同じことを言っていた。

「中国は今、カリフォルニアの生産方式を学んでいるところだ。生産性と競争力がもっとも高いやりかただからね」

トレーラーが空っぽになると、トラクターはものすごいスピードで一方通行のスロープを降りていき、あっという間に外の道路を走り去っていった。再びトマト畑へ向かったのだ。荷下ろし場には、トラクターがひっきりなしにやってくる。これが昼夜を問わず二四時間続くのだ。シーズン中の年間一〇〇日間、一日も休まずに稼働している。トラックの列は果てしなく続く。ウィリアムズ工場には大量のトマトが供給され、次々と生産ラインへ投入されていく。

ここでも、トマトは皮をむかれ、種子を取りのぞかれ、加熱され、圧搾され、水分を蒸発される。廃棄物はトラックに積みこまれ、家畜のエサにするために運びだされる。完成した濃縮トマトは、アセプティックパックに詰められてから、コンテナ輸送に適した頑丈な容器に入れられる。ここで使われるのは、石油の容器にそっくりの、あの四分の一トン入りの青いドラム缶ではない。一メートル四方の立方体の木箱だ。容器は違えど、生産の手順とパック詰め作業はまったく同じだ。この木箱入り濃縮トマトのおかげで、アメリカ人はハインツのケチャップ、キャンベル・スープ、ドミノ・ピザを味わうことができるのだ。

2

一九五〇年代初め、ハインツは、数十年にわたって粘《ねば》り強く研究を続けた結果、濃縮トマトに適したアセプティック充塡包装の開発に成功した。このおかげで、無菌状態を維持したまま、ほとんど劣化することなく商品を運搬できるようになった。こうして濃縮トマトは、トマト加工メーカーにとって本物の「原材料」になったのだ。そして、商人にとっては「ドラム缶」になった。アセプティック包装とドラム缶のおかげで、濃縮トマトのグローバル化はますます進み、世界中の港から港へと流通されるようになった。この包装はすぐに普及し、重くて扱いにくいうえに不良品も多かった大型缶詰は、次第に敬遠されるようになった。

この「アセプティック革命」前まで、カナダのオンタリオ州にあるハインツのレミントン工場では、夏の間に濃縮トマトを大量に生産し、巨大なタンクに貯蔵しておいて、一年中ケチャップを作れるようにしていた。

そして一九五〇年、同工場のカナダ人従業員があるアイデアを思いついた[1]。

「濃縮トマトを運搬するのに、液状の医薬品の包装技術を利用できないだろうか？」

従業員はそう書いて、工場の改善提案ポストに投函した。彼のアイデアを読んだある技術者は、専門家を集めて検討を始めた。翌年の一九五一年、濃縮トマトを充塡したり抜いたりできる機械と、初の無菌パックが試作された。この試作品では、一分間で二ガロン（七・五六リットル）の濃縮トマトを無菌充塡することができた。三〇年後、その速度は一〇〇倍になった。一九六八年は、ハインツが、ファストフード店用のケチャップ個別パックを発明した年だ。この年、同社のケチャップ生産量の五〇パーセントが、取れたての生トマトではなく、無菌パック入りのタンクやドラム缶に貯蔵された濃縮トマトから作られるようになった。

この発明品のおかげで、トマト加工メーカーは商品の生産がぐんとやりやすくなった。どんなに遠いところで生産されたトマトでも、原材料として使えるようになったからだ。トマト栽培に適した土地で大量に収穫し、近くの工場で加工してから、無菌パックに詰めて頑丈な容器に入れて輸送すればいい。一九七〇年代、ハインツはケチャップやトマトソースを作るために、濃縮トマトのみに頼るようになった。そして世界有数の大手食品メーカーに成長し、トマトペーストの生産でも知られるようになった。

一九八〇年、カリフォルニア州にあるハインツのストックトン工場は、ドラム缶入り濃縮トマト専用工場に改築された。伝統的な生産ラインを持たない世界初のトマト加工工場だ。ここでは常に同じものが生産され、同じ容器に梱包《こんぽう》される。

かつてハインツやキャンベル・スープなどの大手トマト加工メーカーでは、夏の間だけ、生トマトを使ってケチャップ、トマトソース、トマトスープが作られていた。それが濃縮トマトのおかげで、一年中商品を生産できるようになった。そして無菌パックの発明によって、濃縮トマトの長距離輸送が可能になった。だったらわざわざ自社で作らなくてもよいのではないか？　やがて、ハインツやキャンベル・スープは、モーニング・スター、インゴマー、ロスガトスといったカリフォルニアの「一次加工会社」から、安価に濃縮トマトを仕入れるようになった。だからこそモーニング・スターは現在、数多くの大企業と取引を行なっているのだ。

アセプティック包装のおかげで原材料の調達手段が広がり、加工トマト産業は、グローバル社会におけるネオリベラルな勢力図に適応することができたのだ。

3

「科学は自然の法則を発見し、産業はその法則を人間の幸せ、調和、繁栄のために応用する」

これは、モーニング・スターのウィリアムズ工場に貼られているポスターのコピーだ。この工場での生産は、ある原則にのっとって行なわれている。それは「生産量を増やしながら商品一個当たりのコストをできるかぎり削減し、スケールメリットを実践する」というものだ。

現在、モーニング・スターは、小規模にトマトソースやトマトスープを作っている会社には絶対に不可能な超低価格で、大手食品メーカーに濃縮トマトを供給している。ウィリアムズ工場だけで、年間一〇〇日間、毎日二四時間休みなく、一時間当たり一三五〇トンのトマトを加工している。

ウィリアムズ工場は、まるでＳＦに出てくる未来都市のようだ。巨大な建物内にパイプ、タンク、ケーブルなどが迷路のように入り組み、計器、ハンドル、ピストン、コック、監視カメラ、コンピュータのモニターなどありとあらゆる機械が並んでいる。さぞかし多くの従業員が働いているだろうと思われるが、人の姿はほとんど見当たらない。工場内を歩いていても、従業員にはめったに出会わない。作業員や管理者の仕事は、ほとんどコンピュータに取って代わられている。世界最大のトマト加工工場は、たったの七〇人の従業員によって切り回されているのだ。

「わたしは無政府主義者だ。だから、モーニング・スターには管理職がない。ここでは自主管理が行なわれているんだ」と、クリス・ルーファーは言う。

「自主管理（セルフマネジメント）」とは、従業員が会社の資本を管理することを意味するのではない。自分で自分の仕事を管理するという意味だ。だからこの工場にはマネジャーがいない。ルーファーは、工場のすべての作業を最大限に合理化させた。従業員は、機械にはできないと判断された人間向けの仕事を、自分でどうすべきか考えながらやり遂げなくてはならない。

コントロールルームと呼ばれる、モニターに囲まれた広い部屋で、ふたりの若い女性がモニター上の数字とにらめっこをしていた。

「見たかい？　この工場全体を管理してるのは、あの短期契約の女性社員たちなんだ。問題が起きたら古参社員のジミーを呼ぶように言ってあるが、彼女たちがこの工場のリーダーと言っていいだろう」

この究極のオートメーション化は、クリス・ルーファー自身が推し進めたものだ。彼の世界観、理想、政治思想がここに表れている。ルーファーはリバタリアン、つまり完全自由主義者だ。地球上のすべての国家が消滅し、ユートピアが実現するのを願っている。資本主義、生産手段の私的所有、自由貿易、科学の進歩、集約農場などのおかげで、人間の代わりに機械が働いてくれる社会を求めているのだ。

モーニング・スターの三つの工場の屋上には、一三の星が描かれた星条旗が掲げられている。だが、星の数は州の数を表しているので、現行の星条旗には五〇の星が描かれているはずだ。

「いや、おかしくはない、これはれっきとした合衆国旗だ。これは革命旗なんだ」

ルーファーは熱を帯びた口調で言う。この旗には原点がある、と彼は言う。これはアメリカ合衆国が独立したときの旗なのだ。当時のこの国のエリートといえば、商人、海運業者、プランテーション経営者だった。独立宣言が提出されたわずか一年後、まさに独立戦争のさなかの一七七七年に使われはじめた。一三個の星は、イギリスによる支配から自由になった一三の植民地を表している。

「工場でこの旗を掲げるのは、この国に当時のよさを取り戻してほしいからだ。政府の権力や多数決制度によって、わたしたちの自由が侵害されたり、財産が強奪されたりしていなかった時代のね。そう、わたしはリバタリアンだ。だから、みんなに自由の素晴らしさを訴えたくてこの旗を掲げるんだ。これを見上げることで原点に帰ることができる」

クリス・ルーファーは、アメリカ国内でリバタリアニズムを代表する人物と目《もく》されている。モーニング・スターという社名は、一九世紀のアメリカ人作家、ヘンリー・デイヴィッド・ソローの代表作『ウォールデン―森の生活』の一節に由来する。ソローの個人主義的思想に感銘を受けたからだ。リバタリアニズム（完全自由主義）とは、リベラリズム（自由主義）から派生した政治思想だ。その基本理念は、いかなる規制もされない完全な自由市場、土地と生産手段の自己所有権、そして個人の自由の保護だ。国家をはじめとするどんな組織も、個人が望んで着手すること、行動することを制限してはならないとされる。

リバタリアニズムは、経済、社会、軍事など、あらゆる分野における国家の介入を否定する。税制、労働権、環境基準などすべての規制は、個人の権利と自己所有権を侵害すると考えられている。とくに自己所有権は、リバタリアニズムで最重要視されており、決して侵害されたり制限されたりしてはならない。

リーズン・ファンデーションは、アメリカでよく知られているリバタリアンのシンクタンクだが、そのスローガンは「自由な精神、自由市場」だ。「民営化年間報告書」を発行し、自由競争から免れている一部の公共サービスを「早く民営化させるべきだ」と糾弾《きゅうだん》している。あらゆる経済単位はすべて民営化されるべきなのだ。たとえば、軍隊、警察、消防隊、森林監視局は、すべて民兵に取って代わられなければならない。そうすれば、誰もが必要に応じて自由にこうしたサービスに関わることができるからだ。

リバタリアニズムは、保守派の共和党の主張と多くの点で類似しているが、だからといって保守主義ではない。リバタリアンは産業主義者《インダストリアリスト》であると同時に個人主義者だ。個人の自由は絶対的で、決して制限されたり束縛されたりしてはならない。銃器を所有・使用したり、麻薬を売買・使用したりしようが、自分の身体を使って金もうけをしたり、売春をしたりしようが、労働者を解雇したり、自分が所有する土地で鉱物の採掘をして環境を汚染したりしようが、すべての行為は決して制限されてはならない。リバタリアンにとって「個人の自由」は侵すべからざる原則であり、「自己所有権」も当然そこに含まれる。国家管理主義の真逆にあるこの思想は、資本主義を無条件に擁護することで成り立っている。リバタリアンが敬愛する小説家・思想家のアイン・ランドによる教え「エゴイズムは美徳だ」を、忠実に守っているのだ。

クリス・ルーファーは、リバタリアニズムを奉じる政党、リバタリアン党の有力寄付者のひとりだ。二〇一六年には、大統領候補に指名された同党所属ゲーリー・ジョンソンの選挙運動に一〇〇万ドルを寄付している。ジョンソン候補は、一般投票で四五〇万票（得票率三・二九パーセント）と、同党の歴代候補で最多の票数を獲得した。

ウィリアムズ工場を訪問した日、わたしはクリス・ルーファーと共にグランゼーラズという地元のレストランで昼食をとった。熊やコブラの剝製が飾られているカウボーイ向けの店内には、銃支持派の宣伝ポスターと、「アメリカを再び偉大にしよう」というドナルド・トランプの選挙スローガンが書かれた帽子が売られていた。ルーファーは、経済学者でシカゴ学派のリーダー、ミルトン・フリードマンを尊敬していると言った。フリードマンは新自由主義を代表する学者で、規制のない自由主義経済を理想としていた。

「本人にも何度か会ったことがあるよ。妻同士が仲がよくてね。素晴らしい人だった。あれほど深みのある人間にはなかなかお目にかかれないね」

4

カリフォルニア州サンホアキン・バレー、マーセド郡ロスバノス

濃緑の葉をつけた低木の林が、地平線の向こうまで広がっている。なんという広大なトマト畑だろう。トマトはすでに熟して真っ赤に色づいていた。耳をつんざくような轟音がどんどん近づいてくる。巨大な収穫機がものすごい音を立てながら、トマトを次々と苗ごと飲みこみながらやってきた。収穫機は大型のコンバインくらいの大きさで、先端についている一メートル幅の切断部によって刈りとりをしている。トマトの苗は地面ぎりぎりのところでカットされ、つるや葉といっしょに機械に吸いこまれていく。土塊、石、木片、昆虫、カエルなど、苗以外のものがくっついてくることもある。世界でもっとも広いトマト畑があるこのカリフォルニア州では、加工用トマトはこうしてすべて機械で収穫され、近隣に点在する一〇ほどの巨大加工

工場へ運ばれていく。

刈りとられたトマトの苗は、収穫機に付属する金属製コンベアで、機械の後方へ運ばれていく。その過程で苗が激しく揺さぶられてつるから実が離れ、再び別のコンベアに乗ってさらに後方へ運ばれる。コンベアの脇に何人かの作業員が立っていて、手作業でトマトの実を選りわけている。かなり過酷な仕事だ。かんかんに照りつける真夏の太陽の下で、暑さと、振動と、騒音と、土埃に耐えながら、ずっと収穫機の上に立っていなければならない。だがもしかしたら、この仕事もそろそろ姿を消してしまうかもしれない。近年、光学式自動トマト選別機の性能が大幅に向上しており、人間の手が不要になりつつあるからだ。

選別されたトマトの実はそのまま機械の後方へ運ばれていき、また別のコンベアで高く持ち上げられ、後方側面へ吐きだされる。そのまま真横を走っているトラクターのトレーラーのなかに落ちるしくみだ。トラクターは、収穫機から数メートル離れたところを、同じスピードで並走している。トマトは休む間もなく次々と排出される。そのうしろでは、土塊、茎、つる、不良トマトなどの廃棄物が地面に落とされていく。排気ガスもすごい量だ。この収穫機は燃料を大量に消費するのだ。

こうして観察していると、収穫機のしくみはごく単純そうに見える。だがここまでくるには、加工トマト産業の長い歴史と、遺伝子工学研究の多大な苦労があった。そう、こうして収穫機のなかでトマトの実がつるから簡単に離れるようになったのは、機械収穫に適した品種を作るために、研究者たちが幾度も試行錯誤を重ねてきたおかげなのだ。

5

現在のカリフォルニア州の農業スタイルのルーツは、ゴールドラッシュでこの地方に多くの人が移住したことにさかのぼる。一八四八年、一攫千金《いっかくせんきん》を夢見てアメリカ東部の人々がこの地に押しよせ、カリフォルニア州の人口は一気に増加した。人口が増えれば、多くの食料が必要になる。東部からの移住者たちは土地を手に入れ、大規模農場《プランテーション》を次々と設立した。そうなると、今度は人手が必要になる。まずはアメリカ先住民が、次に中国人移民が駆りだされた。中国人移民は、はじめは大陸横断鉄道の敷設《ふせつ》工事と鉱山での発掘に雇われていた。そして一八六〇年代終わりごろ、鉄道が完成して鉱山の資源が枯渇《こかつ》してきたため、今度は農場で働きはじめた。こうしてアメリカ東部からの移住者が土地を手に入れ、先住民や中国人をただ同然で働かせたことから、カリフォルニアに世界初の大規模農業が生まれたのだ。

このときから、大規模農場の労働者の苦しみが始まった。その一世紀前、フランスの思想家ジャン＝ジャック・ルソーはすでにこう警鐘を鳴らしていたのだが。

「もしも〝この地主はペテン師だ！　こいつの言うことを信じるな。果実はみんなのもので、土地は誰のものでもない。それを忘れたら、きみたちは終わりだぞ！〟と、杭《くい》を引っこ抜いたり溝を埋めたりしながら、仲間に叫んだ者がいれば、人類はどれほど多くの犯罪、戦争、殺人、貧困、残虐な事件を免れられたことだろう」(『人間不平等起源論』一七五五年)

一九世紀終わりごろ、カリフォルニア州に住みついた中国人移民(うち九五パーセントは男性)は、農場で賃金労働者として働いた。雇用主に強いられる過酷な労働に耐え、がむしゃらに働いて生き延びた。彼らはこの「自由の国」の市民権を持つことすら許されなかった。白人女性との婚姻も禁じられた。いつも祖国の民族服を着て、辮髪《べんぱつ》にして長い三つ編みを垂らしていた。そして最下層の人間としてアメリカ人にさげすまれた。いつも一番過酷な仕事をさせられ、ときには鉱山などでスト破りをするよう命じられた。大量虐殺事件も起きた。やがて、中国人差別がピークに達したころ、一八八二年に中国人労働者の移住を禁止する「中国人排斥法」が制定された。

すると中国人の代わりに、今度は日本人がカリフォルニアの農場で働きはじめた。日本人もアメリカ人による差別の対象になった。やがて、初の農業機械であるトラクターが誕生すると、農場での労働者の位置付けが大きく変わった。カリフォルニアの農場での仕事は、収穫時だけ駆りだされる季節労働になった。

一九二四年に移民法が制定されると、日本人の移住も禁止された。そして第一次世界大戦中、とくに一九一七年以降、徴兵によって若い成人男子がいなくなると、今度はフィリピン人が、続いてメキシコ人も農場で働かされた。

一九二九年に経済恐慌が起こると、アメリカ国内で大規模な人口移動が始まった。失業した東部の農民たちは、仕事を求めてカリフォルニア州へ移住した。カリフォルニアの農場経営者は、ありあまるほどの人手が集まったことを喜び、それにつけこんで彼らを日雇いで安く使った。当時のことは、ノーベル文学賞作家、ジョン・スタインベックの小説『怒りの葡萄』に詳しく書かれている。著者の生まれ故郷であるカリフォルニアの社会問題をテーマにした長篇で、農場で働く賃金労働者たちのすさまじい貧困が描かれている。外国人移民労働者に続いて、今度はアメリカの白人労働者が社会の最下層に転落し、さげすまれ、差別されるようになったのだ。

一九四一年、アメリカで戦争が勃発すると、あれほどたくさんいた賃金労働者たちがほとんど誰もいなくなった。第二次世界大戦中、人手不足に困ったカリフォルニアの農場経営者たちは、ホワイトハウスにその旨を陳情する。一九四二年、フランクリン・D・ルーズベルト大統領は、メキシコのマヌエル・アビラ・カマチョ大統領と会談し、両国の政府間協定によって「ブラセロ計画」が開始された。「ブラセロ」とは「手を使って働く人」を意味するスペイン語だ。こうして、メキシコ人が合法的にアメリカで働ける大規模な移民政策がスタートし、ピーク時には年間四五万人が季節労働者としてカリフォルニアの農場で働いた。この政策によってもっとも恩恵を受けたなかに、トマト生産者がいた。一九五〇年代、トマト収穫期にブラセロ計画を通じて労働者を集めるのは、ごく当たり前のことになっていた。

一九三五年に制定された全米労働関係法、通称ワグナー法によって、民間部門において労働者が労働組合を結成できるようになった。だが、農場労働者は対象外とされた。一九五〇年代になっても、農場労働者には労働組合を作る権利は与えられなかった。カリフォルニアの農場労働者たちが結束を強め、ストライキを起こして自分たちの権利を主張すると、経営者たちはブラセロ計画で雇ったメキシコ人にスト破りをさせた。

一九四八年、カリフォルニア州で綿花の収穫をしていた若い農場労働者、セザール・チャベスも、初めて参加したストライキでメキシコ人労働者たちにスト破りをされた。移民政策のブラセロ計画は、次第に労働組合から激しく非難されるようになった。確かに、メキシコ人移民が合法的にカリフォルニアで働けるようになったのはよいことだ。問題は、労働力が公正に取引されないことにあった。報酬があまりにも安すぎたのだ。利益を受けるのは経営者で、メキシコ人労働者は搾取されるだけだった。農場経営者は、政治的信念を持たないたくさんのメキシコ人労働者にスト破りをさせ、ストライキを次々と失敗させた。やがて、アメリカの世論、そしてカリフォルニアの農場労働者に共感した民主的な政治家たちも、ブラセロ計画で得をしているのは資産家、土地所有者、大手食品メーカーだけだと気づきはじめた。

セザール・チャベスは、アリゾナ州生まれのメキシコ系アメリカ人だ。ヒスパニック系アメリカ人のなかで、もっとも有名な公民権運動家として知られている。一九六二年、チャベスは、非暴力・非武装不服従の労働組合、農場労働者協会（ＵＦＷ）を仲間といっしょに設立した。

ＵＦＷは平和主義的な運動を行なっていたが、一九六〇年代から一九七〇年代にかけて厳しく取り締まられ、ストライキやデモのときに仲間の活動家が殺害された。

チャベスは、カリフォルニアの農場で起きている労働問題は、仕事を求めてやってくるメキシコ人には責任がないと考えていた。問題は、ブラセロ計画のせいで労働者の報酬が低く抑えられることにあるのだ。ＵＦＷが設立された直後の一九六三年、ジョン・Ｆ・ケネディ大統領のもとで、激しい議論の末にブラセロ計画は中断され、下院は計画の継続を否決した。土地所有者と大企業は計画継続のためにあらゆる手を尽くしたが、とうとうわずか一年しか延長されなかった。当時、ハインツは株主に対する年間報告書で、この決定を激しく非難している。加工トマト産業において、農場労働者に高い賃金を支払うなど論外だった。別の解決策を早急に考えなければならない。その結論は、「収穫を機械化する」ことだった。

6

カリフォルニア大学デービス校トマト遺伝子研究センター

たくさんの棚の上に、まるで展示品のようにプラスティック容器や小さな袋がずらりと並べられている。広さ十平方メートルほどの、狭くて寒々しい部屋だ。美術館の華やかさにはほど遠い、ごくシンプルな内装だ。だがここは世界で唯一無二の場所なのだ。値段がつけられないほど高価な宝がたくさん眠っている。

わたしは今、世界最大のトマトの種子バンクにいる。ひとつずつ丁寧にラベルを貼られ、きちんと分類されたトマトの種子が、三六〇〇種類以上ここに保存されている。南米で発見された原種のトマト、人間によってもっとも多く栽培されている品種、放射線を照射して人為的に突然変異させた品種など、さまざまな種子がそろっている。

カリフォルニア大学デービス校は、世界でもっとも重要な農学専門学校のひとつだ。すぐそばのナパ・ヴァレーがカリフォルニアワインの名産地ということもあり、ワイン用のブドウの研究も熱心に行なわれている。デービス校は農業関連産業の未来を担っているのだ。

デービス校のトマト遺伝子研究センターは、加工トマト産業において非常に重要な役割を担っている。同センターは、かつての名物教授の名から、チャールズ・マドラ・リック研究センターとも呼ばれる。チャールズ・リック（一九一五年〜二〇〇二年）は、トマト研究における世界の権威だった。白く短いあごひげをはやし、いつもお気に入りのバケットハットをかぶっていた。さながらトマト界のインディ・ジョーンズといったその風貌は、国立科学アカデミーの年鑑に掲載されている写真でも変わらない。リックは、一九四八年から一九九二年にかけて人生の大半を南米で暮らし、そこで多くのトマトの原種を発見していた。

チャールズ・リックは「トマトの設計者」だった[2]。もし彼がいなければ、わたしたちが普段口にしているケチャップ、トマトピューレ、トマトソースは、今とはまったく別のものになっていただろう。こうした製品に使われる加工用トマトは、リックが南アメリカから持ち帰った原種のトマトの遺伝子をもとに作られた。南アメリカ北西部のアンデス山脈の沿岸部、つまり現在のコロンビア、エクアドル、ペルー、チリ北部付近が、加工用トマトのふるさとだ。だが、ここでアステカ族が食べていたトマトや、ほかのさまざまな原種のトマトは、ハインツやキャンベル・スープのCMで見る丸くて赤いトマトとは似ても似つかない。南アメリカのトマトは小さく、たいていは緑色で、種類によっては紫がかっていたり、黄色やオレンジ色だったりする。苦みがあり、有毒で食べられないものもある。標高三〇〇〇メートルの高地で、水も肥料もあげずにすくすく育つ。[3] チャールズ・リックは、旧ソ連の著名な遺伝学者、ニコライ・ヴァヴィロフ[4]に次いで史上二番目に多く南アメリカで科学調査を行ない、多くのトマトの品種を発見した。その一〇年後には、原種のトマトの分類目録を作成している。

一八三五年に自然科学者のダーウィンが調査を行なったガラパゴス諸島で、チャールズ・リックはあるトマトを発見したリコペルシコン・チーズマニーという野生のガラパゴス固有種だ。実は、そこから発見されたj－2という遺伝子が、今の加工用トマトのもとになっている。

一九四二年の第二次世界大戦中、安く使える労働者がカリフォルニア州から急に姿を消すと、農業の機械化のための研究プログラムが急ピッチで進められた。そんななかで、カリフォルニア大学農業工学部の技師、A・M・ジョンゲニールは、トマト専門の遺伝学者、G・C・ハンナ教授に出会う。ジョンゲニールは、トマトの収穫を機械化するうえでの技術的な難しさをハンナに訴えた。何度か試作を重ねて開発された収穫機は、どうにかトマトの苗を根元からカットできるようにはなった。が、その先がうまくいかない。トマトが土にまみれて汚ならしくなるうえ、機械につぶされてぐちゃぐちゃになってしまう。まるで戦車に押しつぶされたように、収穫したトマトがすべて台なしになる。そこでジョンゲニールは、機械収穫に適したトマトを遺伝学的に開発できないかとハンナに尋ねた。機械に合うトマトを作るほうが、トマトに合う機械を作るよりうまくいくように思われたのだ。こうしてトマトの遺伝子研究がスタートした。

ハンナは翌年の一九四三年、デービス校でトマトの研究に取りかかり、一九四九年に最初の研究結果を発表した。一〇年後の一九五九年、新種トマト用に設計された収穫機の試作品が完成し、実際の畑でテストが行なわれた。新種トマト開発の決め手となったのは、リコペルシコン・チーズマニーから発見された遺伝子だった。この遺伝子のおかげで、トマト収穫の機械化が可能になったのだ。現在、新疆ウイグル自治区、南イタリア、トルコ、カリフォルニアなどで栽培されるすべての加工用トマトは、この遺伝子を持っている。

「ガラパゴス諸島でこの遺伝子を発見したのはチャールズ・リックなんだ」と、トマト遺伝子研究センターのセンター長、ロジャー・チェトラが言う。

「リックは、現地でオレンジ色のトマトを採取したとき、実がつるから簡単に分離することに気がついた。そこでこのトマトの種子をカリフォルニアに持ち帰って、土にまいてみた。だが、どうもうまくいかない。どういうわけか芽が出ないんだ。条件をいろいろ変えて試してみたが、やっぱりだめだった。種子をいったん動物に消化させてみてはどうか、と思いつき、さっそく鳥で試してみた。だがそれでもうまくいかない。そしてとうとう、ガラパゴス諸島だけに生息するガラパゴスリクガメに消化させるというアイデアを思いついた。しかしここはカリフォルニアだ。いったいどうすればいい？　するとリックは、バークリーにいる科学者の友人が研究用にガラパゴスリクガメを二頭飼っていることを思いだした。そこで友人にトマトの種子を送り、カメに食べさせてくれるよう頼んだ。その後しばらくして、リックはカメのフンが入った郵便小包を受けとった……。でたらめに聞こえるかもしれないけど、本当にこれでうまくいったんだ。カメに食べさせ、消化させ、二週間後にフンといっしょに排出されることで、種子はようやく発芽した。こうして無事にトマトの実がなり、j－2遺伝子が発見され、加工用トマトに革命が訪れたんだ」

7

カリフォルニア大学デービス校は、最初のトマト収穫機を公的資金で開発した。そして一九六〇年九月一日、トマト生産者、加工メーカー社員、銀行家など総勢二〇〇〇人が、初のトマト収穫機「ブラックウェルダー」の公開デモンストレーションを見にやってきた。翌年の一九六一年、加工用トマトが初めて実際の畑で機械収穫された。この年、計二五台の収穫機が販売され、カリフォルニア州の全トマト収穫量の〇・五パーセントが機械で収穫された。また同じ年、遺伝学者のハンナ教授は、機械収穫のために開発された新しい品種、VF－145を発表した。

一九六三年に移民政策のブラセロ計画が終了すると、トマト収穫の機械化の研究がよりいっそう促進され、急速な進化を遂げるようになった。一九六五年には、全収穫量の二〇パーセントが機械化された。[5] 一九六六年、その割合は急増し、全体の七〇パーセントが機械収穫された。一九六七年は八〇パーセント、六八年は九二パーセント、六九年は九八パーセントと右肩上がりに増え、一九七〇年にはとうとうカリフォルニア州の加工用トマトのすべてが機械収穫された。わずか七年間で、トマト生産者たちは、何万人という賃金労働者を使わずに収穫ができるようになったのだ。

ただし、人間の手による仕事がなくなったわけではない。今も収穫機一台につき一〇人ほどの労働者（主にメキシコ人）が、機械の運転、トマトの選別などのために働いている。だが、それ以外の仕事はすべて消えた。技術革新によって、トマトを生産するための資金は労働者に対しては使われなくなったのだ。

第12章　消費者に見えない「原産国」

1

イタリア、カンパニア州ノチェーラ・スペリオーレ

その世界地図は壁一面を覆う大きなものだった。一世紀ほど前のものらしく、紙が劣化し、もはや何が描かれているかよくわからない。大洋と大陸は、茶色とクリーム色とミントグリーンのぼやけた染《し》みにしか見えない。オーストラリア連邦はオランダ東インドにまで広がり、南米のスペイン植民地とベルギー領コンゴは、フランス植民地帝国といっしょくたになっている。だが、各地の港と港が、弧《こ》を描いた線で結ばれているのははっきりとわかった。石炭販売所、ガソリンスタンド、広告代理店に大きな印がつけられ、イギリス領事館に黒い旗、アメリカ領事館に白い旗が描かれている。

ここは、アントニオ・ペッティのオフィスだ。入口に掲げられた色あせた世界地図に示されているのは、一九二〇年以降、ペッティ一族が構築してきたトマト加工品の流通ルートだ。

わたしはアントニオ・ペッティと握手を交わした。二〇一六年八月二日、ヨーロッパでもっとも多く濃縮トマトを輸入している会社の代表に、念願かなってようやく会うことができたのだ。

部屋には、聖母マリアと聖ピオ神父の小さな像が置かれていた。聖ピオ神父は二〇〇二年に列聖されたカプチン会の神父で、ここカンパニア州の出身だ。ペッティ社のトマト加工品生産の功績を讃えたトロフィーや、たくさんの写真も飾られている。二〇〇一年に中国で撮られたものらしいリウ将官といっしょの写真もあった。

キャビネットの上にトマト缶がずらりと並べられていた。そのうちのひとつに目が釘《くぎ》付けになる。ジーノの缶詰だ。ウルムチ郊外のカルキス（中基）の旧工場で見たのと同じものだ。アフリカで一番よく売れているブランドだ。

「うちの会社はむかしから商品を国外へ輸出してきた」

アントニオ・ペッティのイタリア語は完全なナポリなまりだった。

「二〇世紀初め、最初はアメリカとイギリスに向けて輸出をスタートした。それからほかの国にも販路を広げていった。わたしの時代になってからはアフリカにも進出した。現在、イタリアに入ってくる外国産濃縮トマトの六〇パーセントをうちの会社が輸入している。そして、濃縮トマトの世界生産量の四パーセントに相当する量を輸出している。輸入量も輸出量も多いんだ。濃縮トマトを世界でもっとも多く購入しているのはハインツだが、うちはそれに続く第二位だ。年間一五万トン購入し、再加工して一七〇カ国に向けて輸出している」

「トマト王」の異名をとったアントニーノ・ルッソはすでに死去し、ルッソが創立した会社は他社に売却された。だが、ライバルのペッティ社はいまも健在だ。濃縮トマトの世界貿易を語るうえで、避けて通れない存在でありつづけている。

「サダム・フセイン時代のイラク政府のナンバーツー、ターリク・アジーズ副首相はよく知っていたよ。その妹もね。国民のための必需品を購入する国有企業の代表だったんだ。リビアでもカダフィ一族と取引をしていた。チュニジアでもそうだった。ああいう国の政府と契約を交わすのはなかなか大変でね。でもいったん契約が成立すれば、大量の濃縮トマトを輸出できる。たとえばリビアでは、ドイツよりずっとたくさんの濃縮トマトが消費されるんだ。ドイツの人口は八〇〇〇万人で、リビアはたったの六〇〇万人しかいないのに」

2

そのトマトペースト缶には、緑・白・赤の「トリコローレ」をバックに、サングラスを額に持ち上げて笑うトマトのキャラクターが描かれている。アフリカ中に出回っており、その名は

「ジーノ」。いかにもイタリアらしいネーミングだ。

ジーノブランドの商品ラインナップは、七〇グラムから二・二キロまでさまざまな容量がそろう。わずか一〇年の間に、アフリカでもっとも売れるトマトペースト缶に成長した。マリ、ガボン、リベリア、南アフリカなど、この商品を入手できるのは現在およそ二〇カ国だ。アフリカだけではない。ハイチ、日本、韓国、ヨルダン、ニュージーランドなど、いまや世界中に販売網を広げている。数億人もの人たちがジーノのトマトペーストを食べているのだ。

いかにもイタリアらしいパッケージだが、よく見るとどこにも原材料の原産地が書かれていない。缶詰の容器にも、ウェブサイトにも記されていない。唯一、ウェブサイト上にあいまいな説明文が掲載されているだけだ。

「ジーノの二倍濃縮トマトは、世界各地からやってきた最良の原材料を厳選し、独自の製法でブレンドして作られています。濃縮トマトの伝統的な品質を守りつつ、最先端の技術で、世界有数の大規模加工工場で生産されています。ジーノの濃縮トマトは料理の味を引き立て、いつもの食事をパーティーのように華やかにします」

パーティーにはサプライズがつきものだ。ジーノの原材料の原産地はいったいどこなのか、この説明文ではまったく分からない。いや少なくとも、「世界各地からやってきた」原材料を「ブレンドして」作られていることだけは確かだろう。なんといっても、中国の新疆ウイグル自治区と内モンゴル自治区の両方から輸入されたのだから。

ジーノにはもうひとつサプライズがある。このブランドの国籍はいったいどこか？　マーケティング戦略上、いかにもイタリアのブランドのように装っているが、実際はインドのブランドだ。ワタンマルというインドの大手流通グループが、プライベートブランドとして販売している。ワタンマルは、香港とインドのチェンナイ（旧マドラス）のタラマニ地区に拠点を持ち、世界中に五億三〇〇〇万人の顧客を持っている。

ワタンマルは、食品販売で年間六億五〇〇〇万ドル近くを売り上げている。その大半がジーノブランドのトマトペーストの売上だ。そして、ジーノ以外に「ポモ」という別の濃縮トマトのブランドも持っている。だが、ポモもジーノも、実際は同じ中国産の原材料を使って、同じ工場で生産されている。

ワタンマルは、アフリカでジーノブランドを宣伝するために、さまざまな販売促進を展開している。テレビやラジオでＣＭを頻繁に流したり、雑誌に次々と広告を掲載したり、あちこちに壁面広告を出したりしている。いたるところにパネル広告があるので、市場の周辺を歩けばジーノの広告に必ずぶつかるほどだ。とくにガーナとナイジェリアで大々的な宣伝を行なっている。ガーナに暮らしていたら、ジーノの巨大なパネル広告を見ずにすむ日は一日もないだろう。わたしがガーナの首都、アクラを訪れたときも、空港に着いて一〇メートルも歩かないうちにジーノの巨大広告にぶつかった。そしてその後も同じ広告に何度も出会うはめになったのだ。

さらにワタンマルは、ジーノ・セレブレイト・ライフ基金という社会福祉基金を利用することでも、消費者の購買欲を刺激している。たとえば、ジーノがナイジェリア市場に参入したのは一〇年ほど前だが、ジーノ商品を購入すれば国民の生活水準が改善されるというイメージが定着し、国産品を抑えて市場を独占する勢いでシェアを伸ばしている。この基金は白内障の手術に助成を行なっているのだ。

基金のCMでは、白内障の手術に成功した男性が喜びの声を上げる。「ジーノ、ありがとう！　おかげでこれからは家族を養っていけるよ！」すると別の男性が「ジーノに神の祝福を！」と応じる。画面の隅では、イタリア国旗の三色をバックにブランドキャラクターが笑っている。

現在、アフリカの濃縮トマト市場では、ワタンマル以外の会社も、中国産の商品を武器にシェア争いに乗りだしている。チー社のプライベートブランド、「ペッペ・テッラ」もそのひとつだ。チー社は、トロピカル・ジェネラル・インヴェストメント（TGI）というダブリンを拠点にした食品卸売・小売グループ傘下のナイジェリアの会社だ。ノクリンク・ベンチャーズ社は、「タイマ」「トマヴィータ」「ファン・トマト」という三つのブランドを販売している。ナイジェリアから鉱石を輸出する一方、中国製の携帯電話、オートバイ、自動車部品、ハンドバッグなどさまざまな商品を輸入しており、中国産濃縮トマトもそのひとつだ。

だが、ジーノの最大のライバルは、なんといっても「テイスティ・トム」だろう。シンガポールのオーラム・インターナショナル・グループのプライベートブランドで、アフリカの多くの市場に進出している。オーラムは食品の仲買・卸売をする世界的な企業で、主にアフリカ市場で活動しながら、年間一一〇億ドルを売り上げている。パーム油、木材、製粉の分野に強く、パスタ、マヨネーズ、ビスケット、コメ、粉ミルク、食用油、そしてトマトペースト缶といった製品を取りあつかう。七〇カ国から五万六〇〇〇人を雇用して大規模に事業を行なう、アフリカ食品流通最大手のひとつだ。オーラムの「テイスティ・トム」にも、やはり激安の中国産濃縮トマトが使われているのだ。

3

「ジーノはワタンマルのアイデアだった」と、アントニオ・ペッティは言った。

「あのパッケージデザインは、ワタンマルがカリフォルニアのグラフィックデザイナーに頼んで作ってもらったんだ。一九六〇年代のイタリアの缶詰デザインをイメージして、緑・白・赤のトリコローレをバックにしたキャラクターを考えたらしい。ワタンマルから連絡をもらって、このブランドのためにトマトペーストを生産してほしいと頼まれたんだ。一〇年くらいうちでやっていたよ。ジーノの缶詰を初めて輸出したときのことは、今でもよく覚えている。コンテナ三つ分だった。だが、それからみるみる大口の顧客に成長していった。しまいには、年間三五〇〇台のコンテナを輸出するようになった」

一九九〇年代終わりごろ、アフリカの輸入濃縮トマト市場は、ナポリの食品メーカー数社が独占していた。当時は、中国でトマト加工工場の建設が始まったばかりだった。ナポリのメーカーは、中国からドラム缶入り濃縮トマトを輸入し、再加工して缶に詰めなおして、アフリカをはじめとする世界各国に再輸出していた。いかにもイタリアらしいパッケージのジーノの商品は、確かにイタリアで缶詰にされていたのだ。ペッティとワタンマルはそのイメージを利用して、アフリカで大量に中国産濃縮トマトを売りさばいた。

一九九七年、アフリカが輸入した濃縮トマト一一万四五四九トンのうち、九万トンがナポリから輸出されたものだった。この年、中国から直接アフリカに輸出された濃縮トマトはわずか一四〇〇トンだった。そして五年後の二〇〇二年、ナポリのメーカーは二二万二七五一トンの濃縮トマトをアフリカに輸出した。そのほとんどが中国産濃縮トマトを再加工したものだった。こうして中国の二大濃縮トマトメーカー、カルキス（中基）と中糧屯河（コフコ・トンハー）は、ナポリのメーカーに商品を供給しつづけた。しかし、中国のメーカーは次第に貪欲になっていった……。

最初に気づいたのは、カルキスを創業したリウ将官だった。

「ふと、気づいたんだ。中国の濃縮トマトは、イタリアに無駄な寄り道をしてからアフリカに運ばれているとね。そこで思った。だったら、われわれが自分たちで濃縮トマトを缶詰にして、直接アフリカに輸出すればいいじゃないか、とね」

それが、ナポリのメーカーにとって運命の分かれ道だった。二〇〇四年、カルキスは天津に新たに缶詰メーカー、チャルトン・トマト・プロダクツ（天津《てんしん》中《ちゅう》辰《しん》番《ばん》茄《か》制品《せいひん》有限公司）を設立し、巨大な生産工場を建設した。チャルトンの工場では、年間一〇万トンのトマトペースト缶を生産できたという。

「リウ将官がわたしに会いにノチェーラに来たのはそのころだ」と、アントニオ・ペッティが言う。

「わたしには何も言わなかったが、そのときはすでに心に決めていたんだろう、うちを出しぬいてジーノの商品を作ってやろうとね。ここに来たのは情報を収集するためだったんだ。その後、ワタンマルへ行って、うちより安くジーノを生産すると提案したらしい。正直言って、ジーノをうちに引きとめておくための手はずを整えておかなかったのは、わたしのキャリアにおける最大のミスだ。こうして、大事なパートナーだったはずのリウ将官が、ある日突然、最大のライバルになってしまったんだ」

二〇〇〇年代の終わりには、リウ将官のもくろみどおり、チャルトンは天津最大の缶詰メーカーに成長した。トマト戦争に挑む兵団企業、カルキスにとっての最新兵器だ。こうして中国の濃縮トマト大手が、アフリカに商品を直接輸出できるようになったのだ。

当時、チャルトンで作られていたのはジーノだけではなかった。世界中の多くのブランドの

OEM生産を手がけていた。モロッコの「シュヴァル・ドール」と「デリシア」もそうだ。このふたつは、資本が異なる競合二社のブランドで、モロッコ国内市場のシェアを激しく争っていた。だが実際はどちらの会社も、カルキスのチャルトンに生産を委託していたのだ。

「一九五〇年代から二〇〇〇年代まで、アフリカの市場はずっとイタリアのメーカーの独壇場だった。われわれが完全に独占していたんだ」と、アントニオ・ペッティは言う。

「その後、中国が世界市場に現れた。承知のとおり、最初は半製品しか作っていなかった。それをわれわれがイタリアに輸入し、再加工してから再輸出していた。だが、中国人は気づいたんだ、われわれが中国の半製品を再加工してひともうけしていることに。中国人には勝算があった。労働コストも光熱費もイタリアよりずっと安いからね。だからアフリカ市場でわれわれに戦いを挑んだんだ」

結果はすぐに現れた。二〇一三年、アフリカは、濃縮トマトを七億四八〇〇万ドル分輸入した。そのうち、ナポリのメーカーが輸出したのはわずか四分の一の一四万一六六九トンだった。ほとんどが輸入品を再加工して再輸出したものだ。そして中国は、全体の四分の三に当たる四四万七五四〇トンを輸出した。

そのとき、アフリカの濃縮トマト市場において、中国はすでに七〇パーセント以上のシェアを握っていた。

4

ペッティのノチェーラ工場で、併設する研究所を見学した。案内役の技術部長の指示を受けて、研究員の女性がブリックス値検査のデモンストレーションを見せてくれる。ブリックス値とは果汁に含まれる糖類の量を示す値のことで、いわゆる糖度だ。糖用屈折計という測定器で計測される。ちなみにブリックスという名は、発案者であるドイツ人エンジニアで数学者、アドルフ・フェルディナント・ヴェンツェスラス・ブリックス（一七九八年〜一八七〇年）に由来している。

次に見たのは、比色分析だ。色調の変化から溶液の濃度を測定する分析で、これによって濃縮トマトの色合いを調整しているという。

「同じヨーロッパでも、国によって好みがちがいますからね」

国によって？　むしろ、ペッティのクライアントである「大手スーパーチェーンによって」だろう。

「濃い色を好む国もあれば、赤みが強い色、透明感のある色を好む国もあります。たとえばフランスは、濃すぎも薄すぎもしない中間の色を好みます。わたしたちは、クライアントのニーズに合うよう、さまざまな濃縮トマトをブレンドしているんです」

なるほど、よくできた説明だ。技術部長によると、濃縮トマトをブレンドするのは、ヨーロッパの消費者の「色の好み」に合わせるためだという。だが実際は、色というより、品質が異なる濃縮トマトがブレンドされているのだ。品質のよい製品によくない製品を混ぜることで、生産コストを安く抑えることができる。そのため、スーパーで激安価格で売られているトマトペースト缶には、中国産、スペイン産、カリフォルニア産など、さまざまな産地の製品が混ぜられていることが多い。こうすることで、スーパーチェーンからプライベートブランドのOEM生産を委託されたメーカーは、安く製品を供給することができるのだ。

研究所のキャビネットには、書類ファイルが並んでいた。

「これらのファイルには、工場で加工される原材料の流通履歴が収められています。こうしてトレーサビリティを管理しているのです」

技術部長が、キャビネットから近年のものらしいファイルを一冊取りだし、ページを繰る。手元を覗《のぞ》きこむと、原材料の仕入先が列記されていた。あるページで技術部長の手が止まった。そこに書かれているのは、すべてカリフォルニア産濃縮トマトの履歴だった。だがわたしがそのファイルを借りてページを繰ってみると、多くのページに「中国　新疆」の文字が並んでいた。

カリフォルニア産濃縮トマトのトレーサビリティを管理するのは、それほど難しいことではない。カリフォルニアのトマト畑は広大で、きちんと区画が整理されている。生産者の数も少なく、生産工程はすべてコンピュータ管理されている。カリフォルニアのメーカーにメールでロット番号を送れば、数時間後には必要な情報をすべて教えてもらえる。だが、中国産濃縮トマトの場合はそうはいかない。新疆ウイグル自治区には小さな畑が無数にあり、区画もはっきりしていない。猫の額《ひたい》ほどの土地でこぢんまりとトマトを作っている生産者もあちこちにいる。すぐそばでヒマワリや綿花を育てていることも多く、そちらに散布している農薬がトマトにもたっぷり使われていたりする。だから、世界の加工トマト業界の人間は誰でも、中国産濃縮トマトのトレーサビリティを管理するのは難しいと知っている。

わたしたちは研究所を出て、生産ラインのスタート地点に戻った。作業員たちが、輸入した三倍濃縮トマトのドラム缶を定位置にセットしている。ドラム缶から濃縮トマトがポンプで汲《く》み上げられ、ラインに供給される。この後、タンク内で水が加えられて二倍濃縮トマトが生産されるのだ。

パスクワーレ・ペッティのトスカーナ工場とは大違いだ。このノチェーラ工場では、イタリア産トマトはいっさい使用されない。遠いところからやってくる濃縮トマトを再加工しているだけだ。どこの産地のものが使われるかは、世界市場での価格変動と為替レートによって決められる。

倉庫も見せてもらった。トマトペースト缶が山と積まれている。さまざまなブランドの缶詰があった。誰もがよく知っている、ヨーロッパの大手スーパーチェーンのプライベートブランドもある。缶詰に書かれている言語も、パッケージデザインもさまざまだが、中身はすべて同じものだ。現在のグローバル経済の市場原理から、こういう結果が生まれたのだ。大手スーパーチェーンは、独自のブランド商品を掲げて互いに競合している。ところが、別の店で売られるそれぞれ個性的に見える商品は、いずれもこの巨大工場で生産されるまったく同じものなのだ。

ヨーロッパ各国の「ニーズ」に合わせて作られた、さまざまなトマトペースト缶……この倉庫の光景は、資本主義のパラドックスを体現している。あまりおおっぴらには言えないが、現在のヨーロッパでは、トマトペースト缶に関して消費者に選択の自由はまったくない。確かに、競合各社は「自由」で公正な競争を行ない、市場では商品が「自由」に流通されてはいるのだが。唯一、消費者が選べるとすれば、各社のマーケティング部門で考案された個性的なパッケージデザインだけだ。だがいずれのパッケージにも原材料の原産地はほとんど記されていない。消費者の「選択の自由」はいったいどこにいったのだろう?

トマトペースト缶はまさに資本主義の象徴だ。この業界ではほんの一握りの会社が市場を独占している。この二〇年間、トマトペースト缶は利益の追求のためだけに生産され、安く大量に作ることだけを目標にされてきた。ペッティをはじめとするトマト加工メーカーは巨大企業に成長し、強大な権力を握った。そして大量生産が進んだあげく、巨大工場でたった一種類の商品が生産され、パッケージだけを変えて出荷されている。

世界中で消費されているのは、同じ容器に入った同じ中身だ。パッケージが違うので、消費者は自由に選んでいると勘違いしているだけだ。それが資本主義だ。一見、「多様性」と「競合」と「自由」を消費者に提供しているようで、実際は一部の人間にしか利益をもたらしていない。いったいわたしたちはいつまで、こうした素性《すじょう》のわからない商品を消費しなくてはならないのか？　トマト加工メーカーが権力を握ったのなら、民主的な反権力によってきちんと監督されるべきではないだろうか？

第13章　天津のトマト缶工場の秘密

1

中国、天津

乳白色の空の下、缶詰工場に向かってアスファルトの道路が延びる。片道三車線で、車線ごとに通る車両の種類が違う。左は一般車用だ。セダン、クーペ、４ＷＤ、新型モデルなど、さまざまな種類の乗用車が通る。真ん中の車線は貨物トラック専用だ。まるで港のコンテナターミナルのように、工場に向かってトラックが長い列を作っている。もっともゆっくり流れているのは右の車線だ。自転車、原付スクーター、オート三輪などが走っている。あちこち補修されたボロボロの自転車や、走っているのが不思議なくらいに古い車もある。ヘルメットもかぶらずに原付バイクに乗る工場従業員もいる。金持ちから貧乏人まで、三つの車線に広がって、みんながこの道を進んでいく。沿道には、同じような形の高層住宅がずらりと立ち並ぶ。未完成のまま放置され、錆びた鉄筋がむきだしになっている建物もある。

石造りのアーチが目の前に現れた。大きな金文字で「天津金土地食品有限公司《てんしんきんとちしょくひん》」と書かれた看板が見える。同社はドラム缶入り濃縮トマトからトマトペースト缶を作る大手缶詰メーカーのひとつだ。だが、ここは会社の正面玄関ではない。この大きくて派手な門は、公式行事の式典や、写真撮影にしか使われない。営業用の会社案内パンフレットには、この門を背景にした写真が掲載されている。

工場の敷地内に入るには、別のゲートを通らなくてはならない。通勤する従業員たちのオートバイが並んで走る脇を、車で追いぬいていく。ゲートが上がると、警備室のすぐ横から発送場が広がっていた。

この発送場では毎日、昼も夜もなく、男たちが汗だくになって働いている。トマトペースト缶が詰まったダンボール箱をコンテナに積みこむ作業だ。ものすごく暑い。上半身裸で、プラスティックのサンダルをひっかけただけで、フォークリフトを操っている者もいる。コンテナの高さは二メートル六〇センチだ。ダンボール箱を高く積みあげていき、背が届かなくなると積荷を踏み台代わりにする。長さ六メートルのコンテナがダンボール箱でほぼいっぱいになると、地面にパレットを積み上げて脚立《きゃたつ》代わりにし、天井ギリギリまで無理やり箱を押しこむ。海運業者や港湾当局に文句を言われようが知ったことではない。ほんのわずかな隙間《すきま》も残さないよう工場幹部から指示されているのだ。

男たちは、短パン姿で、脚をむきだしにして働いている。パレットを七枚重ねた上に男がふたり乗っている。今のところうまくバランスを取っているが、もしどちらかひとりが体勢を崩したら、パレットは崩れ落ちてしまいそうだ。二〇一五年だけで、中国では二八万一五七六件の労働災害が発生している。うち六万六一八二件が死亡事故だった。

無理やり箱を詰めこんだせいで、コンテナの扉が閉まらなくなった。さあ、ここでフォークリフトの登場だ。ツメを高く上げたまま扉に向かって突進し、強引に扉を閉じる。二本のツメが金属製の扉にすごい勢いでぶつかり、ドーンと激しい衝撃音が響きわたった。通し番号がついた金属製ボルトシールで扉が封印される。よし、これで準備完了。世界の港へ向けて出発だ。

2

トマトペースト缶が積まれたコンテナは、工場から天津港に輸送されるためにトレーラーに載せられる。作業員がクレーンを遠隔操作してコンテナを持ち上げている。巨大な金属の塊なのに、まるで宙に浮いているようだ。ふわふわとトレーラーのほうへ近づいて、荷台の上にゆっくりと降りていく。コンテナを定位置に設置するため、四人の作業員がコンテナ下部の四隅をそれぞれ両手で支えている。荷台から数センチの高さまできたところで、クレーンがコンテナを離した。コンテナの重みで、トレーラーがドンという大きな音を立て、荷台が激しく揺れる。

金土地食品の工場は、天津港のコンテナターミナルから数キロメートルのところにある。天津港の取扱貨物量は世界第一〇位だ。あらゆる貨物が陸揚げされ、積みこまれている。二〇一五年のコンテナ取扱量は一四〇〇万個だった。長さ二〇フィート（約6メートル）のコンテナ一台を一個とした数量だ。業界ではTEU（二〇フィートコンテナ換量）という単位も使われる。

現在、天津は経済の重要な拠点として、直轄市の名のもとに中央政府の管理下に置かれている。人口は一五〇〇万人で、中国第四の都市だ。南運河と北運河という渤海《ぼっかい》に注ぐ二つの大河の合流地点に位置し、太古より河川交通の最終地点、および港町として重要視されてきた。七世紀には、隋の時代に建設された京杭《けいこう》大運河のおかげで国の北部や東部とも結ばれた。そして近年、とくにここ数十年は、鉄道、高速道路、海運など、大運河以外の流通ルートも網の目のように広がり、天津の経済活動はますます活発になっている。

二〇一五年、天津の港湾地区で大規模な事故が起きた。有毒化学物質を数千トン保管していた倉庫が爆発したのだ。人体に有害なシアン化ナトリウムが七〇〇トン流出し、消防士九九人をはじめとする一七三人の死者、八〇〇名近くの負傷者が出た。皮肉なことにこの大災害によって、天津が産業と貿易において非常に重要な位置にあることを、世界中に知らしめることになった。

トマトペースト缶を大量に生産している金土地食品の工場に、立ち入ることを許されたジャーナリストは決して多くない。会社側は、繁栄ぶりをぜひとも見せたいという欲求と、その裏に隠された秘密は隠さなければという不安の間で揺れながらも、わたしに門戸を開いてくれたのだ。

従業員用更衣室には、スチールロッカーが並んでいた。会社代表の右腕であり、工場長でもあるマー・チェンヨンが、紙製のシューズカバー、白い上着、帽子、マスクを手渡す。すべて身につけると、マーが先に立って案内してくれた。狭くて薄暗い小部屋が続く、迷路のようなところを歩いていく。鉄製のターンゲートを通り、青いライトがストライプ模様を描いている廊下を進む。一〇〇歩ほど進んだだろうか、重そうな扉にぶつかった。マーが扉を開けると、たちまち騒音に包まれた。じめじめした熱い突風に襲われる。

目の前に、生産ラインの現場が広がっていた。黄色っぽいネオン照明の下で、たくさんのトマト缶が、機械から機械へと滝のように流れている。室内には蒸気がもくもくと立ち上り、ひどく蒸し暑い。サウナのような濃密な空気のなかを、中身を充填されたばかりの缶詰が湯気を上げながら進んでいく。

生産ラインに沿って並ぶ作業員たちは、みなひっきりなしに手を動かしていた。ある者たちは散水用ホースを曲げたり伸ばしたり、水を噴射させたりしている。ラインから缶詰を抜きだしたり、あるいはラインに缶詰を投入したり、向きを調整・点検したりする者たちもいる。機械を修繕したり、重そうなものを移動させたり、ダンボール箱を持ち上げたり、道具を運んだり、商品の検査や箱詰めをする作業員もいる。

小さな白い帽子をかぶっている者もいれば、髪も耳も首もすべて覆いつくす薄手の帽子をかぶっている者もいる。耳のところがメッシュ素材になっているので、騒音防止の耳栓《みみせん》をしていないのが見てとれる。鼓膜《こまく》は大丈夫なのだろうか。機械がうなるような轟音を上げ、ぶつかり合う金属製の缶が機関銃のような音を立てているというのに。丸くて赤い缶がレールに沿って次々と進み、ギーギーときしみ音を立てる機械に吸いこまれていく。

生産ラインは二本あった。一本では、小型の缶詰が生産されている。直径五五ミリ、高さ三七ミリの七〇グラム入りだ。もう一本では、それより大きな四〇〇グラム入りだった。床は水びたしで、ぬるぬるして滑りやすい。ラインのスタート地点で、トマトペーストが飛び散って水たまりが赤く染まっていた。

ベルトコンベアのすぐそばで、ひとりの作業員が缶詰の重さを測っていた。充塡後の缶詰の列からランダムに選びだしているようだ。使っているデジタルスケールはかなり使い古している。あれで正しく測れるのだろうか？　中身だけを測るために、容器の重さはあらかじめ差し引かれているらしい。それにしても、表示画面に現れる数字はあまりにもまちまちで、まるで宝くじの抽選会でも見ているようだ。トマトペーストの充塡機が故障しているのか？　それとも壊れているのはこのスケールのほうか？　もしかしたら両方とも？　いや、そんなことはどうでもいいのだろう。作業員はまだ焼けるように熱い缶を指先でつまみ上げ、重さを測り、再びラインに戻している。

するとそのとき、目の前のコンベアがいきなり停止した。それと同時に、騒音もピタリと止まる。チェーンが一本切れたらしい。缶詰の重さを測っていた作業員がすぐに手を止め、両腕を振りあげながら同僚に向かって何かを叫ぶ。それから生ぬるい水たまりのなかにしゃがみこみ、破損箇所を調べはじめた。コンベアのベルトはたわんで無残な姿になっている。だが、すぐに修理担当者が交換部品を持って駆けつけた。接合部をハンマーで叩き、モンキースパナで締めなおすと、数分後にはまたラインが動きだした。その瞬間、再び騒音が響きわたる。コンベアの上流に溜まっていた何百という缶詰が、まるで怒り狂ったようにすごい勢いで押し寄せてくる。コンベアの先のほうでは、缶詰に自動で蓋をする巻き締め機が、巨大なコマのように回りはじめた。缶がひとつずつ密封されていく。こうした作業がここでは延々と続くのだ。

コンベアの終点で、女性作業員がひとりでダンボール箱を組み立てていた。折りたたまれた板状のダンボールを両手でつかみ、力をこめて折ったり開いたりしている。大量のダンボールがどんどん箱の形になっていく。その素早さ、正確さは実に見事だった。しかもリズミカルで流れるような手さばきだ。だが、その顔はまったくの無表情だ。何も考えず、ただ目の前の仕事をこなしているだけ。ダンボール箱と同じ、空っぽのまなざしだ。これまで何千という箱を組み立ててきたのだろう。何カ月も、いや何年も前から同じ動作を繰りかえし、同じ箱を作ってきたのだろう。週七日間一日も休まず、休暇も取らずに働いてきたのだろう。この女性も、ここにいるほかの作業員たちと同じように、身も心もすり減らしながら、賃金のために労働力を提供しているのだ。

この工場は、一日二四時間休みなく稼働している。仕事は八時間ずつの三交代制だ。週七日の計五六時間、くたくたになるまで働かされる。それで受けとる月給は、ユーロ換算で五〇〇ユーロくらいだという。信じがたいことだ。給料についてどう思うか、通訳を介して従業員に質問してみたが、誰も答えてくれなかった。

確かに、民工《みんこう》の時代はもう終わったのだろう。二〇〇〇年代初め、農村から都市に出稼ぎに出た「民工」と呼ばれる農民は、わずか二〇〇ユーロに満たない月給で工場に労働力を提供していた。そのころに比べれば賃金は上がった。だが、労働時間は変わらない。労働者の仕事に対する意識も変わっていない。

工場の作業員は、男女とも同じTシャツを身につけていた。白地で、背中に中国語が書かれている。肩まで袖をまくりあげている男たちがいる。そのうちのひとりは、がっしりしたからだつきで、いかつい顔をしていた。毛沢東時代のプロパガンダ用ポスターに描かれた、理想的な労働者の姿そのままだ。男らしく、たくましく、決然とした表情をしている。いや、そんなふうに思うのは時代遅れだろう。この男はトマト帝国の兵士だ。中国の国家資本主義のために戦っているのだ。

天津金土地食品代表のチャン・チュンクワンによると、この工場の規模は天津で第二位だという。チャンは元軍人だ。特殊部隊用ミリタリーベルト、たくさんのスマートフォンと新車の黒い4WDを持っているのが自慢らしい。4WDが停められている駐車場の向かいに、巨大な石碑が立っている。その上には「進歩のために戦おう」という社是が刻まれていた。

原材料の濃縮トマトは、中国最西部の新疆ウイグル自治区から、東部の天津まではるばる運ばれてくる。三二〇〇キロメートルの行程を、北部を経由しながら、貨物列車に揺られて大陸を横断する。そして工場に到着したら、水を加えられ、個別の小さな缶に詰めかえられ、あっという間に船に乗せられて、世界中へ輸送されるのだ。

3

天津金土地食品は、一四〇〇人の従業員を雇用し、年間五万トンのトマトペースト缶を輸出している。コンテナおよそ二〇〇〇台分だ。行き先は幅広い。工場内の倉庫にはさまざまなブランドの缶詰が並べられていた。とくに、アフリカ、中近東、ヨーロッパで販売されるものが多いようだ。

「この間は、ドイツとスウェーデンに向けて出荷しましたよ」と、チャンは言った。

工場の最後の工程では、四〇〇グラム入りのトマト缶が機械で箱詰めされていた。その機械の向かい側で、箱の隙間にプラスティック製の蓋を入れている作業員がいた。西アフリカ向けの商品だという。西アフリカでは、貧しくて七〇グラム缶さえ買えない人たちのために、市場でトマトペーストをスプーン売りしている。スプーン一杯当たり数ユーロセントという値段で、紙に包んで販売される。プラスティック製の蓋は、四〇〇グラム缶がスプーン売りされるとき、劣化しないよう開封後の缶にかぶせておくためのものだ。スプーン一杯分はわずかな金額でも、トマトペーストの需要が多い西アフリカでは積もり積もって莫大な売上になる。トマトペースト缶市場は世界でもっとも貧しい国でも形成されている。たったスプーン一杯からでも市場は生まれるのだ。

4

「この部屋には入れません」

マーはそう言いはなつと、半透明の分厚いプラスティック製カーテンの向こうへ行こうとするわたしを引きとめた。わたしは少しだけ驚いたふりをしてから、「ああそうですか、わかりました」と、興味のないふりを装った。だが、頭のなかではさまざまな思いがフル回転していた。入ってはいけない理由が何かあるはずだ。

たった今まで、わたしはこの工場の生産ラインをあちこち見学し、あらゆる工程を見てまわった。濃縮トマトを再加工しているところも、トマトペーストを缶に充塡しているところも、巻き締め機で蓋をしているところも、重さを測ったり、不良品の検査をしたり、缶詰を箱詰めしているところも、すべて見せてもらった。だが奇妙なことに、新疆ウイグル自治区からやってきたはずの、三倍濃縮トマトが入ったあの青いドラム缶はどこにも見当たらなかった。通常は、生産ラインのスタート地点に、ドラム缶から原材料がポンプで汲み上げられてラインに供給される工程があるはずだ。ここにはなぜかそれがなかった。

工場の一番奥に、原材料に水を加えて混ぜるための巨大な機械が並んでいた。初めてトマト加工工場を見た人は、そこが生産ラインの始まりだと思うだろう。機械には、丸みを帯びた巨大なタンクがついていた。人工衛星スプートニクのようなそのタンクには小窓がついており、原材料の濃縮トマトがなめらかなペースト状になっていく様子が覗けるようになっている。これこそが、あの「ブール（球体）」と呼ばれる機械だ。パルマのトマト博物館で見た、一九世紀の蒸発濃縮装置の現代版だ。そしてここにある今の「ブール」も、技術的にはむかしのものとほとんど変わらない。

わたしは先ほど見た光景を思いだした。確か、あの「ブール」の奥には高いブロック塀が立ちはだかっていた。そうだ、間違いない。あのブロック塀の向こう側に青いドラム缶があるはずだ。方向的に考えて、プラスティック製カーテンの奥の部屋にちょうど位置している。

そこでは本当に、ドラム缶から濃縮トマトをポンプで汲み上げて「ブール」に供給する作業をしているのだろうか？　本来ならそうであるはずだ。だが、もしかしたら別のことをしているのではないか？　だから、ブロック塀とカーテンで外から見えないようにしているのではないか？　つい先ほど、原材料を保管する倉庫を見学したとき、青いドラム缶の横に白い大きな袋が積まれているのに気づいていた。「塩」と記されたものもあったが、何も書かれていない袋もあった。

これまで、中国のトマト加工メーカーについてのよくない噂を、あちこちで聞いていた。だからこそ、マーにあの部屋へ入るなと言われたことで、疑惑がますます深まったのだ。なんとしてもあの部屋を見なくてはならない。どんな工程が隠されているのか、この目で確かめなくては。だが、いったいどうすればよいのだろう？

一時間後、同行したカメラマンのグザヴィエ・ドゥルーが、マーのポートレート動画を倉庫で撮影することになった。わたしと共同で制作しているドキュメンタリー映画のためだ。マーはドゥルーの指示にしたがって、並んだドラム缶の前を何度も行ったり来たりしている。わたしはその様子を静かに見守っていた。そして、猫のように様子をじっとうかがいながら、隙をみてこっそり抜けだそうと考えていた。

よし、今だ！　わたしは倉庫をそっと抜けだした。梱包用のダンボール箱の前を通りすぎ、濡れた床で滑らないよう気をつけながら、生産ラインの終点から始めまでダッシュで走りぬける。そして二分後、あのプラスティック製カーテンの前に到着した。カーテンの奥を覗きこむ。大きなタンクとプラットホームが見える。視線を上げると、プラットホームの左手に男の背中があった。山積みにされた袋の奥で、タンクのほうを向いて立ち、白い粉がもうもうと舞い散るなかで何かをしている。男が袋を取ろうとうしろを振りかえったときに目が合った。男はマスクをつけていた。

「ニイハオ!」

わたしは片手を上げ、中国語でそう挨拶をした。どういう反応をするだろう? すると相手は笑顔で挨拶を返してくれた。よし、これなら大丈夫。わたしは階段でプラットホームに上り、男の隣に立った。そしてもう一度挨拶をした。男はわたしが隣にやってきたのを喜んでいるように見えた。目の前のタンクを覗きこむ。なるほど、これは攪拌機《かくはんき》だ。袋のなかの白い粉をこの攪拌機に入れるのが男の仕事なのだ。ここで原材料の濃縮トマトに何かが混ぜこまれ、水分が加えられ、缶に詰められるのだろう。だが、缶のパッケージには「原材料—トマト、塩」としか記載されないのだ。

この白い粉はいったい何なのか? プラットホームには三種類の袋が置かれていた。大豆食物繊維、デンプン、デキストロース。デキストロースは、グルコースやブドウ糖とも呼ばれる糖類だ。白い粉末状の結晶で、無臭で甘みがある。粒子が細かいので、食品に加えるととろみがついてなめらかになる。水に溶けやすいので、たとえば濃縮トマトに別のものを混ぜるときにつなぎとして使うと便利だろう。

続けて、どこかから延びているチューブを通して、赤い液体がタンクに注ぎこまれた。希釈された濃縮トマトだ。わたしは携帯電話を取りだして、その様子を証拠として撮影した。攪拌機が動きだし、白い粉が赤い液体と混ざりあって薄紅色のペースト状になっていく。

プラットホームから降りて攪拌機のまわりを歩くと、今度は四人の作業員に出会った。分厚いエプロン、マスク、そしてゴム手袋を身につけている。彼らは何をしているのだろう？ その背後には、二五リットルから三〇リットルくらいのタンクが二〇個ほど並べられていた。いずれも不透明な液体が満杯に入っていて、不快な匂いを放っている。作業員たちはふたりがかりでそのタンクを運んでいき、攪拌機につながっている機械のなかに中身を空けた。液体はニンジンのようなオレンジ色をしていた。間違いない、着色料だ。

倉庫へ戻ると、マーは相変わらずカメラに向かって、ドラム缶の前を行ったり来たりしていた。まるでランウェイを歩くファッションモデルのようだ。よかった、どうやらわたしが姿を消したことには気づいていないらしい。

5

一時間後、わたしはマーのオフィスでインタビューを行なった。トマト缶の品質について質問をすると、会社が授かったという表彰状や証明書を見せてくれた。

「これは、ＩＳＯ２２０００認証、食品安全マネジメントシステム国際規格の認定証明書です。商品を輸出する会社は取得が義務付けられています。そしてこちらは、ＩＳＯ９００１認証、品質マネジメントシステム国際規格の認定証明書です。これがあるから国内市場で販売ができるのです。どちらも食品を生産・販売するには必要不可欠です。弊社ではそうした認証をすべて取得しています。また、天津における食品関連トップ企業のひとつとして政府から顕彰もされています。中国税関の検験検疫局からは〝信頼性が高い企業〟と格付けされています。過去一〇年間の弊社の成長の過程で、少しずつこうした評価をいただけるようになりました。大変誇りに思っています」

6

日没後、会社代表のチャンと工場長のマーが、わたしたちを食事に招いてくれた。工場に併設されたその建物のファサードには「研究開発部」と金文字で記されていた。だが「研究室」も「開発室」もあるはずはなく、看板は無意味に見えた。この工場では、濃縮トマトを希釈し、添加物を加え、小さな缶に詰めかえているだけなのだから。

そうして完成した缶詰は、いずれも高々と積み上げられ、コンテナに無理やり詰めこまれ、船に乗せられて数週間の長い旅に出る。なかには、乱暴に取りあつかわれてつぶれた缶詰もあるだろう。缶の蓋に傷がつき、隙間から空気が入ったかもしれない。コンテナの高温、長期の船旅、港からの輸送などのせいで、膨張したり破裂したりするものもあるだろう。

大きなホールに入ると、ふたりの女性がテーブルセッティングと給仕をしていた。ふたりとも顔色が悪くて、疲れきっているように見える。ホールと厨房《ちゅうぼう》を何度も往復し、次々と料理を運んでいた。チャンが「食事前にどうぞ」と、ドイツビールの大樽を運んできた。きっとドイツのクライアントから贈られたものだろう。工場で作られたという缶入りトマトジュースも勧められた。缶の上に「国境はない」という文字が書かれている。わたしはジュースをグラスに注ぎ、色と濃さを確かめた。茶色くてだまができており、表面に透明の水の層が浮いたひどい代物《しろもの》だった。まだ一口も飲んでいないが、この「ジュース」と言われるものが三倍濃縮トマトを希釈していることは一目瞭然《いちもくりようぜん》だった。

本来のトマトジュースは、水分と固形分の比率が生のトマトと同じであるはずだ。飲み物にするために生のトマトを圧搾しただけで、濃縮もされず、何も添加されない。三倍濃縮トマトからトマトジュースを作るなんて考えられない。

それに、品質のよい濃縮トマトはこんなにくすんだ色はしていない。もっと澄んだ赤色をしている。おそらくこの「ジュース」に使われた濃縮トマトは、新疆ウイグル自治区の生産工場で「焼けて」しまったのだろう。濃縮加工する際に加熱しすぎてトマトが焦げると、茶色く変色し、新鮮さを失ってしまう。だからこれもこんなふうに黒っぽい色をしているのだ。もっとも、加工時に「焼けて」いなくても、数年前に作られて消費期限切れになった濃縮トマトもこんなふうに黒ずんでしまうものだが……。その可能性もゼロとは言えない。

わたしたちは、加工トマト産業のために乾杯をした。思ったとおり、ひどい味だ。

「弊社のトマトジュースのお味はいかがですか？」と、チャンが尋ねる。

わたしは飲みこむ決心がなかなかつかなかった。しばらく口のなかに含んでいたが、やがて観念して飲みほした。

「すばらしいです」と、わたしは親指を立てるジェスチャーをしながら言った。

「そうですか、お気に召してうれしいです。もうすぐトマトジュースの輸出も始める予定なんですよ」

第14章　トマト31パーセントに添加物69パーセントのトマト缶

1

フランス、ヴィルパント。国際食品見本市

この見本市のスローガンは「世界中の人々が出会う場所」だ。本年度はとくに「フードビジネスに活気を与えよう」というテーマが掲げられている。

二〇一六年一〇月、世界のアグリビジネスの祭典、国際食品見本市のシアル・パリにやってきた。近代的に整備された街並みを通りぬけ、ヴィルパント国際展示場へ向かう。入口には長蛇の列ができている。スーツを着た男性の姿が多い。聞こえてくる言語はさまざまだ。一五万五〇〇〇人の来場者のうち、七〇パーセントは外国人だという。一九四の国々からこのパリ郊

外の町に集まってきたのだ。

入場証を受けとって会場に入る。大きな建物のなかに、七〇〇〇に及ぶブースがずらりと並んでいる。まるで巨大な蜂の巣のようだ。シアルは世界最大の食品産業展示会だ。出展しているメーカーの四〇パーセントは「中間加工品」を取りあつかっている。中間加工品とは、加工途中の未完成のまま販売される商品で、いわゆる「半製品」のことだ。近年、中間加工品分野は急速に成長しつつある。カット済み肉、小麦粉、香料、着色料、保存料、そして濃縮トマトなどが代表格だ。食品業界では、消費者の知らないところで、さまざまな中間加工品が生産され取引されている。その名称は、最終製品のパッケージにちっぽけな文字で記される。現在、世界の中間加工品の売上高はおよそ一兆ドルで、これは食品業界全体の二五パーセントに相当する。

隔年で開催されるシアルには、毎回、世界中からアグリビジネス業界のあらゆる分野の人たちがやってくる。出展者には、南イタリアをはじめとする、ヨーロッパの大手缶詰メーカーもいる。濃縮トマトを取りあつかう大手商社、ドラム缶入り濃縮トマトを生産している新疆ウイグル自治区のメーカー、そうした濃縮トマトを原材料にしている中国のトマト缶メーカーも、新たな販路を開拓するために出展している。

シアルは、アフリカで食品ビジネスを展開する足がかりとしてもよく知られている。中国のトマト缶メーカーにとっては、販売網を拡大できるまたとないチャンスだ。そしてわたしにとっては、中国のトマト缶メーカーの販売戦略を知るまたとないチャンスになった。

2

わたしは天津金土地食品で、安価な添加物を濃縮トマトに混入させる現場を発見した。業界通によると、中国でこんなことはふつうに行なわれているという。だがわたしは、こうした行為がどの程度広まっているのか、自分の目で確かめてみたかった。シアルは絶好の機会だ。あらゆる中国の大手缶詰メーカーがここにブースを出している。ウルグアイ人の商社代表、ファン・ホセ・アメザガはこう言う。

「中国人はみんなシアルに集まるよ。アフリカのスーパーチェーンや商社といった流通業者はたいていこのイベントにやってくるからね。アフリカのアグリビジネス市場を狙うなら、シアルは必ず出展すべきところなんだ」

ここでのわたしの目的はごくシンプルだ。中国の缶詰メーカーのブースへ行き、アフリカ市場に対してどういう販売戦略を行なっているかを調べる。だがそのためには、ブースにいる営業担当者に話を聞かなくてはならない。しかし、ジャーナリストに対して会社の秘密を正直に打ち明ける従業員などいないだろう[1]。アフリカに輸出するトマト缶に濃縮トマト以外のものを混ぜていると率直に告白する者や、法律や規則を違反していると白状する者がいるとは考えられない。ということは、正体を偽ってアプローチするしかない。

そこでわたしは、中国の缶詰メーカーのブースをひとつずつ訪れ、丸二日間練習したセリフをそれぞれに投げかけることにした。目当てのブースは、会場マップにあらかじめ○印をつけておき、話が聞ければ×印をつけた。作戦は成功し、結果はすぐに現れた。マップはどんどん×印で埋め尽くされ、パンフレットとサンプルが手元にみるみる増えていった。

3

「こちらではトマトペースト缶が専門なのですね。じつはわたしの一族は祖父の代からガボン共和国で会社を経営してましてね。いろいろなことをしていますが、缶詰の輸出入がメインなんです。今後はぜひトマトペースト缶も扱いたいと思ってるんですよ。シアルに来たのは、トマトペースト缶の取引について詳しく知りたかったのと、できればいい取引相手が見つからないかと思って。こちらは中国のどこにある会社ですか？　どういう商品があるのですか？」

とりあえずこう言っておけば、あとは勝手にしゃべってくれるので、こちらはそれをふむふむと聞いていればよかった。

「弊社では、お客さまのニーズに合わせてさまざまなクオリティの商品をご提供しています」

たいていの会社は、最初にこう切りだした。中国の缶詰メーカーの価格表は、いずれも商品のクオリティ、、、によってABC順にランク分けされている。だが、話を少し聞いただけで、その「クオリティ」の意味がちょっと特殊であることがわかった。缶詰に詰められる濃縮トマトの「品質」ではなく、「割合」を指しているのだ。Aランクとは濃縮トマトをもっとも多く含む缶詰のことだ。だがそれがどの程度の「割合」かは、会社によって違うようだ。そして、B、Cと下がるにつれて、その「割合」は低くなっていく。

今回、一五の会社から話を聞くことができた。いずれも、アフリカに多くのトマトペースト缶を輸出している缶詰メーカーばかりだ。だが、添加物をいっさい加えていない、一〇〇パーセント濃縮トマトだけを詰めた缶詰を輸出している会社は皆無だった。ラベルに添加物の記載がなければこれは不正行為に当たる。少なくとも、わたしがシアルの会場でもらったサンプルには、いずれも記載がなかった。中国の主要缶詰メーカーではどうやらこれが通例になっているようだ。

各ブースの営業担当者の態度はまちまちだった。自分たちがしていることを正直に話してくれた担当者もいた。わたしが新規のクライアントになってくれると期待したのだろう、その手口のコツを詳しく教えてくれさえもした。またある者は、恐ろしいほどの狡猾《こうかつ》さでわたしをだまそうとした。何も知らないふりをして近づいていったので、暴利をむさぼれると思ったのだろう。

だがわたしは、逆にそういう態度を利用することで相手を質問攻めにして困らせた。最終的には、営業担当者が商品をアピールするとき、濃縮トマトの割合のランクによって勧めかたが異なることを見破った。
Dランク——「この缶詰にはイタリアの国旗が描かれているんです。イタリアはトマトの国ですからね」
Cランク——「これはアフリカ市場で流通している商品のなかで、もっとも良質なもののひとつです。味見をされますか？」
Bランク——「(缶詰を開けながら) ごらんください、きれいな色のトマトペーストでしょう？ (実際はくすんだ色) アフリカですごく人気のある商品なんですよ」
Aランク——「デンプンと大豆食物繊維だけで、違法な添加物は何も入ってません。確かにラベルには何も書いていませんね。たいしたことじゃありませんよ。みんなやってることですから」
Dランクはパッケージ、Cランクは味、Bランクは色がそれぞれセールスポイントにされていた。どういうわけか、Aランクを勧める営業担当者がいちばん正直だった。
「デンプンを入れてほしいという要望もあれば、大豆食物繊維やニンジンパウダーのほうが好みだという場合もありますよ。弊社では、アフリカの消費者の好みに合わせた商品をご提供できます」
取引の進めかたについてあらかじめ念を押す者もいた。

「新規契約者には、Aランクの商品しかご提供しません。まずはそれで取引がうまくいきそうかどうかを判断します。仮に、もしコンテナ数台分しか注文していただけないなら、それより条件のよい商品のご提供はできかねます。逆に、たくさん注文していただけて、互いに信頼関係を築くことができたら、もっと安く提供できるようこちらも努力します。たとえば、デンプンを混ぜたりして」

かと思えば、もっと現実的な営業担当者もいた。

「Aランクのサンプルが欲しいだって？　ガボン共和国にはダメだ。あげても無駄だからね。ほら、こっちを持っていきな（と、カウンターの上に缶詰を放り投げる）。そうだよ、一番安いやつだ。ガボン共和国ならこっちじゃないと」

わたしはそれでも、Aランクのサンプルが欲しいと何度も頼んだのだが、「いや、ガボン共和国にはダメだ」と、最後まで突っぱねられた。

4

Aランクのトマトペースト缶の「クオリティ」がもっとも高いというのは本当らしいが、いっさい添加物を加えていないと言う営業担当者はひとりもいなかった。

「広州港は、天津や上海より税関審査が厳しいんですよ」と、広州近郊の会社の営業担当者が言った。

そのため、この会社のトマトペースト缶には、デンプンが五パーセントしか含まれていないという。本当だろうか？　それとも単なる営業トーク？　本人は優秀な営業員を自称していたが。もらったパンフレットには、中国語、英語、アラビア語、そして間違いだらけのフランス語で、商品説明が書かれていた。年間三〇億個以上のトマト缶が生産され、原材料のトマトは汚染されていない農園で栽培されているという。

「弊社は、原材料を選ぶところから完成品ができあがるまで、一貫して厳しい管理体制の下で生産をしている、中国南部唯一の缶詰メーカーです」

この文章は読んだことがある。天津からほど近い河北省にある缶詰メーカーのパンフレットにそっくりだ。真似をしていると思うのは考えすぎだろうか？　だが、あちらの文章のほうがもっとずっと詩的だった。

「弊社の商品には、新疆ウイグル自治区の美しく豊かな自然で育ったトマトが使用されています。土壌はまったく汚染されておらず、大地には雪解け水が流れ、一日の終わりには素晴らしい夕日が見られます」

このメーカーの缶詰の原材料表記には「トマト、塩」しか書かれていない。だが、営業担当者は嘘がつけないタイプなのだろう、その缶詰を差しだしながらこう言った。

「うちの缶詰はリーズナブルですよ。濃縮トマトが四五パーセントしか入ってませんからね。

アフリカの市場ではごく平均的な割合です」

5

濃縮トマトが四五パーセントで、添加物が五五パーセント……。ガーナでリウ将官から話を聞いた缶詰は濃縮トマトが三一パーセントで、添加物が六九パーセントだったが、それについては後述する。いずれにしても、何百万個という中国産トマトペースト缶には、原材料表記に「トマト、塩」しか書かれていないが、実際はトマトは半分以下しか含まれていないのだ。

各ブースでサンプルをもらって立ち去るたび、缶詰のひんやりした固さを手のひらに感じながら、わたしはとまどいと後味の悪さのようなものをかみしめていた。これほどまでに広まってしまったなら、これはもはやトマトペーストの「偽造品」というより、「本物」のトマトペーストということになるのではないか？

たった数年間でこうした不正行為が、アフリカ大陸に、いや少なくともアフリカ南部のサブサハラ地域に広まったのは、いったいどうしてか。

中国の各メーカーのパンフレットには世界地図が掲載され、自社製品が流通している国に赤いマークが記されている。それを見ても、アフリカ諸国はずばぬけて多い。

濃縮トマトの一連の取材において、わたしはまずは中国へ行って工場を見てまわり、それからフランスの食品見本市、シアル・パリで商社の人間を装って中国のさまざまな缶詰メーカーに話を聞いた。その結果、トマトペースト缶に関する不正行為がとてつもなく大規模であることがわかった。しかも、過去に一度も捜査のメスが入っていないのだ。現在、アフリカの何億人もが、真実を知らないままこうした缶詰を消費している。

複数の業界通によると、中国当局もこの不正を知ってはいるが、自国の缶詰メーカーの「競争力」を守るために目をつぶっているという。だが、これではまるで一九世紀のようではないか？　当時はまだ世界中どこでも食品衛生法が確立していなかったので、缶詰で食中毒にかかる人も少なくなかった。シアルで会った中国の缶詰メーカーの営業担当者たちは、缶詰に入れられているものに毒性はないと主張していた。だが、ナイジェリアの不正行為取締局の調査によると、ここ数年アフリカで流通しているトマトペースト缶から有毒物質が検出されている。

6

ウルグアイで商社を経営し、加工トマト業界に詳しいフアン・ホセ・アメザガは、こう言った。

「アフリカでは、大豆食物繊維、ニンジンパウダー、デンプン、デキストロース、着色料、その他わけのわからない添加物が入ったトマトペースト缶が、何百万個も販売されている。そういう商品を取りあつかっている商社やスーパーチェーンといった流通業者は、不正行為の犠牲者ではなく共犯者だ。むしろ流通業者のほうから中国の缶詰メーカーに頼んで、品質と価格が折り合う商品が作られている」

中国の缶詰メーカーは、異なるクライアントにまったく同じ商品を供給することもあるという。どの流通業者もできるだけ安い商品を欲しがるため、必然的にそうなってしまうのだ。

つまり、流れとしてはこうだ。中国の缶詰メーカーは、クライアントである流通業者に、安く供給できるために添加物を加えることを提案する。流通業者は、メーカーが提示する価格に応じてどのくらい添加物を入れるかを決める。添加物の割合を増やすほど価格は低くなる。希望に応じて、メーカーがさまざまな添加物と完成品の試食サンプルを提供することもあるだろう。メーカーはちょっとした科学者のようなものだ。むしろ麻薬ディーラーに近いだろうか。

契約が成立すると、流通業者は缶詰のパッケージデザインをメールでメーカーに送付する。メーカーはパッケージ印刷込みで生産を請け負っているのだ。メーカーは、スチール缶とパッケージ印刷、プラスティック製蓋、梱包用ダンボール箱を、地元の下請業者に発注する。

完成したパッケージには、フランス語、英語、イタリア語、アラビア語などの言語で、たいていは嘘八百が並べたててある。スペルミスがある場合も多い。「中国産」という文字はどこにも見当たらない。原産国をごまかすために、トマトらしい赤い色を用いたり、トリコローレで彩ったりしている。「ハラル」「ナチュラル」「フレッシュ」「グリーン」といったイメージのよい単語を多用したり、商標権を侵害するようなロゴマークを使ったり、アフリカ人女性や肉厚のトマトが描かれていたりする。だが、缶詰メーカーにとってはどんなデザインであろうがかまわない。メーカーにとって重要なのは、それがクライアントに指示されたとおりのデザインであるかどうかだけだ。そして、その缶のなかには、二倍濃縮トマトによく似た何かが詰めこまれるのだ。

7

イタリア、エミリア＝ロマーニャ州パルマ

「最初にアフリカ向け缶詰メーカーを天津に設立したのは、カルキスのリウ・イ将官でした。カルキスグループ傘下のチャルトン・トマト・プロダクツです。その直後、中糧屯河も続いて設立しました」

パルマにある濃縮トマトの世界最大の商社、ガンドルフィ社の三代目代表アルマンド・ガンドルフィは、二〇一六年七月二六日の取材時にそう言った。

「ただ、カルキスも中糧屯河も、市場のニーズに対して生産力が大きすぎました。二社は激しい価格戦争を繰り広げました。その後、大手二社の後を追うようにして続々と中小の缶詰メー

カーがアフリカ市場に進出しました。最初は、こうした中小のメーカーが市場での生き残りをかけて、トマトペーストに混ぜものをするようになったのです。大豆食物繊維、デンプン、砂糖、着色料などの添加物を入れて、安く売りはじめました。現在、アフリカで売られているトマトペースト缶には、本物の濃縮トマトが五〇パーセント以上含まれているものはほとんどありません。

実際の需要に対する生産力が大きすぎたために始まった戦争です。武器になるのは価格だけでした。ほかには何もないからです。ブランド力もなければ、高い品質もない。アフリカのトマトペースト缶市場での競争は、価格がすべてでした。いかにも中国らしいやりかたです。そして彼らは自滅しました。中糧屯河もカルキスも、グループ会社の缶詰メーカーは倒産してしまいました。システムが破綻《はたん》したんです。中国にはまだアフリカ向けの缶詰メーカーがあることはありますが、わたしが思うに、遅かれ早かれそうした会社もみなつぶれるでしょう。

ええ、理論的に考えても当然です。価格競争を逸脱し、ルールを少しも守ろうとせず、ただ安く作ることだけを考えて、商品の付加価値を生もうともしない……そんなやりかたでは、必ずいずれは破綻します。ある会社が濃縮トマトの割合を五〇パーセントに下げたら、別の会社は四八パーセントにし、また別の会社は四六パーセントにせざるをえないでしょう。それがどんどん続けば、最終的に残るのは、元に戻せないほど腐った市場だけです。そのうえ、消費者の健康にも被害を及ぼします……。これが、アフリカのトマトペースト缶市場の現状です。

中国の国家政策には優先順位があります。一番大事なのは、経済成長と雇用創出です。そのためならほかのことには目をつぶります。缶詰メーカーがたくさん商品を輸出し、多くの雇用を創出してくれさえすれば、好きなようにさせておくということです。これはトマトに限ったことではありません。他の多くの商品についても同じことが行なわれているのです」とガンドルフィは締めくくった。

第15章 農薬入りのトマトか、添加物入りのトマト缶か

1

ガーナ共和国、ブロング＝アハフォ州テチマン地区タオボダム村

下から差しだされた手を、上にいる者たちが次々と引っぱりあげる。さあ、これで全員荷台に乗りこんだ。日雇い労働者たちはみんな立ったまま、金属製の手すりにつかまったり、隣の人にしがみついたりしている。三輪トラックがアクセルを踏んだ途端、大きなエンジン音とともに、重さで車体がうしろに大きく傾いた。車がひっくり返らないよう、全員があわてて荷台の前のほうへ移動する。誰かがわたしの足を踏みつけ、わたしは誰かの顔をつかみ、わたしの脇腹に誰かの肘《ひじ》がぶつかった。大丈夫、どうってことはない。荷台にすし詰めになったわたし

たちは、もみくちゃになりつつも、どうにか重心を立てなおすことができた。そして三輪トラックは、うなるような低い音を立ててよろよろと前進を始めた。

三輪トラックはガーナでは「モーターキング」と呼ばれる。中国の自動車メーカーのブランド名だ。この中国製三輪トラックは西アフリカで広く普及しており、とくにガーナの農民たちに愛用されている。125CCバイクにトレーラーを結合させたもので、まさに農村のケンタウルスといった趣《おもむき》だ。この三輪トラックが大量に流通したことで、アフリカでモータリゼーション革命が起きたのだ。

車はがたがたと揺れながらでこぼこ道を行く。両脇に並ぶ低木がどんどんうしろへ流れていく。少しずつ景色が変わり、やがてあたりが鬱蒼《うっそう》としてきた。まるで緑のトンネルを進んでいるようだ。広く張りだした木の枝にぶつからないよう、みんなが頭を低くする。上り坂に差しかかり、三輪トラックはよろよろと苦しそうに上っていく。てっぺんまで上ったら、次は下り坂だ。重さのせいで加速し、あまりブレーキが効かないのか、転がり落ちそうな勢いで下りていく。この恐怖から逃れるには、車体に貼られたお守り代わりのステッカーに祈りを捧げるしかない。そこには、イエス・キリストとカダフィ大佐の姿が掲げられていた。

ようやく畑に到着する。じめじめと重苦しい暑さのなか、日雇い労働者たちはしゃがみこんでトマトの収穫を始めた。摘《つ》みとったトマトを次々と木箱のなかに入れる。箱がいっぱいになると、先ほど乗ってきた三輪トラックの荷台に積みこまれる。労働者の代わりに商品を乗せて、三輪トラックは来た道をまた戻っていくのだ。

いまやトマトは世界中で栽培されている。トマトの起源はアステカにある。現在のメキシコ中央部だ。この地がスペインによって植民地化される前、八世紀ごろから栽培されていた。一六世紀にスペイン人がヨーロッパに持ち帰ったときは、食用ではなく観賞用とされ、一八世紀になってもほとんど食べられていなかった。状況が大きく変わったのは、蒸気機関車が発明され、鉄道網が発達した一九世紀だ。ヨーロッパの地中海沿岸で好んで食べられるようになり、一九世紀末にはイタリアで加工トマト産業が誕生した。その後、ヨーロッパによってアフリカが植民地化され、世界で缶詰産業が発達する過程で、アフリカにもトマトが伝わった。こうして、加工トマト産業の一大叙事詩はこの地に引き継がれたのだ。ガーナの首都アクラから車で八時間、緑が鬱蒼とした小道の先に広がるこの畑のなかへ。

トマト畑は二ヘクタールほどの広さだった。ガーナ北部のテチマン地区郊外にある、トマトを名産とする農業地帯だ。ガーナでは、九万人ほどの小規模生産者によって、年間五〇万トン以上のトマトが生産されている。だが、そのうちおよそ三〇パーセントは、主に雨季を原因とする過剰生産のために廃棄される。二〇一四年、公式に発表されたトマト生産量は三六万六七七二トンだった。

ガーナのトマト生産業界では、畑仕事を行なう生産者のほかに、販売や流通に携わる三〇万人ほどの労働者がいる。そのほとんどが女性だ。ガーナでは主に女性がトマトを仕入れ、運搬し、市場《いちば》で販売する。トマト一個が栽培されてから消費者の食卓に届くまで、約二五人の労働力が必要とされるという[1]。ガーナの人口は二八〇〇万人で、アフリカで一三番目だ。ガーナの大衆料理のほとんどにトマトが使われており、国民の野菜消費量の三八パーセントをトマトが占めている。

一九五七年三月六日、イギリスから独立したガーナは、アフリカの解放を訴えるパン・アフリカ主義のリーダー的存在になった。初代大統領のクワメ・ンクルマの下で国家主導型の経済政策が進められ、教育、医療、インフラ整備などに多額の投資がされた。アフリカ社会主義を掲げるンクルマは、「反帝国主義」に基づいた工業化を推進した。その一環で、ヨーロッパやアメリカなど大国による経済支配を防ぐため、外国企業の投資や輸入は大幅に制限された。そして一九六〇年代初め、過剰生産されるトマトを無駄にしないよう、政府によってトマト加工工場がふたつ建設された。

一九六六年二月二四日、アメリカの中央情報局（ＣＩＡ）が支援する軍事クーデターによってンクルマが失脚し、ガーナは政治・経済的に不安定な状態に陥った。一九七九年にはジェリー・ローリングス空軍大尉による軍事クーデターが起こる。国家元首に就任したローリングスは、一九八三年より国際通貨基金（ＩＭＦ）と世界銀行の支援を受けた「構造調整計画」によって経済を立て直し、国情を安定化させることに成功した。ガーナはアフリカにおけるネオリベラリズム政策の規範となったのだ。

一九六〇年代に建てられたふたつのトマト加工工場は、最初のクーデターで閉鎖されたのちに一時再開され、構造調整計画によって一九八〇年代に再び閉鎖された。その後も再開と閉鎖を繰りかえし、現在は廃墟となった建物だけが残っている。ふたつの工場のうちの一方、プワルグ工場は、壁がはがれ落ち、看板が腐食し、雑草に覆われているが、看板と壁に書かれた「ノーザン・スター・トマト・ファクトリー」という文字をかろうじて読みとることができる。周辺の住民の多くは、この工場がかつて多くの雇用を生み、地域の富の象徴だったことを今も記憶している。

ガーナは、経済誌などでよく「西アフリカ第二の経済国」と称される。一九八〇年代以降、IMFと世界銀行による構造調整計画に積極的に取り組んできたことから、IMFの「秘蔵っ子」「ショーウィンドウ」とも呼ばれた。だがユニセフによると、二〇一六年には三六〇万人の子どもが貧困生活を送り、うち一二〇万人は家庭で十分な食事を与えられていない。また世界銀行によると、国民二八〇〇万人のうち二五パーセントが、国際貧困ライン(一日一・九ドル未満)以下の生活を余儀なくされているという。上下水道や電力などのインフラもいまだ整っていない。

経済に関しては、イギリス植民地時代とほぼ変わらず、農産物や天然資源などの一次産品の輸出に全面的に依存している。とくに、金(アフリカ第二位の産出量)、カカオ(世界第二位の生産量)、原油だけで輸出額の七〇パーセント以上を占めており、ダイヤモンド、ボーキサイト、マンガンも豊富に採掘される。ここ数年間は不況が続いたので、二〇一五年、公的支出削減による緊縮財政を実施することを条件に、新たにIMFから一〇億ドルの融資を受けることになった。独立から六〇年、ガーナの農業は今も輸入農産物との厳しい競争にさらされている。

ガーナでは過去二〇年間にわたって、濃縮トマトの輸入量が増加しつづけている。国際連合食糧農業機関（FAO）の統計によると、一九九六年に一二二五トンだったのが、二〇〇三年に二万四七〇〇トン、二〇一三年には一〇万九五〇〇トンに達している。二〇年間でなんと九〇〇〇パーセント増加している計算になる。

マサチューセッツ工科大学（MIT）の経済複雑性観測所によると、二〇一四年、ガーナは一億一三〇〇万ドル相当の濃縮トマトを輸入しているが、うち八五パーセントが中国からだ。西アフリカにおいて、ガーナは中国産濃縮トマトの主要窓口のひとつになっており、二〇一四年には中国の年間生産量の一一パーセントを輸入している。なお、中国にとって最大の濃縮トマト輸出先はナイジェリアで、二〇一四年、中国の年間生産量の一四パーセントを輸入している。だが、これらの数字の信頼性はあまり高くない。その理由としてまず、ナイジェリアやガーナが輸入する中国産トマトペースト缶には濃縮トマト以外のものが多く含まれていること、そして、ガーナが輸入した中国産濃縮トマトの一部に本来より低い関税率がかけられていることがある。関税率については税関のミスではなく、腐敗・汚職が公務員に蔓延《まんえん》しているせいだという。

ガーナでは、農業従事者が就業人口の四五パーセントを占めている。それなのに、濃縮トマトをこれほど大量に輸入する必要があるのだろうか？　農業があまり盛んではないほかの西アフリカ諸国ならまだしも？　国内でもたくさんトマトが生産されているというのに？　このことはガーナにどういう影響を与えているのか？　そして、かつてあったふたつのトマト加工工場はなぜ閉鎖されてしまったのか？

現在の加工トマト産業のグローバル化して複雑になった構造を理解するのに、アフリカは格好の対象と言える。この産業の進化はめまぐるしく、価格競争はますます熾烈《しれつ》になっている。複数の情報通によると、アフリカはここ数年のうちに、アメリカとヨーロッパを抜いてトマト加工品の世界最大の市場になると考えられている。

2

ざっと畑を見回したところ、五〇人ほどの日雇い労働者が働いている。収穫されたトマトは、加工されるのではなく市場へ売られていく。じつはここにいる労働者のほとんどが、自分でもトマトを生産している。ただし土地を持っていないので、自宅の近くの狭い土地を地主から借りて耕している。借りている土地の広さは、だいたい一エーカー（〇・四ヘクタール）で、広くても二エーカーから三エーカーだ。年間賃料は、平均して一エーカー当たり一〇〇ユーロ。こうした小作農は、収穫時など労働力を必要とするときに、今日のようにほかの小作農を雇っている。そして、トマトを収穫して市場に出荷し、販売し終えた後、つまり収穫当日の夜に報酬を支払う。農業従事者たちは、自分の収穫日をずらして他の者の収穫を手伝うなどして互いに協力しあっている。

ここでは、F1種子を購入する者は誰もいない。F1種子とは、異なる性質の種を交配させた雑種の一代目のことで、生育がよくて病気になりにくいので先進国ではたいていこのタイプの種子が使われる。栽培しやすいが価格は高い。だがここでは毎年、前年実ったトマトから種を自家採取して使っている。そうして種子のコストを節約しているのに、トマト生産者たちは借金をしてまで農薬を買う。だが彼らは、それがどういうものか、何が入っているかは知らない。政府調査によると、トマト生産者の識字率は六〇パーセントだという。しかも、防護服やメガネといった保護具をいっさい身につけずに散布している。

「おれは強くて丈夫だから、病気になんかならないさ。防護服なんて必要ない」と、ひとりの労働者は言った。

「農薬を売ってくれる人が、そういう化学物質に詳しいんだ。もし何かトラブルが起きても、その人に相談すればどうにかしてくれる。いい薬を見つけてくれる。店にずっといて畑には来ないのに、どうしたら問題が解決するかすぐにわかるんだ。おれたちの先生なんだ。もし毛虫が出たら、ちゃんと毛虫がいなくなる薬を出してくれる」

畑のまわりに並べられた木箱の下には、その「先生」が売ってくれたという農薬の容器が散乱していた。キラキラ光るパッケージには「中国産」と記されている。殺虫剤や殺菌剤などの農薬には、クロルピリホスエチルという化学物質が使われていることが多い。数々の科学研究によって、この物質が胎児《たいじ》の脳の発達に影響を及ぼすことが明らかにされている。

「おれたちの仕事で一番金がかかるのが農薬だよ。だって畑の賃料より高いんだから」

だが、そう口をそろえる日雇い労働者たちも、それがどのくらいの金額になるかは答えられなかった。

「正直言って、よくわからないんだ。トマトなんて博打《ばくち》のようなものだから」と、目の前の畑の借主であるクワシ・フォスが言う。

「おれたちはみんなトマトで生活してるんだ。もうかる年もあれば、損する年もある。だいたいとんとんの年もある。でもここ数年は損してばかりだ。だから最近はトマトにあまり金をつぎこまないようにしてるんだ」

博打？　金をつぎこむ？　よく意味がわからなかったので、わたしはさらに話を聞いてみた。

「トマト栽培にはふたつの運だめしがつきものだ。ひとつは収穫。天候が悪かったり、トマトが病気にかかったりして、収穫量が激減する年がある。でも収穫直前までどうなるかわからない。もうひとつは市場だ。たとえたくさん収穫できても、市場でちっとも高く売れない年がある。今日は一箱当たり二〇〇セディ（四五ユーロ）だった。でも去年はそのわずか四分の一だったんだ。大赤字さ。だから今年はあまり広い土地を借りなかった。でも今年はなかなかいい値段で売れてるから、赤字にはならないんじゃないかな。まあ、もう少し様子を見ないとわからないけどね。ただ、ひとつ言えるのは、このあたりじゃ、みんなどんどんトマトをやめていってるよ。全然もうからないからね。すでに多くがトマトの栽培をやめてるし、数年でもっと増えるだろうね」

クワシ・フォスは、タオボダム村では金持ちで通っている。粗末な小屋で飲み屋を営業し、中国製バイクを持っているからだ。エンジンがついた乗りものは、この村ではステータスシンボルだ。

「飲み屋のほうもさっぱりだよ。少しはもうけられると思ってはじめたんだけどね。このあたりのやつらは貧乏すぎて、飲む金さえないんだ。トマトじゃ稼げないからね」

クワシ・フォスの畑で収穫を手伝った日雇労働者たちは、飲み屋もバイクも持っていない。あるのは自分の腕だけだ。借金をするのも難しいので、あまり農薬も買えない。だがそんな彼らも、フォスと同じように「トマトは博打だ」と口をそろえる。それほどリスクが大きいのだ。とくに、土地を持たない小作農は近年ますます慎重になっており、借りる畑の面積をどんどん減らしている。

畑で働いていたひとりの青年が、トマトにまつわる自らの不運について語った。

「数年前、ぼくは一エーカーの土地を借りて、大量のトマトを収穫しました。翌年、がんばってもっといっぱいトマトを作ろうと、たくさん借金をして前の年より広い土地を借りました。でも、その年の収穫期が終わったとき、ぼくはすべてを失いました。全然収穫できなかったんです。借金を返せなくなり、お金を貸してくれる人もいなくなりました。この村では、土地を持っていない人間が破産すれば、誰かのために働くしかありません。何の展望もなく、ただ借金を返すためだけに働きつづけるのです。それでリビアに渡ったんです。本当はそこからすぐにヨーロッパへ行こうと思っていたんですが、たまたまリビアに仕事が見つかりました。ぼくは節約してお金を貯めることにしました。船で地中海を渡ってヨーロッパに行くためです。でも結局、船に乗るのはやめました。海を渡るのがこわくなったんです。船が沈没して溺れてしまう気がして。そんな危険はおかしたくない。でもどうにかお金を貯めることはできた。だから村へ戻ってきたんです。稼いだお金で借金を返すことができました。そういうわけで、今ここにいるんです」

青年は、トマトが満杯に詰まった木箱に蓋をし、釘を打っている最中だった。「リビアを解放しよう」と書かれた、オレンジ色のTシャツを着ている。わたしは、カダフィ大佐が失脚したのを喜んでいるのかと尋ねた。青年は、ハンマーを二度振りおろす間にこう答えた。

「まさか。ここではみんなカダフィ大佐を好きですよ。でもぼくがリビアにいたころ、あちこちで反政府デモをやってて、このTシャツをただで配ってたんです。たまたまそれをもらっただけです」

3

トマトが詰められた木箱が、次々と三輪トラックに積みこまれる。ひとりの男が木箱をひもで荷台に固定し、自分も荷台に乗りこむと、車はようやく出発した。これが今日最初の出荷だ。荷台には、トマトの箱といっしょにふたりの男が乗っている。高く積まれた木箱を手でしっかり押さえておくのが男たちの仕事だ。でこぼこ道で車体がぐらぐらと揺れたり、舗装道路の小さなくぼみにはまったりしても、ひとつもトマトを落とさずに市場まで運ばなくてはならない。

幹線道路沿いに、コンクリートブロックを製造中の人々がいた。働いているのは女性たちだ。小さな作業場で手作りしている。炎の燃えさかる窯《かま》に薪《たきぎ》をくべたり、セメントに砂利《じゃり》と水を混ぜたり、生コンクリートを型に入れたりしている。みんな、保護服も手袋もつけずに素手のままだ。焼かれた原材料から悪臭のする煙が上っているのに、マスクもつけていない。この建築材料で金を稼ぐために、一日中胸がむかつく煙を吸いつづけているのだ。そこから少し離れたところに川があり、母親と子どもたちがからだを洗っていた。その上流では、ひとりの男性がプラスティックタンクに水を汲み、農薬の原液を希釈していた。

ガーナでは、いまだに上下水道の整備が進んでいない。構造調整計画や経済回復計画の一環で、一九九三年からおよそ二〇年にわたって上下水道の改革が行なわれてきた。政府だけでなく、民間の業者にも委託して取り組んできた。だが、少しも状況は改善されていない。おそらく予算が大幅に足りないのだろう、高い水道料金を徴収しないかぎり、水質が劣化したり、水の供給が止まったりするのはどうにもならない。

そのため、この国では水ビジネスが成り立っている。小さなビニール袋に水を詰め、トラックで巡回して売っているのだ。水ビジネスに関して、ガーナではもはややりたい放題だ。ビニール袋に水を充塡する機械さえ手に入れれば、誰でもどこでも始められる。あとはどこかで水を汲んでくるだけだ。だが、それがどんな水であろうが気にするひとはほとんどいない。飲用に適さない水が平気で売られているのが現状だ。しかし、決まった販売ルートがあるわけではないので摘発するのが難しい。こうして、金もうけに目がくらんだ人間のせいで、飲用にふさわしくない水が売られ、ときに大きな健康被害をもたらしている。小さなビニール袋から水を飲んでいる人の姿は、ガーナのあちこちで見かける。一袋二〇セントから五〇セントくらいの価格で、全国で年間四五億ユーロ相当の売上があるという。

郊外の村では、衛生的なトイレが見つかることはほとんどない。だからガーナの人たちはよく道端で排尿する。世界保健機関（ＷＨＯ）によると、世界人口の三分の一近くが自宅に適切なトイレを備えておらず、ガーナはそうした家が多い国のワースト一〇カ国に入るという。ガーナ人の実に八五パーセントが衛生的なトイレを使用できず、コレラなどの伝染病の大流行が危惧されている。

4

トマト市場は国道一〇号線沿いにある。大都市のクマシから隣国ブルキナ・ファソまで北に延びる、主要幹線道路のひとつだ。三輪トラックはこの道路を通って、トマト畑と市場の間を日に何度も往復する。

三輪トラックが市場に到着すると、荷台に立っていたふたりの男とドライバーが、トマトの荷下ろしに取りかかる。すべての積荷を下ろしたら、次のトマトを運んでくるためにまた畑に戻る。木箱を積んでは下ろし、積んでは下ろし……それが一日中何度も続く。そして一七時ごろ、市場に別のトラックがやってきて、運びこまれたトマトをクマシやアクラなど別の町の市場に運んでいく。

男たちが荷下ろしをしているそばで、女たちが数量を確認し、箱に日よけをかぶせていた。太いフェルトペンで、それぞれの箱に印をつける。「イエス」「神」といった誰でも知っている単語、お祈りで使われる賛辞のことば、あるいは適当な記号を書いて、ひとつひとつの箱の区別がつくようにするのだ。女たちはここでは「女王」と呼ばれる。ガーナのトマト流通になくてはならない存在だ。傷みやすいトマトがなるべく素早く流通されるようはからい、場合によっては卸売業者のように遠くの村までトマトを買いつけに行くこともある。市場から遠く離れた村のトマト生産者は、「女王」が買いつけに来るのをじっと待っている。「女王」が来ないとトマトの収穫すらしない者もいる。「女王」は自腹でトマトの代金を生産者に支払い、物流の手配もする。畑にトラックを呼び、箱に詰めたトマトを荷台に載せて市場まで運ばせるのだ。

「女王」はトマト生産者だけでなく、大都市の商社のツテも持っている。取引はすべて相互合意だ。トマト生産者にとって、取引の相手は商社ではなく「女王」なので、買値が低すぎると「女王」に対して文句を言う。確かに「女王」のなかには、生産者の立場が弱いのを利用して、トマトを安く買いたたこうとする者もいる。だが基本的に、「女王」は自分勝手にトマトの値段を決めることはできない。トマトの品質や市場のニーズから判断しているのだ。うまく立ち回って社会的に成功する「女王」もいる。流通ネットワークにおいて高い地位を占め、業界に対して大きな影響力を持つ者もいる。だが通常、「女王」が市場を独占しようと謀《はか》ったり、財産を蓄えたりすることはない。むしろ、生産者のために物流を手配し、売れるかどうか確証のないトマトを自腹で購入することで、大きなリスクを負っている。

5

トマト市場の周辺に一般消費者向けの市場《いちば》が立ち、女たちが屋台で食品を売っていた。だが、ここにはトマトはほとんど出ていない。人気があるのはむしろよその国から輸入されたトマトペースト缶だ。

トマト生産者のクワシ・フォスといっしょに、市場を歩いて回る。フォスはトマトペースト缶の屋台の前で足を止め、わたしにこう言った。

「しかたがないさ、おれたちが作ってるトマトに比べて、トマトペースト缶のほうが日持ちするからね」

なかなか鋭い。おそらくフォスは口にすることで、自分にそう言い聞かせているのだろう。わたしはこの機会を利用して、フォスにある質問をした。答えを知っているのに、あえて知らないふりをして。

「これらのトマトペースト缶はどこから輸入されたんだろう？」

フォスは、ガーナでもっともよく売れているブランドのひとつ、インドの大手流通グループ、ワタンマルの「ポモ」の原産国を販売員の女性に尋ねた。ブランド名の「ポモ」とは、もちろんイタリア語の「ポモドーロ（トマト）」の略称だ。

「これはイタリア産ですよ」

販売員は自信たっぷりにそう言い、味や食感のよさを絶賛した。その姿を見ていると、この商品の正体を暴露することにためらいを感じる。だがわたしは、フォスにその缶詰のラベルを読んでみるようそれとなく促した。

「中国産⁉」

フォスはラベルの原産国名を読んだ途端、口をあんぐり開けてあっけにとられた。販売員の女性も同様だった。

「中国⁉　中国だと⁉」

フォスは理解に苦しむというように、何度も繰りかえした。

「どうしてあんな遠くからこんなところに輸出してるんだ？」

わたしたちは、市場に出ているトマトペースト缶をかたっぱしから調査することにした。即席のジャーナリストとなったクワシ・フォスは、次々と缶詰の原産国を調べあげた。ポモ、ジーノ、テイスティ・トム、ラ・ヴォンス、タム・タム……。ガーナで人気が高いトマトペースト缶はすべて中国産だった。

二〇人以上の女たちが、中国産トマトペースト缶を屋台で売っていた。先ほどの販売員は「てっきりイタリア産だと思っていたのに」としきりに繰りかえしながら、ガーナでこの商品を扱う流通業者や販売量まで詳細に教えてくれた。四〇〇グラム入り缶詰が二四個入った箱が売りきれるまでは三日ほどかかるが、七〇グラム入りミニパックは一日平均五〇袋も売れるという。

ここ数年、ガーナでは、缶詰より使いきりのミニパックのほうが人気が高い。だが、メーカーにとってこのパッケージは、缶詰よりコストは安くてすむがコンテナ輸送には向いていない……。つまり、いまや缶詰メーカーは、中国で生産した商品をアフリカに輸出するのではなく、現地の工場でドラム缶入り中国産濃縮トマトを加工・パッケージングするようになったのだ。

「こんなことが続いたら、おれの子どもたちはガーナを出てヨーロッパに行かなければならなくなる！」と、クワシ・フォスは嘆いた。

「こんなに安く売られている中国産のトマトペーストを相手に、おれたちが作ってるトマトがどうやって太刀打《たちう》ちできるっていうんだ？　無理に決まってる！」

そのとき、トマト市場のほうに数台のトラックがやってきて、幹線道路の路肩に停車した。にわかに周辺があわただしくなる。床の上にうず高く積まれたトマトの木箱が、トラックの荷台に次々と積みこまれる。「女王」たちは、あちこちに指示を出し、箱を何度も数えなおし、紙幣のやりとりをしている。日が暮れかかっていた。とうとうすべての商品が片づいて、長い一日が終わりを告げた。

わたしは偶然、リビアから帰ってきたあの青年を見かけた。オレンジ色のTシャツのおかげで、遠くからでも見分けられたのだ。わたしは彼のところに近づき、ヨーロッパへ渡った若者が村にいるかと尋ねた。

「ええ、もちろんいますよ。たくさんいます。トマトやほかの作物の栽培に失敗して、財産を失った若者たちです。先週もひとりヨーロッパに向かったばかりです」

第16章　アフリカを席巻した中国産トマト

1

国連難民高等弁務官事務所（ＵＮＨＣＲ）によると、二〇一五年、アフリカと中近東から一〇〇万人以上の不法移民が地中海経由でヨーロッパに渡ったという。だが二〇一六年には、その数は三分の一に減少している。理由のひとつに、二〇一六年三月に締結された「ＥＵ・トルコ声明」がある。シリアからの難民がギリシャに流入するのを防ぐためにとられた措置だ。これによって、二〇一八年六月までの間、ギリシャに不正入国したシリア人難民をトルコに送還する代わりに、ＥＵからトルコに六〇億ユーロを支払うという契約が結ばれた。

その一方で、アフリカからイタリアにやってくる不法移民の数はあまり変わっていない。二〇一六年は年間一五万人と、前年に比べてほぼ横ばいだった。リビアからイタリアに向かういわゆる地中海中央ルートは、アフリカからヨーロッパへの主要経路となっているが、横断するには多大な危険が伴う。二〇一五年には三七七一人、二〇一六年には五〇〇〇人以上が、海を渡る途中で命を落としている。

ここ数年、海で遭難した難民を撮ったショッキングな映像が世界中に広まった。命からがら救助された生存者や、白い布をかぶせられた遺体が映され、世界の映画監督、カメラマン、アーティスト、小説家などに大いに着想を与えた。そのむごたらしさは、ボランティア、NGO、政治家、聖職者たちの心を動かし、ヨーロッパ中で論争が巻き起こった。

だがこの件で、グローバル経済の影響について言及する者はほとんどいない。しかしこの現象の根本的な原因が、資本主義に特有の経済戦争が世界に広まったことにあるのは明らかだ。二〇一五年から二〇一六年までにイタリアにやってきた三〇万人のアフリカ人移民の多くは、故郷で農業に従事していた。ところがそれでは生活できなくなったため、ヨーロッパに働きに出ようと考えたのだ。

二〇一六年三月、南イタリアのプッリャ州のナルドからレッチェへ向かう列車で、アフリカ人移民の男性に出会った。セネガル北部出身で、年齢は四〇歳。かつてセネガルは濃縮トマトの原材料をすべて国内生産していた。男性も故郷でトマトの収穫をしていたが、暮らしていけなくなってイタリアに来たという。奇遇にもそのときわたしは、プッリャ州でトマトの収穫をするアフリカ人移民の労働条件について取材をしている最中だった。わたしは男性の話に耳を傾けた。イタリアでの仕事は不法労働で、報酬は出来高制。さんさんと照りつける太陽の下で丸一日働いて、二〇ユーロから二五ユーロくらいしかもらえないという。シチリア島南方のランペドゥーサ島にボートでたどり着いたときのこと、プッリャ州で厳しい生活を強いられていることについても話してくれた。そして、なつかしむような口調でこう言った。

「セネガルでのトマト収穫も決して楽ではなかったよ。もうけも少なかったし。でもやっぱりセネガルで仕事をしていたころがなつかしい。少なくとも、奴隷のように扱われることはなかったからね」

そのことばは、自由貿易が人間にもたらした結末を簡潔に言い表していた。

2

一九六〇年八月二〇日、フランスから独立した直後のセネガルで、あるトマトペースト缶ブランドが誕生した。その名は、ディエ・ブ・ディアア。セネガルの共通語であるウォロフ語で「ひっぱりだこ」という意味だ。サントナック・グループ傘下のトマト加工メーカー、ソカスの商品で、今も生産されている。サントナック・グループは、一九〇二年からセネガルに在住するフランス人、ジャン・サントナックが設立した食品会社だ。植民地時代、ジャンの父親はピーナッツを扱う商社で働いていたという。

ディエ・プ・ディアアのパッケージには、トマトが入ったカゴを頭上にのせているアフリカ人女性が描かれている。一九六〇年代、セネガルに加工トマト産業を広めたのは、イブライマ・フェディオールとドナルド・バロンのふたりだった。フェディオールはセネガル人のトマト生産者で、加工トマト業界の重要人物だ。セネガル全国農業協同協議会の会長にも就任している。バロンはフランス人企業家で、今は現役を退いているが、長年セネガルでもっとも影響力のある実業家のひとりだった。

独立直後、セネガルに移住した当時のドナルド・バロンは、サントナック・グループの子会社で働く農業技術者にすぎなかった。だが、一九六九年にグループ子会社のソカスを立ち上げ、のちにグループ代表に就任。セネガル政府にコネクションを持ち、セネガル全国経営者評議会の副会長も務めている。世界貿易機関（ＷＴＯ）閣僚会議に参加したときは、セネガル企業の保護を世界中に訴えた。

ソカスの歴史は、セネガルの加工トマト産業の歴史でもある。一九六五年にトマト栽培の実験を行ない、一九六九年に最初の試験的なパイロットプラントを立ちあげた。そして一九七二年、セネガル北部のサヴォワヌに初のトマトペースト工場を設立する。工場の一日当たりの生産量は二〇〇トン。数千トンのトマトを収穫できる農地も開拓した。

サヴォワヌは、北大西洋沿岸の大都市、サン・ルイから三〇キロメートルのところにある小さな村だ。だが、セネガルの歴史を語るのに避けることのできない場所でもある。セネガル初代大統領、レオポール・セダール・サンゴールによって、農業開発のための実験農場に指定されたのだ。一九六四年、サヴォワヌにフィールドスクールが開設され、軍に所属する二〇歳未満の独身男性たちが農業研修を行なった。参加したのは志願者数百人ほどで、彼らは「独立のパイオニア」と呼ばれた。[1] 一定期間、農業、軍事、社会生活などの研修を受け、課程修了後に小さな土地をもらうことができた。こうして軍隊管理下にあった数年間で、サヴォワヌは見事な農業地帯に生まれ変わった。堤防、橋などの灌漑《かんがい》設備も整備された。

独立後一九六〇年から一九八六年までのセネガルの農業・商業政策は、輸入を減らして国内生産を増やすことに主軸が置かれた。いわゆる保護主義政策だ。一九七二年以降、フランス資本の会社であるソカスは、現地の生産者に無償で技術支援を行ない、生産されたトマトをすべて買いとると約束した。ソカスがトマトペーストの国内需要に応えて、トマト生産者を保護するのと引き換えに、国内市場でのソカスの地位が確保されるという契約をセネガル政府と交わしたのだ。ソカスはそのために一二〇億ＣＦＡフラン以上を投資し、主にサン・ルイ地方で業績を伸ばした。独立後から一九八六年までのセネガルは、外国製品の輸入を禁止または制限し、一部の優遇された企業だけが市場をほぼ独占できるようはからっていた。そしてこの時代、ソカスのトマトペースト缶、ディエ・ブ・ディアは、セネガル市場を完全に独占し、西アフリカにおけるトマト加工品のパイオニア的存在になった。

こうしてソカスはみるみる発展し、成功した事業例としてあちこちで引き合いに出されるようになった。一九七六年には、セネガル郵便局が「加工トマト産業」と題した切手を発行している。トラクターを運転する生産者の右下に、赤く熟《う》れた美しいトマトがふたつ並んだデザインだ。そのころ、ディエ・ブ・ディアは、セネガル国内のトマトペースト需要を十分に満たしていた。ソカスの経営者はフランス人ではあったが、少なくともセネガルは独立当時の目標を達成していた。つまり、自分たちが食べるものを自分たちで作れるようになったのだ。

一九八六年、セネガルのトマト畑が砂嵐の被害に遭ったため、外国からトマトペースト缶が輸入された。輸入量はごくわずかで、国内生産量を大きく下回った。だがこの災害を教訓として、農学者でトマト生産者、トマト関連産業委員会の元会長だったイブライマ・フェディオールによって対策が講じられた。砂嵐による被害を食いとめるため、五〇ヘクタールの農地のまわりに五〇〇〇本の樹木が植えられたのだ。砂漠の周辺に設置される防砂林をヒントにしたものので、この方法はその後の災害対策の規範とされた。[2]

同年三月、セネガルは独立以来続けてきた保護主義政策を終了し、代わりに「新産業政策」をスタートさせた。[3]市場を全面的に開放し、国際競争の仲間入りをしたのだ。また、西アフリカ経済通貨同盟に加盟する八カ国（セネガルを含む）は、国際通貨基金（ＩＭＦ）と世界銀行の支援を受けて「構造調整計画」を進めることになり、貿易の自由化が促進された。

さらに数年後、ショック療法が行なわれた。一九九四年一月一一日、アフリカのＣＦＡフラン圏一二カ国（セネガルを含む）とコモロ・イスラム連邦共和国（現コモロ連合）において、構造調整計画の一環で通貨切り下げが行なわれたのだ。目的は、国内企業の国際競争力の向上、貿易収支と経済成長の回復、貿易赤字の削減にあった。セネガル政府は国有企業の多くを民営化し、多くの商品の専売制を廃止した。

そのころ、中国はまだ濃縮トマト業界でそれほど大きな存在ではなかったが、イタリアからの技術移転のおかげで頭角を現しつつあった。一方、一九九〇年代初め、セネガルのトマト生産量とトマト加工品生産量は記録的な数字を打ちたてていた。六万トン近いトマトが加工されており、これはサブサハラ地域では群を抜いていた。ところがそれに続く数年間で、トマト生産量は急激に落ちこみ、二〇〇〇年には二万トン以下に減少した。中国製品がとうとう世界市場に進出してきたからだ。しかもありえないほどの激安価格で。

セネガル経済は自由化され、市場は完全にオープンになった。外国産トマトペースト缶の輸入量も過去に例がないほど急増した。四〇〇トンから六〇〇〇トンへと一五倍に増えたのだ。それに反比例して、セネガル国内の生産量は二分の一に減少した。[4] 六〇〇〇トンのトマトペーストは、トマトに換算すると七倍の四万二〇〇〇トン分になる。つまりセネガルは、二〇〇〇年代初め、中国から四万二〇〇〇トンのトマトを輸入に頼っていた計算になる。それは実際、セネガルで一年間に生産・加工できる量にほぼ匹敵した。その分が輸入に回ったのだ。

ソカスはそれでも生産を続けたが、さらに大きな問題が立ちはだかった。国内に強力な競合会社が立て続けに登場したのだ。二〇〇四年にはレバノン人が経営するアグロライン、そして二〇一一年にはタカムールが事業をスタートさせた。セネガル市場に進出した当時の両社は、当然セネガル産トマトを使用して製品を作ると期待されていた。ところが実際は、両社とも再加工工場をトマト畑ではなく港に近いところに建設した。中国産のドラム缶入り三倍濃縮トマトを水で希釈し、《二倍濃縮》とラベルを貼った缶に詰めなおして売るためだ。南イタリアのトマト加工メーカーとまったく同じやりかただった。

セネガルの加工トマト産業は、うまく組織立って活動していたにもかかわらず、みるみる弱体化していった。ソカスも競争力を失った。それもそうだろう。二〇〇九年、中国産濃縮トマト一キロの輸入コストは、関税を含めても、ソカスの濃縮トマト一キロの生産コストの二分の一にすぎなかったのだから。ディエ・ブ・ディアは、実績・技術力・信頼のある会社によって、セネガル産トマトを使って作られた、品質がよくておいしいトマトペーストだ。だが、価格競争の前には無力だった。セネガルにも資本主義の風が吹いたのだ。関税障壁が撤廃され、中国は自らの法をセネガルの市場に持ちこんだ。

そして、悲劇は二〇一三年に起きた。サン・ルイ州ダガナ県にある、ソカスのトマト加工工場ふたつのうちのひとつが閉鎖されたのだ。八四人の従業員が解雇され、数百人のトマト生産者が貴重な買い手を失った。建物は解体されることなく放置され、今も廃墟のまま残されている。

工場が閉鎖されたとき、セネガルの野党勢力は、ソカス代表のドナルド・バロンを「ならず者社長」と批判した。[5] 工場閉鎖に反対する野党議員にとって、政府与党に近いフランス人経営者は格好のターゲットだった。バロンは「植民地主義を復活させた人間」と呼ばれ、インターネット上でもあちこちの記事でそう書かれた。

実際、ソカス工場の閉鎖は、ひとつの時代の終焉《しゅうえん》を意味していた。二〇世紀後半の、フランス企業とセネガル政府との密接な関係によって生まれた「新植民地主義」が、こうして幕を閉じたのだ。ソカスが工場をひとつ失ったのは、アフリカの新たな資本主義勢力図で、アフリカに進出してきた中国、「チャイナフリカ」に対抗して負けたからだ。トマトペースト缶の生産工場の消滅はその表れのひとつにすぎない。

二〇一二年から二〇一五年まで、ソカスでは赤字決算が続いた。[6] 中国産濃縮トマトの価格はやや上がったが、それでもディエ・ブ・ディアの価格は、中国産濃縮トマトを希釈したライバル会社の商品より三〇パーセントほど高かった。セネガルの加工トマト産業は、西アフリカのほかの国々とは違ってインフラが整備され、現地で栽培された生トマトを使う生産ノウハウも持っていた。国内需要に応える生産力を持ち、近隣諸国に輸出できるほどだった。だが、中国産濃縮トマトとの競争のせいで、セネガルの貿易収支は落ちこんだ。セネガルの濃縮トマト輸入量は、二〇一三年は一〇〇〇万ドル、二〇一四年は八二九万ドルだった。そのほとんどが中国産だ。

今日、アフリカが輸入する濃縮トマトの七〇パーセントが中国産だ。西アフリカだけ見れば、その割合は九〇パーセントに達する。

ディエ・ブ・ディアは、セネガルのテレビでユーモラスなCMシリーズを流して、商品が国産であることをアピールしている。怪しげな商人がセネガル人女性に香水やハンドバッグなどの輸入品を無理やり売りつけようとする。そこに空から巨大なディエ・ブ・ディアの缶詰が降ってきて、商人を押しつぶす。最後に「一〇〇パーセントセネガル産ディエ・ブ・ディア」というナレーションが流れる。CMのなかで勝つのは「セネガル産」のトマトペースト缶だが、はたして現実ではどうだろうか？

本質的な問題は、なぜ今これほど多くの移民がいるのか、ということです。三年前にわたしがランペドゥーザ島に行ったとき、この現象はすで始まっていました。そもそもの始まりは、中東とアフリカでの戦争と、アフリカ大陸の開発途上国における飢餓《きが》でした。戦争が起こるのは、武器を製造する人々がいるからです。でもこれには、防衛のためという意味もあるのでしょう。一番よくないのは、武器を密売する人々がいることです。これほど失業者が多いのは、労働を生みだす投資が不足しているからです。とくにアフリカにおいてその不足は顕著です。そのことは、世界の経済システムが拝金主義に陥ったことを示しています。世界の富の八〇パーセント以上を、わずか一六パーセントほどが独占しています。完全な自由市場というのは機能しないのです。

ローマ教皇フランシスコ
「移民を受け入れなくてはならない」ラ・クロワ紙
二〇一六年五月一六日

第17章　「アグロマフィア」の象徴、南イタリア産トマト缶

1

現在、ヨーロッパの大手スーパーチェーンで売られているイタリア食品の多くは、何十万人という労働者が搾取されたうえで生産されている。オリーブオイル、オレンジ味の炭酸飲料、フルーツ、野菜……オーガニックを謳《うた》っていようが、原産地呼称保護（ＤＯＰ）が記された「イタリア産」であろうが、同じことだ。搾取されるのは、イタリア人の場合もあるし、ほかの国籍の労働者の場合もある。

そうした搾取は、「カポララート」というシステムのもとで行なわれる。「カポラーレ」と呼ばれる手配師が、求職者に違法で仕事を斡旋《あっせん》し、手数料を取っているのだ。カポララートは食品業界を牛耳る巨大な犯罪ネットワーク、アグロマフィアとつながっている。イタリアではよ

く知られた存在で、労働組合の激しい非難の的となっている。イタリアのほとんどの農産物や食品分野に関わっており、マフィアの拠点が集中する南イタリアだけでなく、北イタリアでも活動している。この問題は国内メディアでしょっちゅう取りあげられ、議会でもカポララート取締法が可決されている。だが、いまだ撲滅されるにいたっていない。

トマト缶の世界輸出量の七七パーセントが南イタリア産だ。しかも南イタリア産トマト缶こそが、カポララートを象徴する商品なのだ。

アフリカからイタリアにやってきた移民たちは、誰もが現地で仕事に就く。たとえ滞在を許可されなくても、賃金労働者になる。何千人というアフリカ人は、イタリアで「ゲットー」と呼ばれる無許可労働者キャンプに住みつく。ゲットーはマフィアの支配下にあるが、政府や慈善団体が提供する収容センターより人気が高い。カポラーレが斡旋する仕事にありつけるからだ。ゲットーは一般社会からは隔離されているが、グローバル経済とはつながっている。

ゲットーで暮らすことは、雑居生活をし、不便に耐え、食うや食わずで汚い水を飲み、ぎりぎりの生活を余儀なくされるということだ。マフィアの不当な要求にも耐えなくてはならない。日常的に暴力沙汰があり、移民の殺人事件も頻繁に起きている。それでも暮らしていくには家賃を払わなくてはならない。

その一方で、ゲットーで暮らすことは、同じ境遇の、同じ社会階級の者といっしょに暮らすことでもある。同国人で同じ言語を話し、ゲットーの利点も欠点も知り尽くした人々と、肩を寄せあって生活できる。疲れるし、苦労は多いけれど、安心はできる。そして何よりも仕事ができる。働けるうちは、将来に希望を持つことができる。イタリアのこうしたゲットーは、貧困と搾取の上に形成された、社会に対する反抗集団なのだ。

国際人権NGO〈アムネスティ・インターナショナル〉の二〇一二年の報告書によると、イタリアの農業は移民労働者を搾取することで成り立っているという。[1]ある公式な統計によると、二〇一二年、イタリアの農業従事者八一万三〇〇〇人のうち、EU圏外からの正規移民は一五万三〇〇〇人で、EU圏内からは一四万八〇〇〇人だった。[2]この数字には不法就労者は含まれていないが、その数はかなりのものと考えられる。二〇一五年、欧州基本権機関はこの問題に関する報告書で、「労働者が犠牲になる深刻な搾取」と述べている。[3]

南イタリアのプッリャ州にあるフォッジャは、加工用トマト栽培の中心地として知られる。

「多くの移民が、夏にはトマトの収穫のためにプッリャ州にやってきて、冬にはまた出ていきます。みんなたいていは北イタリアのほうへ行きます」

フォッジャのイタリア労働総同盟＝食品農業組合（FLAI－CGIL）のメンバー、ラッファエーレ・ファルコーネはそう言った。

「フォッジャでは、およそ三万人のアフリカ人移民がトマトの収穫をしています。でも公式な統計ではわずか二〇〇〇人です。登録簿に記載されている名前しか記録されないからです」

2

イタリア、プッリャ州フォッジャ。ボルゴ・メッザノーネのゲットー

二〇一六年七月三〇日、朝の四時。セネガル人のアルファ・Cは、同国人の男といっしょに寝泊まりしている古いキャンピングカーから外に出た。水が入ったドラム缶のところへ行き、洗面器に汲んで顔を洗う。

「この水はぼくが昨日汲みにいったんです」と、ほかの人たちを起こさないよう小声で言う。「ゲットーで水を手に入れるのは本当に大変なんです。こんなこと、アフリカでも経験したことないですよ。まさかと思うでしょう？　でも、ニジェールやリビアを歩いて旅しても水に困ることはないんです。ほとんどの村には井戸があって、赤十字が自動ポンプを設置してくれてますから。でもプッリャのゲットーで水を手に入れるのは難しい。一番近い給水所に行くのに、ここから歩いて一〇〇分もかかるんです」

ゲットーに関する公式データは存在しない。合法であろうが、違法であろうが、存在しないことになっているからだ。ゲットーの規模はさまざまで、数十人しかいないところから、何千人も暮らすところまである。労働組合員たちの話によると、プッリャ州だけで十数カ所あるという。たとえブルドーザーで解体されたり、火事で焼きはらわれたりしても、またすぐに別の

ところに作られる。

このボルゴ・メッザノーネは、もっとも泥道が少なく、舗装された路面が多いゲットーだ。旧軍用飛行場の跡地に築かれたからだ。冷戦時代、アドリア海対岸のユーゴスラビアやアルバニアまで、飛行中隊はここから数分で飛んでいくことができた。敷地のまわりは今も有刺鉄線で囲まれているが、そこにはもう飛行機の姿はない。ボロボロの車、キャンピングカー、コンテナなどが、滑走路の上にひしめき合っている。たくさんのコンテナは、もはや荷物を積んで世界中に輸送されることはない。イタリアに流れついたアフリカ人移民労働者のすみかになっている。コンテナ一台につきマットレスが一〇枚ほど敷かれ、男たちは畑仕事に出かける前にそこに横たわって休息する。

アルファはコンロに火をつけ、靴ひもを結び、自転車の準備をする。それから朝食をとり、歯を磨き、きちんと帽子をかぶる。目覚めてから一五分足らずでそのすべてをすませてしまう。

「トマト畑まで自転車で一時間です。夜明けまでには着くでしょう」と、やはり小声で言う。近くのコンテナでまだ眠っている仲間たちがいるからだ。

「ぼくは自転車のほうがいいんです。一時間早起きしなくちゃいけないけど、交通費の五ユーロを節約できますから」

五ユーロを節約できるとはどういう意味だろうか？

イタリアのゲットーは、違法労働を斡旋するカポラーレの支配下に置かれている。カポラーレは、移民労働者がゲットーと畑を往復するためのライトバンも手配する。だがそれに乗るには、「交通費」として一日五ユーロを支払わなくてはならない。夕方、収穫されたトマトの重さを測って一日の報酬が支払われるときに、五ユーロが差し引かれるのだ。

フォッジャでは、アフリカ人移民のほか、ルーマニアやブルガリアなど東欧諸国からの移民もトマトの収穫をする。

「そのほとんどが、きちんとした手続きを踏んでいない不法就労者、あるいは半・不法就労者です。半・不法就労者というのは、就労の申告をしたのは数時間分だけなのに、シーズン中ずっと働いている労働者のことです」と、FLAI－CGILのラッファエーレ・ファルコーネは言う。

イタリアでトマトの収穫をする移民の賃金は、一ケース三〇〇キロにつき平均三・五ユーロから四ユーロくらいだという。つまり、一キロ当たり一・一六セントから一・三三セントだ。中国の新疆ウイグル自治区では一キロ当たり一セントだったので、ほぼ同額と言えるだろう。

自転車に乗るアルファ・Cのうしろ姿が小さくなり、とうとう見えなくなった。みんなに置いていかれないよう、集合場所のゲットー入口へ急いで向かったのだ。行きに一時間、帰りに一時間、一日二時間自転車に乗ることを選んだ者たちが、並んで走って畑へ向かう。カポラーレに貴重な賃金をむしり取られないために。

ライトバンに乗ってあちこち行き来したり、ショートメッセージをやりとりしたり、誰でも自由にゲットーに出入りできたりと、プッリャ州ではカポララートの活動を容易に感じることができる。イタリア国家憲兵カラビニエリから逃げも隠れもせず、いつも白昼堂々としているからだ。労働組合員やジャーナリストでさえ、あまり目立たないようにしていれば、ライトバンに乗ったカポラーレがゲットーを出入りするのを間近で確認できる。

「取り締まりが不十分なうえ、憲兵が腐敗してるせいでしょう」

わたしが取材をした一〇人ほどのＦＬＡＩ－ＣＧＩＬ組合員は、みな異口同音にそう言った。

「畑で取り締まりがあるときは、事前にその旨がトマト生産者に通達されます。取り締まりといっても形だけなんですよ。大金がやりとりされたこともありました。罪に問われないのが当たり前になってるんです」と、ファルコーネが言った。

イタリアでは、加工用トマトの八五パーセントは機械で収穫されているが、残り一五パーセントはいまだ手摘みされている。北イタリアは全面的に機械化されているので、手作業で収穫されるのはもっぱら南イタリアだ。カリフォルニア州のトマト畑は広大なので、機械化することで人件費を減らすことができ、収穫コストを下げることに成功している。一方、南イタリアでは、たくさんの生産者が少しずつ土地を所有し、生産者団体を組織して缶詰メーカーと契約を交わしている。小さな畑が無数に集まっているため、機械化しても生産性の向上にはつながらない。南イタリアのように区画が小さい畑では、巨大な機械を使って広大な畑で生産をするカリフォルニア式の「大規模農業」は向いていないのだ。

ナンド・ペレッティ基金の支援で実施された研究によると、南イタリアの平均的な広さの畑で機械を使って収穫をする場合のコストは、カポラーレが手配した移民労働者が収穫するときのコストとほぼ同額になるという。[4] 機械と労働者は互いに競合しているのだ。仮にカポラーレが暴力や脅迫という手段に訴えて移民に賃金を支払わなければ（これは実際に頻繁に行なわれており、それが原因でゲットーで暴力沙汰になることも多い）、ただ同然で働かされる二一世紀の奴隷たちは、最先端技術を駆使した機械よりさらに高い競争力を誇るだろう。

ゲットーでは夏になると、雨乞《あまご》いをする移民の姿をよく見かける。キリスト教徒だろうがイスラム教徒だろうが関係ない。雨が降ると畑はぐちゃぐちゃにぬかるんで、重い収穫機械が泥にはまって動けなくなる。生産者はリスクを冒したくないので、そういうときはカポラーレに頼んで労働者を雇う。雨の日は報酬が値上がりし、一ケース当たり四ユーロ以上支払われることもある。つまり、移民にとっての雨は、賃金を上げてくれる恵みの雨なのだ。

だが、雨が降ろうが降るまいが、手作業による収穫は機械よりずっと質が高い。手摘みをする労働者は、機械とちがって赤く熟したトマトしか収穫しない。そっと注意深く摘みとるので、機械のように実を傷つけることもない。そのため、最高級品質のホールトマト缶や、最上級ブランドの商品には、手摘みされたトマトが使用されるのだ。

3

プッリャ州リニャーノ。グラン・ゲットー

グラン・ゲットーは、その名のとおり、プッリャ州最大の労働者キャンプだ。海原《うなばら》のように広がるトタン屋根とビニール製防水シートを、森のように立ち並ぶ木製の板や棒が支えている。夏になると五〇〇〇人ほどの移民がここに寝泊まりする。全員アフリカ人だ。とくに、セネガル人、ブルキナファソ人、マリ人、トーゴ人、ナイジェリア人の姿が目立つ。ボルゴ・メッザノーネのゲットーと同じように、英語かフランス語か、話す言語によって居住エリアが分かれている。

二〇一六年八月一日、わたしはフォッジャのＦＬＡＩ－ＣＧＩＬ（労働総同盟＝食品農業組合）組合員、マグダレーナ・ヤルチャックといっしょにグラン・ゲットーを訪れた。ヤルチャックは一九八〇年にポーランドで生まれた女性だが、二〇〇〇年代初め、農業労働者としてイタリアに移住した。

「あれは一五年前のことです。同国人の男に連れられて、ほかの人たちといっしょにここにやってきました。フォッジャのオルタ・ノーヴァ、カラペッレ、ストルナーラ、ストルナレッラといった村で農作業をするためです。その男はカポラーレだったのですが、そのときはそんな

ことは知りませんでした。男はたくさんの男女をポーランドから連れてきて働かせていました。わたしは打ち捨てられた古い家で暮らしはじめました。いわゆるカソラーレですが、飲用水もありませんでした」

カソラーレとは、プッリャ州特有のレンガや石造りの簡素な小屋だ。ファシスト政権下の農地改革の一環で農家として建てられたが、今はほとんどが廃墟になっている。

「わたしが暮らしたのは、オルタ・ノーヴァの田舎でした。畑で三カ月間働き、トマト、ブドウ、アーティチョークなどを収穫しましたが、報酬はもらえませんでした。カポラーレに横どりされたのです。わたしやほかの子たちの書類を取りあげて、三カ月の就労期間が終わったら支払いをすると約束したのに、すべて嘘でした。お金をもらったことは一度もありません。結局、わたしはほかの子たちといっしょに逃げだしました。女の子たちが売春させられていることに気づいたからです。男は働かされ、女は売られていたのです。今ゲットーで暮らしている人たちも同じです。ルーマニア人、ブルガリア人、アフリカ人など国籍は変わりましたが、状況はむかしとまったく変わっていません」

二〇〇〇年代初め、ポーランド人のカポラーレが起こした暴力事件が、イタリアとポーランドの外交問題にまで発展した。その後、多くのポーランド人労働者が行方不明になっていることも発覚し、何人かは遺体で発見されている。マグダレーナ・ヤルチャックはＦＬＡＩ－ＣＧＩＬに助けられ、感謝の気持ちから組合の活動を手伝うようになった。イタリア語が堪能なこともあって、今はフォッジャの農業労働組合を支える重要なメンバーのひとりになっている。

リニャーノのグラン・ゲットーで生活を始めるには、まず、二五ユーロで入居権を購入する必要がある。さらに、月に二〇ユーロから三〇ユーロの家賃を支払わなければならない。季節によって異なるが、グラン・ゲットーの入居者はだいたい四〇〇〇人から五〇〇〇人だ。カポラーレの家賃収入は月に数万ユーロになる。ゲットーでは何をするにもお金がかかる。たとえば、携帯電話の充電は一〇ユーロセントから二〇ユーロセントだ。カポラーレはゲットーで「財とサービス」を提供して商売をしている。

プッリャ州のほかのゲットーと同じように、アフリカ人労働者の仕事に選択の自由はまったくない。男は畑仕事、女は売春だ。季節によって男の賃金が変わるのに合わせて、女の報酬も変動する。需要と供給の法則が適用されているのだ。売春の仕事もカポラーレに依存することで成り立っている。男がライトバンでの送迎に一日五ユーロ支払うのと同じように、女は売春の部屋代として一日一〇ユーロ支払わなくてはならない。客がない日でも部屋代は必要だった。

「東ヨーロッパからやってきてゲットーに住んでいる女性は、プッリャ州の畑で仕事をします。でもアフリカ人女性は基本的に畑では働きません」と、組合員のファルコーネは言う。

「ゲットーで生活をするために、アフリカ人女性にはふたつの選択肢しかありません。ひとつは男の情婦になること。でもこれは稀《まれ》なケースです。もうひとつは売春で、こちらのほうがずっと多いです。東ヨーロッパの女性の場合はまた状況が異なりますが、だからといってアフリカ人女性より条件がよいわけではありません。畑で仕事をしたり、パトロンができたりしても、売春を強要されることはあるからです」

冬になると、プッリャ州のゲットーでは、暖をとるための道具があちこちに備えつけられる。火を燃やしただけの簡単なもので、安全装置などついていない。そのせいで、ゲットーが大火事に見舞われることがしばしばある。施設が木材やビニールなど燃えやすい素材で作られているので、ほんの数十分で全体に燃え広がってしまうのだ。二〇一六年、リニャーノのグラン・ゲットーで、大火傷やケガなどの負傷者や死者を出した火事が発生している。二〇一六年一二月には、フォッジャ近郊のブルガリア・ゲットーに発生した火災で、二〇歳の青年が炎に包まれて死亡した。[5] 二〇一七年三月二日木曜夜には、またしてもグラン・ゲットーで火の手が上がり、敷地はほぼ全焼し、アフリカ人移民ふたりが命を落とした。[6]

4

プッリャ州チェリニョーラ。ガーナ・ゲットー

二〇一六年三月、わたしはエンゾ・リモザーノに同行してガーナ・ゲットーを訪れた。リモザーノは心臓血管外科の元医師だ。すでに定年で引退している。ゲットーの入口でキャンピン

グカーを停め、エンジンを切る。フロントガラスの向こうに、廃墟となったカソラーレの小さな集落が見える。わたしたちは車を降り、ドアをバタンと閉めた。その音を聞いて、あたりをうろついていた野良犬が吠《ほ》えはじめる。目の前にはゴミが散らばった細い泥道が伸びていた。歩きだしたリモザーノの後をわたしもついていく。

ガーナ・ゲットーを訪れる外部の人間は、はじめにリーダーのところへ挨拶に行かねばならない。アフリカの部族を訪ねるときと同じしきたりだ。ガーナ・ゲットーの「首長」の名はアレクサンダーという。

「首長はここに住んでるんだ」

リモザーノは小声で言い、ドア代わりに取りつけられた木の板をノックした。屋根に穴が開いていたが、ダンボールでふさいであった。その上に防水シートがかぶせてあり、重石《おもし》が乗っている。寒い日だった。ゲットーは閑散《かんさん》としていて、誰もいないように見える。

「この時期、畑の仕事はほとんどないから、別のところに働きにでてる人間が多いんだ。気候がよくなって収穫期になるとまたここに戻ってくる」

室内には三人の男性がいた。顔を見分けることができないくらい薄暗い。

「チャオ。アレクサンダーはどこだい？」

リモザーノが尋ねると、三人は一斉にひとつの方向を指差した。そちらを見ると、首長が毛布にくるまって、発砲プラスティックシートの上に横になっていた。室内には、どこかから拾ってきたらしい古い家具がいくつも置かれている。首長が寝ている奥の壁には、バス停から拝借してきたらしい大きな宣伝用ポスターが一面に貼られていた。高級ブランドの香水、女性用ランジェリー、ジュエリーなどの広告で、肌をあらわにした女性がポーズをとっている。

アレクサンダーがゆっくりと起き上がる。あごひげに白いものが混ざっていた。歳をとっているせいか、あるいは眠いせいか、動きがぎこちない。アレクサンダーはわたしたちにほほ笑みかけ、「ゲットーにようこそ」と挨拶をした。首長もほかの居住者たちと同様に移民労働者だ。カポラーレとはいっさい関係ない。ガーナ人が多いことから「ガーナ・ゲットー」と呼ばれるこの労働者キャンプで、年配者であるがゆえに首長と呼ばれるようになったのだ。

薄暗がりのなかにいる三人の男性は、表情ひとつ変えずにこちらを観察している。そばにはロードレースのポスターが貼られていた。ライダーがバイクを内側に傾けながら、サーキットのカーブを回っている。

「きみたち、もし医者が必要なら言ってくれ。入口に停めてあるキャンピングカーで診察するから」

リモザーノはそう声をかけ、握手をしてから家の外へ出た。それからひとつひとつカソラーレを訪れて、医師が来ていることを告げて回った。

ガーナ・ゲットーを訪れるのは、ＦＬＡＩ－ＣＧＩＬの組合員と、近隣に暮らす修道女のシスター・パオラ以外では、このリモザーノくらいだった。

「二〇一五年には、イタリアの有名なNGOが、ここにいる気の毒な労働者たちの医療ケアをしに来ていたんだ。救急医療チームも連れてきていたから、かなり質のいい医療だった。でもそれは、プッリャ州から助成金が出ていたからやってたんだ。助成金が打ちきられた途端、彼らはぱったり来なくなった。自分たちの資金を使って二カ月に一度くらいは来たってよさそうなものなのに、あれから一度も来やしない。でもここの状況はちっともよくなっていない。何ひとつ改善されていないし、むしろ悪くなってるくらいだ。そのNGOは今も、アフリカの紛争地帯の子どもたちの写真や映像を使って、駅のポスターやテレビCMで寄付を募っている。そういう活動をしている一方で、イタリアにいるアフリカ人たちを見捨てているんだ。こんな近くに困っている病人がいるというのに。まったく恥ずかしいことだ」

リモザーノは憤慨していた。彼は政治活動家でもなければ、カトリック慈善団体のボランティアでもない。単なる引退した医師だ。ひょんなことから未知の世界の現実を目の当たりにして、どうしても見すごすことができなかったのだ。

「正直なところ、ここに最初に来たときは、人生で初めてイタリア人であることを恥ずかしく思ったよ。だから、自分にできることはすることにした。協力してくれる人たちもいる。医薬品を分けてくれる薬剤師もいる。医大の講堂で呼びかけると、月に一、二度の日曜、いっしょにプッリャ州のゲットーを巡回してくれる医学生や研修生もいる」

地方自治体で運営している給水車が、ときどきゲットーにやってくる。だがかなり不定期で、週に一度来ることもあれば、何週間も来ないこともある。その間、ゲットーでは飲用水が手に入らない。

リモザーノが運転してきたキャンピングカーは、NGOが所有する最先端の医療救護車とはまったくちがう。ボロボロの中古車で、シートはすでにすりきれている。プッリャ州で活動する複数の慈善団体が共有する、唯一の医療用車両だ。そのたった一台の車を借りて、月に一、二度、診察のためにここにやってくる。

キャンピングカーで診察が行なわれている間、わたしはゲットーをぶらついた。そしてトーゴ人の男性と出会った。このゲットーでフランス語を話すのは彼だけだという。「もうどうしたらいいのかわからない」と、途方にくれた様子で言う。

イタリアのゲットーで、ヨーロッパに渡ったことを後悔しているアフリカ人移民に会ったのは、これが初めてではない。多くの男たちが、どんなにつらい仕事も耐える覚悟で、希望を胸にここへやってくる。だが、難民認定手続きで却下され、しかたがなく不法滞在者になったときが運命の分かれ道だ。行くあてがなくなりゲットーに身を寄せる。生きるために仕事に就くが、稼いだ金はゲットーでの生活で失われ、その日暮らしの賃金労働者になる。わずかな賃金を節約してようやく小銭を貯めたころ、母国の知り合いから電話がかかってきて、金を送るよううせがまれる。そして、母国になけなしの金を送る。相手を失望させたくないからか、助け合いの精神からか、あるいは「貧困に立ち向かう勇敢な自分」という自らが築いたイメージを壊したくないからか、移民たちは誰もがそうする。そして数カ月経ったころ、もうそこから抜けだせなくなってしまうのだ。

ガーナ人の男性とも知り合った。顔をケガしていたので、キャンピングカーに連れていくことにした。カポラーレが数日分の賃金を支払ってくれなかったのでケンカになり、ナイフで切られたのだという。だが、きちんと治療してもらえば痛みはひくだろう。

「さあ、なかへ入って。痛いだろうけど、大ケガじゃないから大丈夫だ」

わたしは男性を促し、いっしょに車に入った。車内には消毒液の匂いが漂っていた。治療を終えると、リモザーノは薬が入った箱の上に「2」と記し、さらに二本の棒線を引いた。一回に服用する薬の数を示すためだ。男性は文字が読めなかった。それでも不安そうにしていたので、リモザーノは最後に指を二本立ててみせた。

5

トマト収穫期たけなわの二〇一六年七月、わたしは再びガーナ・ゲットーを訪れた。三月に来たときよりずいぶん移民が増えていた。みんな英語で会話をしている。

通り沿いの土手の上に車の残骸《ざんがい》があった。前回もそこにあった覚えがあるが、そのときは気にもとめなかった。だが、今回はドアが開いていた。見上げると、なかに黄色いTシャツを着た黒人の男性がいるのがわかった。目を見開いて今にも襲いかかってきそうな表情をしているが、身動きひとつしない。数分経ってもそのままだった。

わたしは男性のほうに近よった。だが、数メートルのところまで近づいても、視線を合わせることはできなかった。年齢は五〇代くらいだ。まるで生気のない、ガラス玉のような目をしている。この車の残骸のなかで暮らしているのだろう。なかは雑然としていた。男はようやくわたしの存在に気づいたようで、聞きとりにくい英語で口ごもった。わたしたちは互いに意思疎通をはかろうと試みた。彼は底が抜けて黒ずんだ鍋をわたしに示した。車内からひどい匂いが漂ってくる。ここで寝泊まりしているのかと尋ねると、ことばを発する代わりに寝る真似をしてみせた。布きれにくるまってシートに横たわる。それから、足の甲《こう》に広がる化膿《かのう》した傷を見せてくれた。

この傷のせいで収穫の仕事ができなくなったのだ。その目はもうまわりの世界を見ていなかった。その男性にとっての世界のすべては、果てしなく広がる虚無なのだ。それは底知れない闇だ。もはや労働力を提供することはできない。金を稼ぐ手段を失った。ガーナで生まれ、プッリャ州にやってきて、何年も農業をして働いてきた。このゲットーで、最後の最後まで力を振りしぼって精いっぱい生きてきた。だが、もう力つきたのだ。

夏の暑さに参ってしまったのだろう。ほかのアフリカ人移民にめぐんでもらう食料だけを頼りに、なんとか命をつないでいる。ゲットーには野良犬がいるが、あたりを跳びはねたり、木陰でのんびり眠ったりしていて、彼よりずっと幸せそうだ。男性はゆっくり息を引きとろうとしていた。目の前に広がるのは果てしない孤独だけだ。身動きひとつせず、車のシートに座ったままでそこにいつづける。夜のとばりが下りるなか、その車のドアは大きく開け放たれたままだった。

第18章　イタリアの労働者の違法な搾取

1

農業の労働市場をめぐる争いには歴史がある。そしてその争いは、イタリアの歴史において重要な位置を占めている。かつて北イタリアのポー川流域では、肥沃《ひよく》な土地と豊富な水資源によって農業が栄え、その恩恵を受けて加工トマト産業が誕生した。その一方でポー川流域は、イタリアでファシズム運動が誕生した土地でもあった。

一九一九年、「イタリア戦闘者ファッシ」という政党を設立したベニート・ムッソリーニは、総選挙で惨敗したのちにこの地で勢力を拡大した。この土地の自作農たちを、党の準軍事組織「行動隊《スクアドリスモ》」に取りこんで、イタリア社会党と争いながら権力を強めていったのだ。行動隊に参加した自作農のほとんどは、第一次世界大戦の退役軍人だった。当時、ファシスト運動家としては、作家・詩人でもあったガブリエーレ・ダンヌンツィオのほうがムッソリーニより知名度が高かった。そんななかでムッソリーニが台頭できたのは、行動隊の支援があってこそだった。一九一九年といえば、第一次世界大戦とロシア一〇月革命の気配が色濃く残っていたこともあって、総選挙では社会党が大勝した。これをきっかけに、「赤い二年間《ビエニオ・ロッソ》」が始まった。不況が深刻化したこの時期、農民と労働者はあちこちで農地や工場を占拠し、暴動を起こし、ストライキを実行した。

イタリア社会党の急進派は、土地を所有していない小作農、いわゆる日雇い労働者《ブラッチャンティ》と呼ばれる人たちを率いて革命を起こそうとした。社会主義の名の下に、彼らに労働市場を支配させようとしたのだ。[1] 主にポー川流域で、労働組合や労働会議所が次々と設立され、日雇い労働者たちが組織で活動しはじめた。農場経営者による支配に抗議し、労働の解放を求めて戦った。その結果、賃金はアップし、労働条件も向上された。

一九二〇年、ポー川流域では、農場経営者が労働者を雇いたいときは、自ら労働会議所に出向いて手続きをしなくてはならなくなった。日雇い労働者に対して常に優位な立場にあった農場経営者が、権力を増してきた労働組合と対等に交渉することを強いられたのだ。労働組合は日雇い労働者たちに、土地の所有や社会的地位より労働のほうが価値があるという思想を広めた。

農場経営者たちは、かつての資本主義システムを取り戻し、自分たちが再び日雇い労働者より優位に立てるよう、社会主義を破壊しようとした。だが一筋縄《ひとすじなわ》ではいかなかった。労働組合の要求を退けようとすると、すぐにストライキが起こるからだ。状況はかなり緊迫していた。そこで農場経営者たちは政府に支援を要求した。しかし当時の首相ジョヴァンニ・ジョリッティは中道的な自由主義者で、しかもやがて八〇歳になろうとしていた。五期目の首相に就くために贈賄にも手を染めており、国の秩序を回復させることはもはやできなかった。

代わりにその役目を担ったのは、黒シャツ隊だった。各地の行動隊を統合して結成された、ムッソリーニの政党の私兵組織だ。一九二〇年一一月、イタリア戦闘者ファッシはファシスト党と改組され、各地の暴動やストライキは黒シャツ隊によって鎮圧された。同年一一月二一日、北イタリアのボローニャの市役所で六人の社会主義者が殺害されると、労働者にとって黒シャツ隊は大きな恐怖となった。黒シャツ隊の中核メンバーも行動隊と同様に退役軍人で、反戦主義と国際主義を掲げる社会党を忌み嫌っていた。そもそも一九一四年、社会党員だったムッソリーニは、参戦主義と国家主義を掲げて大々的な参戦運動を展開し、党から除名処分を受けていたのだ。ヨーロッパの社会主義政党で、戦時も中立を主張しつづけたのはイタリア社会党だけだった。

黒シャツ隊は、社会党に関わるあらゆるものを破壊していった。社会党系列の新聞社、印刷所、労働会議所、組合集会所、交流クラブ、協会事務所などを次々と放火した。イタリアの国情は一気に不安定に陥り、多くの都市がファシスト党の支配下に置かれた。

一九二一年一月二一日、労働者の暴動やストライキを指導したアントニオ・グラムシらが、社会党から分裂してイタリア共産党を結成する。するとファシスト党は共産党を新たな攻撃のターゲットに据えて、ますます勢いづいていった。一方、政権は自由党が掌握しつづけたものの、共産党、社会党、人民党が拮抗して次々と内閣が交代し、政府はほとんど機能しなくなった。

労働者の暴動を恐れる農場経営者はムッソリーニとファシスト党を支持し、資金や武器を援助した。そして一九二二年一〇月、ムッソリーニによるクーデターのローマ進軍が起こり、国王がムッソリーニに組閣を命じ、一一月二四日にムッソリーニ政権が誕生した。一二月一九日、イタリア産業総同盟（コンフィンドゥストリア）は、ファシスト政権が設立したファシスト協同同盟の支配下に置かれた。一九二六年には、イタリアでストライキは違法とされた。

2

イタリア、プッリャ州ブリンディジ

「カポララートは労働市場の違法占有です。それ以外の何ものでもありません」

プッリャ州ブリンディジのイタリア労働総同盟＝食品農業組合（ＦＬＡＩ－ＣＧＩＬ）書記長、アンジェロ・レオは、二〇一六年七月三一日の取材に対してこう述べた。

「不法労働を斡旋するカポラーレは、一九六〇年代に登場しました。きっかけはモータリゼーションです。そもそもカポラーレは、ライトバンなどの輸送手段を所有している人たちのことでした。日雇い労働者から金を集めて畑まで送迎していたのです。初期のカポラーレは、むかしイタリアで農業に従事していて、戦後ドイツに移住したイタリア人でした。夏のバカンス中イタリアに車で帰省していたのが、やがて休暇をとるより金もうけをするのを選ぶようになったのです。当時のイタリアでは農業が大きな変化を遂げていました。急増する消費を満たすために機械化が進められました。労働者の需要も高まりました。

ライトバンを所有するカポラーレは、農業生産者に労働力を供給することで大金を稼ぎました。じつは、カポララートは、アフリカ人、ルーマニア人、ブルガリア人の移民労働者だけを対象にした組織ではないのです。搾取されるのはイタリア人も同じです。たとえばこのブリンディジでは、今でも多くのイタリア人女性がカポラーレに頼って仕事を得ています。自家用車を所有していない女性でも、カポラーレの車に乗って自宅と畑を往復できるからです。最長一五〇キロメートル離れた場所まで送迎してもらえます。朝三時から四時ごろ、大きな広場や目抜き通りでカポラーレは労働者たちを拾います。

労働者をトラックに乗せるかどうかは、カポラーレが判断します。トラックに乗せるための条件も一方的に設定します。たとえば、労働一時間分の賃金を手数料として支払うといったことです。不平を言えば翌日から車に乗せてもらえなくなります。

現在、イタリアでは失業率がとんでもなく高くなっています。とくに南イタリアの主婦のなかには、一家の大黒柱として働かざるをえない場合もあります。だからこそ、カポラーレにしぶしぶながら服従するのです。労働市場を支配しているのはカポラーレですから。

わたしがプッリャ州で組合員として活動してきて、かれこれ四〇年になります。カポララートがどんどん成長し、巨大組織化するのを目の当たりにしてきました。

毎年夏になると、畑で作業中に労働者が命を落とします。それがたまたまニュースになり、労働者の名前が報じられるときだけ、わたしたちはその事実を知ることができます。でもたいていの場合、とくにそれが不法移民だったりしたら、事件は決して公《おおやけ》になりません。証人は買収され、遺体はすぐに別の場所に移されます。カポラーレがどこかへ隠してしまうのです。

一九八〇年代の終わり、わずか数年間だけ、プッリャ州とバジリカータ州で協定が結ばれました。数百人の農業労働者を対象に、労働の自主管理プロジェクトが試験的に実施されたのです。この一環で、農業労働者のための公共交通機関の整備、公的な職業相談所の設立、労働組合権の付与、労働時間の遵守《じゅんしゅ》などが行なわれる予定でした。ところが、カポラーレたちがこれに暴力で抵抗したのです。まず、公共機関が所有する車に次々と火を放ちました。それから、このプロジェクトに協力する予定だった企業の経営者に、手を引くよう脅迫しました。カポラーレは、プロジェクトが成功してこの動きが各地に広がることを恐れたのです。

結局、このプロジェクトは、関係者たちが怖気《おじけ》づいたことで失敗に終わりました。それを決定的にしたのは、ブリンディジのチェーリエ・メッサーピカという町で、組合の集まりが襲撃される事件が起きたことです。その日、労働会議所には、カポラーレの性暴力に抗議する女性労働者たちが集まっていました。その真っ最中に会場が取り囲まれ、ふたりのカポラーレが乱入してきたのです。わたしもその場にいたのですが、抵抗すると暴力を振るわれ、殺すと脅されました。女性たちはからくも逃げだしましたが、殺されるのではないかと怯《おび》えていました。

襲撃事件を起こしたカポラーレたちは、イタリア国家憲兵カラビニエリによって逮捕され、のちに裁判で有罪になりました。でもこの事件は女性たちにトラウマを負わせ、プロジェクトを進める勇気を失わせてしまいました。それからまもなく、労働市場は再びカポラーレの手中に戻ったのです」

3

イタリア、ローマ。共和国元老院(上院)

二〇一一年、イタリアでカポララート取締法が制定された。にもかかわらず、いまだこの問題が解決していないのはなぜだろうか？　原因のひとつとして考えられるのは、この法律には、カポララートの労働力搾取における大手食品メーカーやスーパーチェーンの連帯責任を問う記述がないからだ。だが、労働力を搾取することで生産された商品を販売しているのは、こうした大手企業だ。プッリャ州で収穫されたトマトを使ったホールトマト缶は、ヨーロッパ中、あるいはアメリカで、大手食品メーカーやスーパーチェーンによって流通されている。

大手スーパーチェーンや、トマト缶メーカーを傘下に置く食品グループは、労働力を供給されているトマト生産者以上に、カポララートの恩恵を受けている。トマト生産者のもうけは、収穫量一キロ当たり七ユーロセントから一〇ユーロセント程度だ。それほど余裕のある生活はしていない。カポラーレに関しては、収入はケースバイケースだ。現在のカポラーレの多くは元移民労働者で、イタリア語を流暢に話せるために搾取される側からする側に回った。高額を得ているカポラーレの場合、月に一万ユーロ以上になることもある。労働者に対して情け容赦ないのがこのタイプだ。だがたいていのカポラーレの収入はそれほど多くない。カポラーレは犯罪集団の末端にすぎず、背後の黒幕に金を渡さざるをえないからだ。

この犯罪ネットワークが明るみに出たときに逮捕されるのは、実際に畑に姿を見せるトマト生産者とカポラーレだけだ。食品メーカーや大手スーパーチェーンの経営者たちは、決して罪に問われることはない。

「この問題を解決するには、業界の連帯責任を問う必要があります」

プッリャ州の上院議員のダリオ・ステファノ（「左翼・エコロジー・自由」党所属。同党は二〇一六年に解党）はそう言う。カポララート取締法の草案を作成した人物だ。

「イタリア国内はもちろん、EUの法律も変えるべきです。大手食品メーカーやスーパーチェーンは、加工トマト業界で起きているすべてのことについて連帯責任を負うべきです。いえ、トマトだけでなく、農業全般についてそうでなくてはいけません。下請けがやっていることを見て見ぬふりをしたり、知らなかったとうそぶいたりできないようにすべきです。大企業が下請けに責任をなすりつけて知らん顔をしているかぎり、カポララートはヨーロッパからなくなりません。現行法より厳しい法律を制定し、大企業が商品生産をきちんと管理するようにさせるのです。そうすれば、カポララートの存在を見て見ぬふりができなくなります」

二〇一一年に制定された法律では、カポララートを消滅させることはできなかった。今もイタリアの新聞では、この問題が一面で頻繁に取りあげられている。一部のカポラーレは、まんまと法の目をかいくぐり、新しい状況に適応しながら生き延びている。合法の派遣会社を設立し、犯罪を偽装しはじめたのだ。これによって、とくに南イタリアにおいて、移民の不法労働にまつわる新たなタイプの犯罪も誕生した。農業労働時間の闇取引だ。

イタリア国民が年金や失業手当などの社会保険を受けるには、何らかの分野で一定期間労働し、保険に加入しなくてはならない。カポララートはその労働時間を闇で売りはじめたのだ。つまり、アフリカ人などの移民が不法労働を行なった分の時間を、イタリア人がカポララートを通じて購入する。するとそのイタリア人は、実際は労働をしていなくても、その労働時間と保険加入期間の記録のおかげで失業保険や年金を受給できるようになる。だが本来、その権利は労働者本人に還元されるべきものだ。つまりここでも移民労働者は搾取されていることになる。

そのうえ、「派遣会社」代表のカポラーレやトマト生産者は、万一当局から疑われて捜査されても言い逃れができる。正式な書類さえそろえておけば、「実際に雇用した」「合法的に社会保険に加入させた」と主張することが可能だからだ。こうして労働市場は「派遣会社」に支配され、アフリカ人移民はますます就労を申告したり、支払い証明を受けたりできにくくなった。合法的にイタリアに滞在できる許可を取得することがいっそう困難になったのだ。

「それから、畑から小売店まで、商品の一貫したトレーサビリティを確保しなくてはなりません。業界全体の連帯責任を可能にするためです」

カポララートはイタリアだけの問題ではないと、ステファノ上院議員は言う。イタリア人だけに責任があるわけではない。この問題の根本的な原因は、ほかのさまざまな現象と同様に、グローバル化した資本主義経済にあるからだ。[2]

カポララートという労働者搾取システムは、かつての奴隷制度の再来だ。自由主義思想《リベラリズム》を経済体制に取り入れたために誕生したのだ。自由放任主義《レッセフェール》によって、政府が経済活動や市場に干渉しなくなったからだ。

奴隷制度がいかに自由主義と関わりが深いかは、世界の歴史を振りかえればわかるだろう。人身売買がもっとも盛んに行なわれたのは、一六世紀から一八世紀だった。それはちょうど経済学者や哲学者たちによって、新たに台頭した特権階級の私的財産を前提として自由主義が提唱された時代に相当する。

今日、南イタリアの農業における「自由」は、ある特定の人たちだけに利益をもたらすものになってしまった。そしてそれは、不当な利益だ。ＥＵ圏内に多くの移民キャンプが作られ、労働者を搾取・脅迫し、正当な権利を要求するアフリカ人移民をときに殺害するカポラーレたちが、堂々と車で街中を行き来する……。だがこれは「自由」がもたらした現実のもっとも衝撃的な一例にすぎない。

第19章

酸化トマト「ブラックインク」をよみがえらせる最新研究

1

ガーナ、アクラ

リウ一族は大きな邸宅に暮らしていた。敷地を囲う高い壁には電気柵が張りめぐらされ、庭では番犬のジャーマンシェパードが見張りをしている。ここはアクラの有産階級向け住宅街だ。ガーナ中南部の都市クマシからは車で四時間以上かかる。邸宅内には多くの寝室や書斎があり、応接室の壁にはガーナの大きな地図が架《か》けられている。今、リウ一族はこの家で生活をし、仕事をしている。ここでアフリカでのビジネスを行ない、市場競争に挑んでいるのだ。

二〇一六年一一月、わたしはアクラでリウ将官と再会した。八月に会った北京から一万二〇〇〇キロメートル以上も離れた場所だ。二〇一一年にカルキス代表を退いた後も、リウ将官は加工トマト業界の有力者でありつづけた。汚職に手を染めて失脚し、もうとっくに死んでしまっただろうと噂されていたが、とんでもない。リウ将官のたくましさ、狡猾さ、冷酷さを、みんな過小評価している。中国政府の一員としても、実業家としても、彼は百戦錬磨《ひゃくせんれんま》の達人だ。

加工トマト業界の年鑑から姿を消してからも、リウ将官は業界に生きつづけていた。わたしはこの取材の一環で、彼がある会社を秘密裏に経営していることを知った。アフリカの濃縮トマトビジネスで無視できない存在、プロヴァンス・トマト・プロダクツ社だ。二〇一四年、同社は本拠地の天津に、三〇万平方メートルという巨大な工場を建設した。だがCEOはリウ・イ将官ではない。息子のリウ・ハオアン、西洋名クイントンだ。父親のリウ・イ将官の名は組織図には記載されず、写真も載っていない。しかし影のオーナー、実質的な経営者はまさしく父親だ。

クイントンは一九八七年生まれ、二九歳だ。同世代の多くの権力者二世たち同様、アメリカで教育を受け、アメリカ国籍を取得するために中国国籍を放棄した。その数年後、今度はアメリカ国籍を放棄し、カリブ海域の西インド諸島にあるセントクリストファー・ネイヴィスの国籍を取得した。別名セントキッツ・ネイヴィス。総面積二五一平方キロメートルの小さな国で、ふたつの島（セントクリストファー島とネイヴィス島）から成る。租税回避地《タックス・ヘイブン》として知られ、国際的に活躍するエリートたちにパスポートの販売をしている。この国のパスポートがあれば、香港、リヒテンシュタイン、アイルランド、スイス、EU諸国を含む一〇〇以上の国にビザを取らずに入国できる。国籍を得るには二五万ドルを支払う必要があるが、取得のためにこの国に行く必要はない[1]。

「法律事務所にお金を支払っただけだったよ。それで、三カ月後にはパスポートが手に入るんだ。税制的にすごく得な国だよ」と、クイントン・リウは言った。

2

二〇一一年にカルキス（中基）を去ったのち、リウ将官は天津に設立された新会社、プロヴァンス・トマト・プロダクツの経営に専念した。息子との共同経営だ。まず、濃縮トマトを再加工するための最新式ラインを工場に設置した。このラインで、新疆ウイグル自治区で生産された青いドラム缶入り三倍濃縮トマトを二倍濃縮トマトに再加工し、小さな缶に詰めかえた。

プロヴァンス社は、アフリカ市場での人気ブランド商品もいくつか手がけていた。もともとはリウ将官がカルキスを経営していた当時に作られたブランドだが、香港の会社を経由してリウ将官が管理するようになったのだ。二〇一四年から二〇一六年にかけての三年間、同社は天津工場で、自社ブランド商品、大手スーパーチェーンのプライベートブランド商品、大手食品メーカーの商品を生産していた。インドの大手流通グループ、ワタンマルのブランドで、アフリカでシェア第一位の「ジーノ」もそのひとつだ。同社は当時、西アフリカ諸国に強力な販路を築いており、ベナン、コンゴ、コートジボワール、マリ、ガーナ、ケニア、ニジェール、ナイジェリア、トーゴなど、フランス語圏も含む各国に商品を輸出していた。

3

中国の缶詰メーカー各社は、商品価格と生産コストを下げることに執着したあげく、濃縮トマトに添加物を入れ、さらにコストを下げるために添加物の量を増やし……という悪循環に陥った。その結果、思いがけない事態に直面した。これまでのやりかたではもうからなくなったのだ。中国国内で三倍濃縮トマトを希釈し、添加物を混ぜてアフリカに輸出しても、利益が出なくなった。

アフリカ向け中国産濃縮トマトの戦いは、新たな段階に突入した。もっと効率よく商品を生産しなくてはならない。そこで缶詰メーカー各社は、中国ではなくアフリカの港湾地区に缶詰工場を設立し、そこで同じように缶詰を生産することにした。アフリカ市場のすぐそばで再加工をするのだ。そうすれば、トマトペースト缶と謳いながら、じつは半分以上は別のものが入っている商品に対し、高い関税を支払わなくてすむ。それに、原材料の濃縮トマトをなるべく安く中国から輸入することで、利ざやを稼ぐこともできる。だからリウ将官も天津の工場を閉鎖して、今はガーナを拠点に活動しているのだ。

リウ将官は、ガーナの邸宅の応接室のソファに座ってこう言った。

「もしカルキスに残っていたら、こうしてアフリカで生産を始めるのは難しかったかもしれない。あの会社にいたら、たとえわたしがこうしたいと言っても、なかなか物事はスピーディーに進まなかっただろう。今やっているように自由に動くこともできなかったと思う。アフリカ市場は変化が速い。それに対応するには決断も速くしないと。だがカルキスでの成功の体験がわたしの糧《かて》になっていることは確かだ。今、わたしには新たにチャレンジしたいことがある。ガーナの人口はたったの二八〇〇万だが、ひとり当たりのトマトペースト消費量は中国の一〇倍だ。かつて、中国で加工用トマトが栽培されていなかったころ、わたしは加工トマト産業を発展させたいと願い、実際にそうしてきた。今わたしが望んでいるのは、アフリカ中にトマト缶を広めることだ。そのために、新疆ウイグル自治区の濃縮トマトを、このガーナで再加工して販売することにしたんだ。どうしてアフリカかって？　わたしがここでしているビジネスは、習近平国家主席による国家発展計画に組みこまれているんだよ。あの一大プロジェクト、新シルクロード（一帯一路）構想だ。あれを加工トマト産業風に言い表すなら、〝新疆がスタートで、ガーナがゴール〟というところだね」

4

ガーナ、テマ港湾地区

アクラから東へ二五キロメートルのテマ港湾地区は、ガーナに二カ所ある大水深港湾《だいすいしんこうわん》のひとつだ。水深が深い港のことで、大型コンテナ船が接岸できる。現在、インドの大手流通グループ、ワタンマルはここに缶詰工場を建て、中国産ドラム缶入り濃縮トマトに添加物を入れて「ジーノ」と「ポモ」のトマトペースト缶を生産している。

だが、わたしが今入ろうとしているのは、ワタンマルの工場ではない。そのライバル会社であるリウ一族の缶詰工場だ。塀の向こうの敷地内では、赤いダンボール箱を乗せたパレットを男たちがトラックに積みこんでいる。建物は古くてボロボロだ。入口に掲げられた錆びた看板にはこう書かれていた。

GNフーズ有限会社
自由貿易地域
トマトペースト加工工場

クイントン・リウは管理棟に駆けこんだ。わたしも続いてなかへ入る。そこには工場長の女性がいた。以前はロンドンで大手メーカーの下請けをしていたそうだ。わたしの取材依頼を許可してくれて、この工場の生産力の高さを誇りに思っていると言った。

リウ一族はこの工場のオーナーではない。クライアントだ。自社ブランドの「タム・タム」と「ラ・ヴォンス」の商品の生産をこの工場に委託している。リウ一族はGNフーズと契約を交わした後、天津工場のラインのひとつをここに移したのだ。

クイントンとガーナ人の工場幹部社員たちとの間には、ピリピリした空気が漂っていた。どうやら先方はジャーナリストが工場にやってきたのを快く思っていないらしい。ガーナ人幹部社員たちはイライラして、わたしが工場に入るのをどうにかして食いとめようとしていた。

だが、クイントンが時間をかけて交渉してくれたおかげで、ようやくわたしは工場に入ることを許可された。これでどうにか生産ラインを見ることができる。だが、ラインのスタート地点には決して近づかないよう言いわたされた。きっと天津の工場のように、添加物を入れているところを見られたくないのだろう。それなら別に驚くに当たらない。

クイントンとわたしは、現場監督者用の小さな部屋に入り、白い上着と帽子に着替えた。壁には世界地図が貼られていた。それを眺めながら、わたしは笑ってクイントンに尋ねた。

「セントクリストファー・ネイヴィスっていったいどこにあるんだい？」

するとクイントンは、地図上のカリブ海周辺に人差し指を近づけ、自分の国を探しはじめた。

だが、小さすぎてどうしても見つからない。

「じつはぼくも知らないんだ。だいたい、行ったこともないしね」と、クイントンは声を上げて笑った。

わたしたちは工場の建物内に入った。缶詰がラインに乗って流れている。どうやらリウ一族には、天津から急遽ラインを移さねばならない事情があったらしい。でなければ、こんなひどい施設で生産をするはずがない。もし入口に社名を記した看板がなければ、非合法の闇工場だと思っただろう。生産ラインを無理やり入れるために、壁に大きな穴が開けられている。コンクリートブロックがむき出しで、塗装さえされていない。ラインのすぐそばの壁のブロックが壊れている。手を触れると指先に埃がついた。リウ一族が生産を委託してから一カ月も経っていないはずなのだが。

建物内に鉄骨階段があり、最上階のデッキからライン全体を見下ろせるようになっていた。見学の合間に上ってみる。いい眺めだ。ラインのスタート地点がよく見える。ひとりの作業員がカッターで大きな袋を開け、攪拌機のなかに白い粉を注ぎ入れている。わたしは下に戻ると、ガーナ人の幹部社員に、原材料のドラム缶入り濃縮トマトはどこにあるのか尋ねた。

「ここから離れたところです。この工場に来るのに通ってきた道路があるでしょう？　あの向こう側です」

そう聞いたときはただ、へえそうなのか、と思っただけだった。だが数分後、ふつふつと疑問が湧いてきた。道路を挟んだ向こう側だって？　トマトペースト缶工場で、原材料の濃縮トマトをそんなに遠くに保管しておくのは不自然だ。そんなところは今まで一度も見たことがない。

5

わたしはどうしても、ドラム缶入り濃縮トマトの保管現場が見たくなった。数分後、そのチャンスが訪れた。幹部社員が目を離した隙にそっと建物を出て、外壁を伝ってラインのスタート地点に向かう。頭のなかに工場の全体図を思い描き、ドラム缶入り濃縮トマトが置いてありそうな場所の見当をつける。もちろん、ガーナ人幹部社員の言ったことなど信じていない。おそらく、ラインのスタート地点のそば、「近づくな」と言われたあたりにドラム缶が置かれているのだろう。作業員が濃縮トマトに白い粉を入れていた付近だ。

予想は的中した。青いドラム缶はそこにあった。道路を挟んだ向こう側ではなく、ラインのスタート地点のすぐそばだ。GNフーズで再加工されているのは、カルキスの濃縮トマトだった。例のルートをたどってここまでやってきたのだ。新疆ウイグル自治区で加工され、パッケージングされ、中国国内を鉄道で輸送され、天津でコンテナ船に乗せられて海を渡り、このテマ港で荷揚げされたのだ。そして今、この不衛生な工場の裏庭に保管されている。ドラム缶は汚れ、吹きさらしのまま放置されていた。驚いたことに、ドラム缶の多くが錆びていて、すでに蓋がなかった。なかに入っている銀色のアセプティック（無菌）パックが、太陽を浴びてキラキラと輝いている。

なんという状態だろう……まさか、とわたしは思った。ドラム缶に近づき、アセプティックパックに触れてみた。中身は満杯に詰まっていた。こうなったら確かめるしかない。目の前のドラム缶に手を突っこみ、パックのプラスティック製キャップを開け、なかから濃縮トマトを片手でつかんで取りだした。思わず息を呑んだ。手が真っ黒に汚れている。やっぱりそうか……。イタリアの税関職員から聞いてはいたが、実際に見たのは初めてだ。それにしても、こんなに気持ち悪いものを本当に人間に食べさせているのだろうか？　ここにある濃縮トマトは赤い色ではない、黒だ。そう、これが酸化して腐ったトマトの「ブラックインク」なのだ。

6

わたしは素知らぬ顔をして建物内に戻った。そして残りの見学時間中、隙を見てはこっそり作業員たちのそばに忍びより、この工場での労働条件について尋ねまわった。大半は非常にきつい仕事だと言った。届出を出していない不法労働で、一日一〇時間、週に六日間働いて、月給は一〇〇ユーロだという。ガーナの労働者は中国の三分の一から四分の一の賃金しかもらえていないのだ。

そのとき、クイントン・リウの携帯電話が鳴った。ガーナ人幹部社員が工場内での電話は慎《つつし》むよう注意をする。その途端、クイントンは激しい怒りの表情を浮かべたが、電話に出るためにその場を離れた。だが、電話を終えて戻ってきたときは、すでに怒り狂っていた。そして、ガーナ人幹部社員に向かって怒鳴りちらした。

「電話をするなだと!? 工場で電話をして何が悪いっていうんだ!? おまえ、何様のつもりだ? おれが誰だか知らないのか? ここにある機械を中国に送り返したっていいんだぞ。おれがひと言命令すれば、ここにある機械はすべて中国に戻されるんだ。そうされてもいいのか? それでいいならそうしてやろうか?」

ガーナ人幹部社員は、ようやく目の前にいる若い中国人の権力の大きさに気づいたようだった。深々と頭を下げて謝罪のことばを口にした。

「すみません、わたしが悪かったです」

ラインの最終地点では、ガーナ人の作業員たちが、缶詰を「ラ・ヴォンス」と書かれたダンボール箱に詰め、テープで封をし、パレットの上に積んでいた。その様子を中国人の現場監督者たちがそばで監視している。みな、天津の旧工場で着ていたらしい「プロヴァンス」と書かれたTシャツを身につけていた。

クイントンの怒りはまだおさまらない。その矛先《ほこさき》は、今度は中国人現場監督者のひとりに向けられた。

「おい、それはアフリカ人がたくさん積みすぎたんだろ？　だったら、アフリカ人にやり直させろ！　おまえが手を貸してはいけない！　わかるか？　おれたちがやるべきことは、あの腐った原材料の始末だけだ。あれだけは自分たちでやらなくちゃならない。だがほかのことについては、すべてアフリカ人にやらせるんだ！　おまえが代わりにやるんじゃないぞ！」

リウ一族は毎月およそ七〇コンテナ分のトマトペースト缶を、GNフーズに生産させているという。クイントンは言う。

「二〇一七年には、毎月二〇〇コンテナ分生産できるようにしたいんだ。そうすれば、天津の工場で生産していたときとほぼ同じ量になる。ガーナの市場では年間七〇〇〇コンテナ分のトマトペースト缶が流通している。月に二〇〇だと、年間二四〇〇だから、市場の三分の一のシェアを獲得できる」

工場の建物の外に、赤いダンボール箱が積み上げられている。作業員たちがそれらをトラックに積みこむ。今日の夕方には、卸売業者に配送されるだろう。そして数週間後、人々はしわくちゃの紙幣と引き換えに、市場に並べられた赤い缶詰を買って帰るのだ。

「ぼくたちの目標は、ガーナと隣接する国々で、年間売上高一億ドルを達成することなんだ」

7

ガーナ、アシャンティ州クマシ

雑踏のなか、あちこちでクラクションが鳴りひびく。老朽化した車両のガソリン臭が漂う。三輪トラック、ピックアップトラック、ライトバンが次々と行き交う。なんという混沌《こんとん》とした風景だろう。ひどい暑さだ。埃が舞うなかを、女たちは頭上に荷物を乗せてうまくバランスを取って歩いている。男たちはタンクやダンボール箱を乗せた年代もののカートを押している。たくさんの商品が次々と途切れることなく運ばれていく。

ここでは、すべての仕事が流れるように素早く行なわれる。男たちが一列に並んできびきびと手を動かしながら、バケツリレーの要領でトラックにコメ袋を積みこんでいる。植物油の売買交渉はものの数分で終了したようだ。三輪トラックの運転手はさっさと支払いをすませ、中国産トマトペースト缶が入ったダンボール箱数十個をてきぱきと車に積みこむと、あっという間に出発した。行き先は、ガーナ国内のほかの市場、そして隣国のトーゴやブルキナファソだろう。

ガーナ南西部の都市、クマシには、大量の農産物が集まる屋外市場がある。西アフリカ最大のこの市場は、むかしながらのにぎわいに満ちている。雑然としているがわくわくさせられる雰囲気だ。だがその裏には、一握りの富裕層が多くの労働者を支配している現実がある。そしてそこには、加工トマト産業の新しい勢力図が表れている。

ここではあらゆる商取引が行なわれる。外国からガーナを介してアフリカに輸入された商品が、ここを中継地にしてあちこちの村へ輸送されていく。中国産濃縮トマトもそのひとつだ。クマシは、加工トマト産業の歴史に刻まれる町のひとつとなったのだ。

「油、コメ、そしてトマトペースト缶が、クマシでは一番たくさん売れているんだ」と、クイントン・リウが言う。

わたしたちは、市場の細い路地を奥へ向かって進んでいく。クイントンには、ガーナ人の営業担当者とふたりの中国人従業員が随伴している。営業担当者は、クマシ周辺のことば、トウィ語のアサンテ方言を話す。中国人たちはクイントンより年上だが、クイントンの命令に従って動いている。

さまざまなものが空中を揺れながら進んでいく。女たちが頭上に荷物を乗せて歩いているからだ。高いところに商品が並ぶ様子は圧巻だ。まるで宙に浮かぶ巨大コンベアのようだ。卸売業者は、車が渋滞する大通り沿いに店を構えている。一般客向けの商店や屋台は、小さな掘っ建て小屋や、老朽化したビルの上階に並んでいる。上階から見下ろすと、掘っ建て小屋のトタン屋根がまるで大海のように広がっていた。階段では子どもたちが所在なさげにうろうろしている。屋根のない通路では、みすぼらしい格好をした男たちが日陰に敷いたダンボール紙の上に座りこんでいる。

「この市場では、およそ五〇種類のトマトペースト缶が売られている。その九〇パーセントが中国企業の商品だ。中国の缶詰メーカーは、大手企業のプライベートブランド商品と自社ブランド商品の両方を手がけているからね」

そう言うクイントンの左前腕に、大きなタトゥーが彫られていた。高速で進む船が描かれている。経済戦争を勝ちぬくための戦闘用ガレオン船だろう。

「アフリカに濃縮トマトを輸出することは、中国にとってどうしても必要だった。新疆ウイグル自治区にはたくさんトマト加工工場があるから、商品の供給先を増やさなくてはならなかったんだ。アフリカはそのひとつで、かなりの売上が期待できる。今、ガーナで父とぼくが行なっているビジネスは、天津のプロヴァンス社でやっていたやりかたとは全然違う。ここでのぼくの仕事は、市場がどうなっているかを細かくチェックし、ライバル会社の戦略を把握することなんだ」

わたしたちは五時間かけて市場を歩きまわり、輸入トマトペースト缶を専門とする卸売業者を一軒ずつ訪ねてまわった。店めぐりのルートマップは、クマシにある中国系ホテル、ロイヤル・パーク・ホテルのテラスで、クイントンの随伴者たちによってあらかじめ作成されていた。クイントンは卸売業者にさまざまな質問をした。商品の販売価格、ライバル会社のラインナップ、売上高、在庫状況、顧客の反応……。リウ一族はガーナの大手流通業者に商品を供給していた。こうした流通業者はほかのメーカーの商品も仕入れているので、それらがいくらで販売されているかを確認して、自社商品の価格を調整しようとしているのだろう。

ある卸売業者の倉庫を見学した。トマトペースト缶のダンボール箱が天井までぎっしりと積まれているなかを、迷路のように曲がりくねった通路を歩く。まるで洞穴にいるようだ。積みあげられた箱は建物二階分の高さになっていた。かなり危険な保管方法だ。何百という缶詰の重みで下のほうの缶詰がつぶれてしまう可能性がある。もし缶に穴が開けば、中身は変質して食用に適さなくなる。トマトペーストが入ったブリキ缶は、見た目は頑丈そうに見えて、意外と取り扱いに注意が必要なのだ。だが、天津やガーナの生産現場を見てきたかぎり、食品産業における基本的なルールを気にしている業界関係者はあまりいないらしい。

トマトペースト缶の洞穴のような光景はかなり衝撃的だった。ほかの卸売業者でもたいてい同じような状況らしい。それを知って、濃縮トマトに関してガーナは完全に中国の植民地化していると悟った。

ガーナのトマトペースト缶市場の五大ブランドは次のとおりだ。ワタンマルのプライベートブランドである「ポモ」と「ジーノ」、オーラム・インターナショナルのプライベートブランドの「テイスティ・トム」、リウ一族のブランドの「ラ・ヴォンス」と「タム・タム」。いずれも中国産濃縮トマトに添加物を混ぜた製品だが、消費者に正しい情報を呈示さえすれば違法行為ではない。そこでタム・タムは、製品名称を「トマトペースト」から「トマトミックス」に変更した。添加物についても巧妙な宣伝文句を見いだし、二〇一六年十一月に公開されたポスターにこう明記した。「栄養強化トマトミックス。ビタミン豊富。食物繊維添加。おいしくてヘルシーな食事のために」。食物繊維が健康によいことをアピールしはじめたのだ。同様に、ポモも製品名称を変更し、原材料をラベルに明記するようになった。

現在、リウ一族のラ・ヴォンスとタム・タムがシェアを伸ばしつつある。広告宣伝を大々的に行なっている効果が表れているのだ。

「もし中国で、消費者に知られていないトマトペースト缶についてスーパーマーケットで四億ドルの売上をたてるなら、広告宣伝費は七〇〇〇万ドル必要なんだ」

クイントンはそう言うと、いかにもおかしそうに笑いだした。中国に比べるとガーナでの広告宣伝費はバカみたいに安いのだという。宣伝キャンペーン一回につき数万ドルしかかからなかったそうだ。いまやこの国では、ラジオCMや街中の広告パネルで、リウ一族のトマトペースト缶の宣伝を聞いたり見たりしない日はない。最新商品の「ラ・ヴォンス」には混ぜものをした中国産濃縮トマトしか使われていないが、巨大広告パネルには堂々と「伝統の品質」と書かれている。もちろん、イタリア国旗の緑・白・赤のトリコローレに彩られている。

アフリカでは多くの食品ブランドが、ブランドカラーを配したエプロンを小売業者に配布している。世界的に有名なソフトキャンディ、メントスの販促方法を真似たらしい。リウ一族もこれにならい、小売業者にトマトペースト缶ブランドのロゴ入りTシャツを配布した。ちなみに、アフリカでシェアナンバーワンのトマト缶、ジーノは、過去十年間で、西アフリカの各地に壁面広告を展開している。その数の多さはアメリカの某有名炭酸飲料に匹敵するほどだという。

クマシの市場を歩きながら、クイントンはライバル会社のすべてのトマトペースト缶を順々に購入していった。随伴するふたりの中国人のうちのひとりが、それをビニール袋に入れて持ち歩いている。

「これはすべてうちの科学者に調べてもらうんだ」と、クイントンは言った。

8

ガーナ、アクラ

その日の夜、わたしはアクラのリウ一族の邸宅を再び訪れた。クイントンとわたしがクマシにいる間、父親のリウ将官はガーナの通商産業省を訪れていたらしい。息子は、市場で購入したライバル会社のトマトペースト缶を父親に見せ、広いテーブルの上にそれらを並べはじめた。そのとき、応接室にひとりの男性が入ってきた。分厚いレンズのメガネをかけ、遠慮がちにおとなしくしている。クイントンは男性の肩に右腕を回し、わたしに向かってこう言った。

「見てくれよ、こいつには数百万ドルの価値があるんだ。うちの科学者だ。ぼくたちのビジネスでもっとも優秀な人間さ。かつては天津のプロヴァンス社の工場で働いてたんだが、今はここにいる。こいつは奇跡を起こしてくれるんだよ」

奇跡とは何だろう？　クイントンが説明してくれる。この男性に、世界でもっとも安く売買されている三倍濃縮トマト、ブラックインクを渡し、完成品のトマトペースト缶に濃縮トマトを何パーセント使いたいかを伝える。それだけで、このリウ一族専属の科学者が最良のレシピを考えてくれる。商品として販売するのに最適な添加物の分量を教えてくれるのだ。

一見簡単なことに思われるかもしれないが、じつはそうではない。ブラックインクに水をたっぷり入れたら、とろみをつけるためにデンプンや食物繊維を加えなくてはならない。だが多く入れすぎると色が薄くなるので、今度は着色料を加えなくてはならない。だが入れすぎると粘り気がなくなり、トマトペーストとは似ても似つかないものになるおそれがある。ここにいる科学者は、それぞれの添加物のちょうどいい割合を見つけられる唯一の人物なのだ。では、彼の最新のレシピとは？　濃縮トマト三一パーセントに対し、添加物六九パーセントだという。

「ほら、これが今日の缶詰だ」

クイントンはそう言って、ライバル会社の缶詰を科学者に手渡した。彼はそれらを持って応接室から出ていった。さっそく研究室で分析を始めるのだろう。他社のトマトペースト缶にどれくらい濃縮トマトが含まれているか、正確な割合を調べるのが彼の任務だ。リウ親子は、ほかの商品にどれくらいの割合で添加物が入れられているか知りたいのだ。リウ将官は息子に向かって言った。

「今ここで値段の話をするのはやめよう。明日、分析の結果を待ってからだ。結果さえわかれば、コスト計算もできるし、戦略も立てられる」

リウ将官は、わたしと握手を交わして別れの挨拶をすると、応接室から出ていった。玄関まではクイントンが見送りにきてくれた。番犬のジャーマンシェパードもいっしょだ。クイントンによると、通商産業省での父親の会見はうまくいったのだそうだ。

「ここの土地は本当に安いんだ。だから、数カ月以内にはガーナに自社工場を建てて、天津の生産ラインを丸ごと持ってくるつもりだ。それから、カジノも開こうと思ってる」

わたしは、邸宅を取り囲む高い塀の上の電気柵に目をやった。電気柵はかすかに青白く光っている。暑い夜だった。星は見えない。

「カジノだって?」

わたしが驚いて尋ねると、クイントンは犬の頭をなでながら答えた。

「そうさ、賭博場だよ」

著者注：ローマからトゥーロンまで。
本書は二〇一四年六月から二〇一七年四月までの取材に基づく。

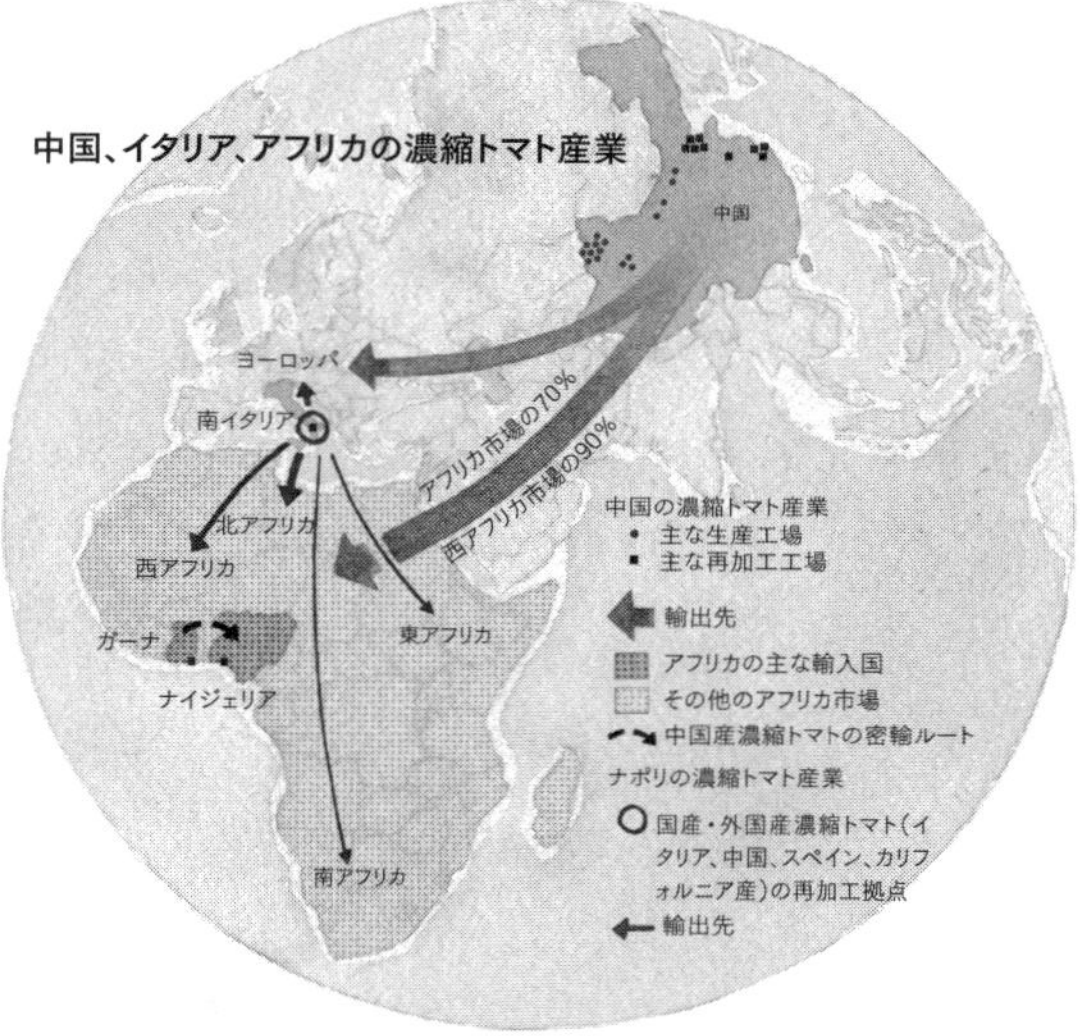

出典:Jean-Baptiste Malet; Tomato News　制作:©Agnès Stienne, Le Monde diplomatique

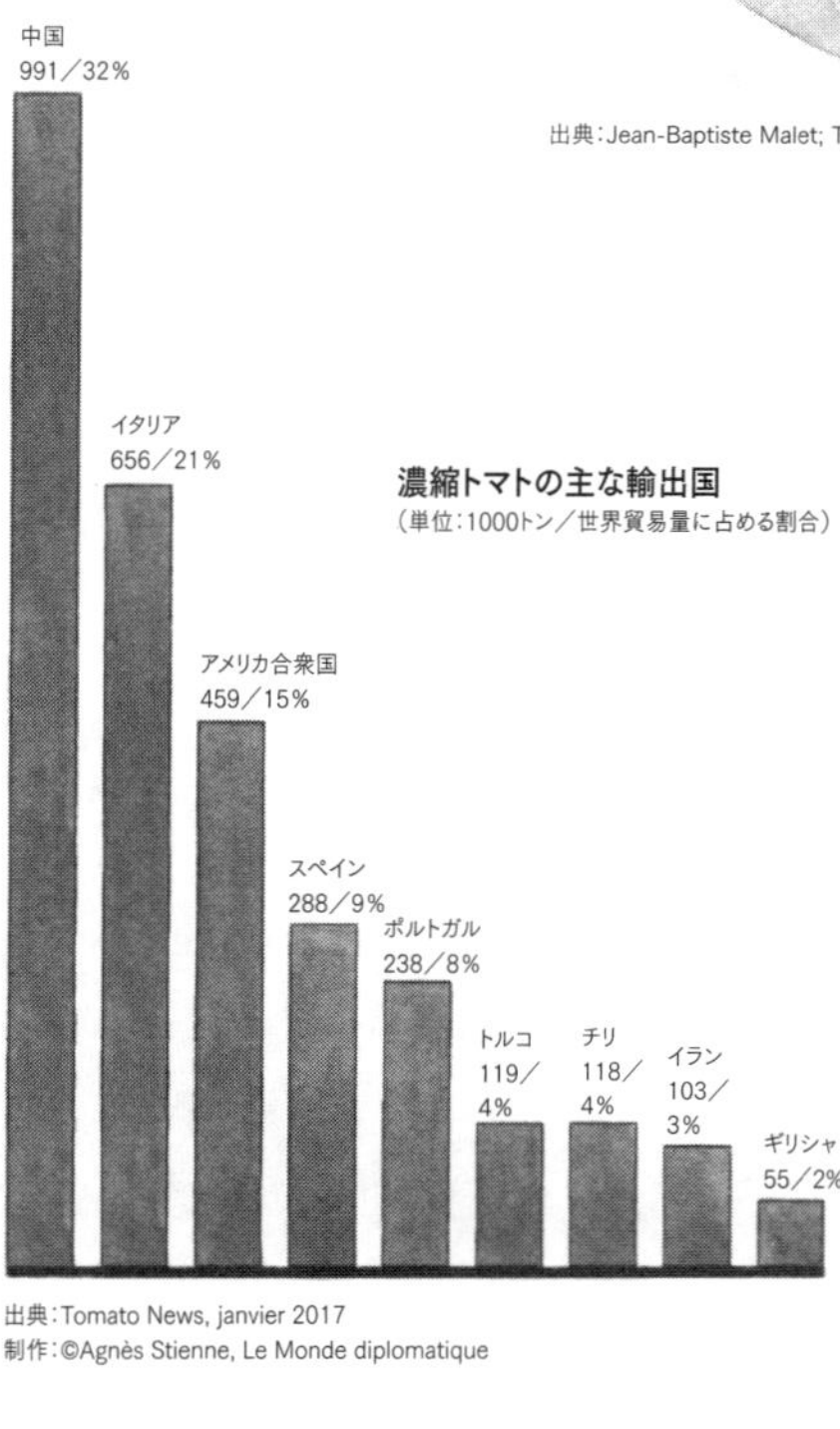

出典:Tomato News, janvier 2017
制作:©Agnès Stienne, Le Monde diplomatique

濃縮トマトの世界貿易量

（単位：1000トン、2015年）

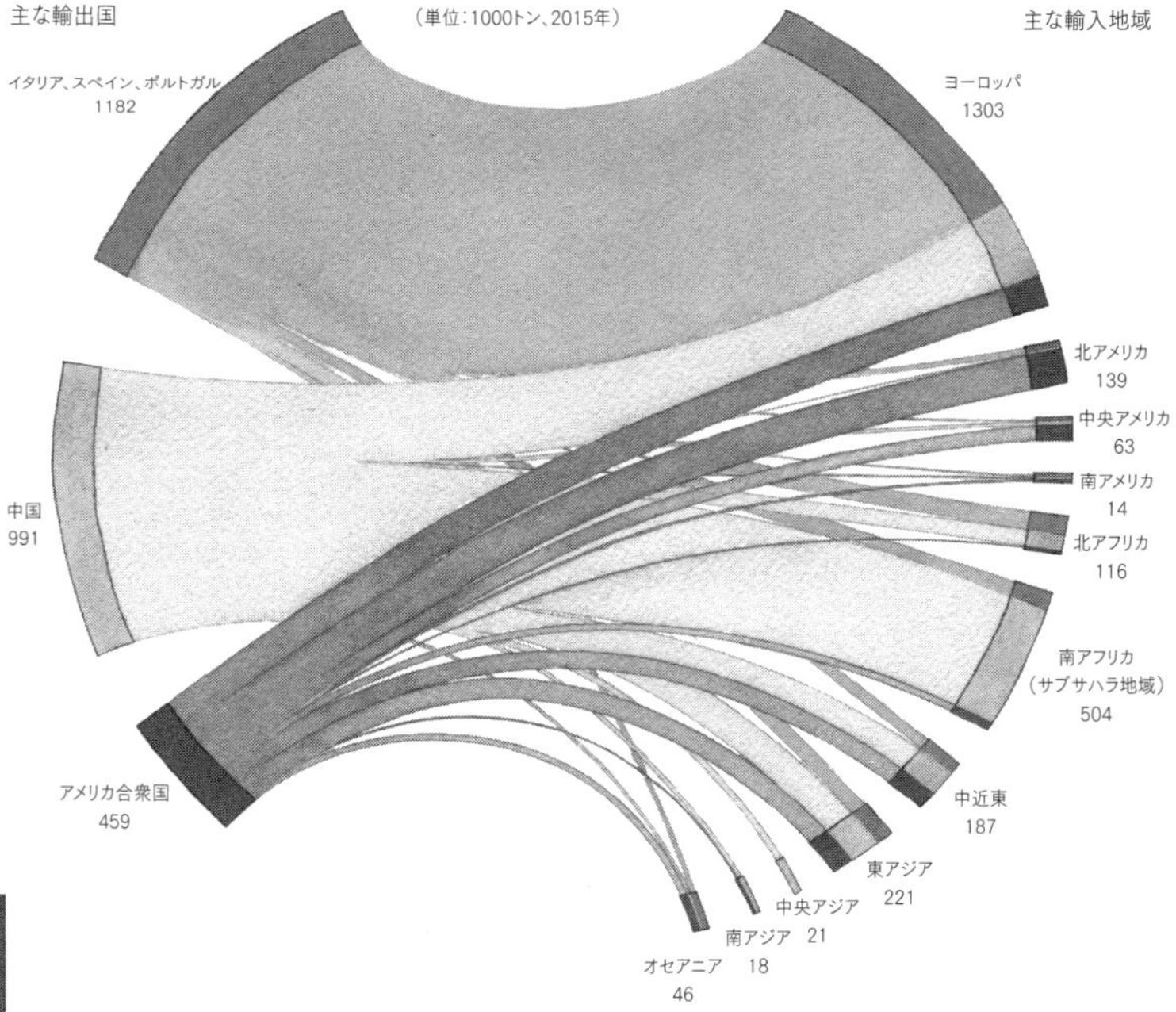

トマト加工品の世界貿易量

（単位：100万トン、2015年）

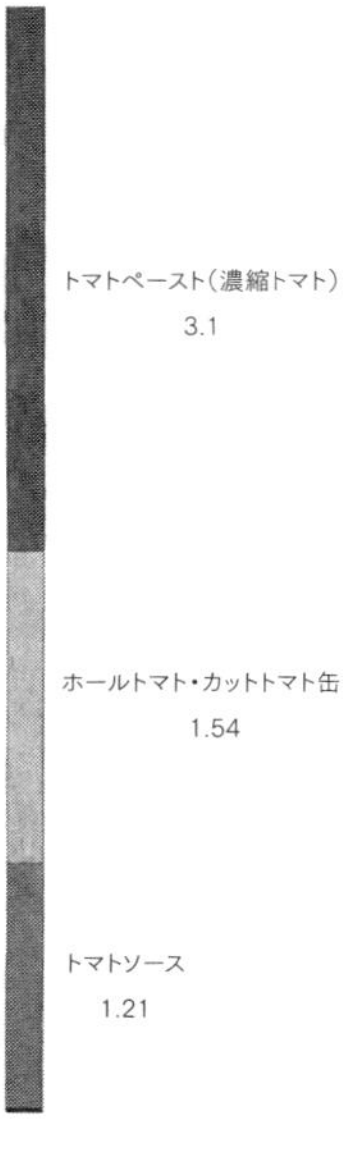

訳者あとがき

本書『トマト缶の黒い真実』*L'Empire de l'or rouge : Enquête mondiale sur la tomate d'industrie* は、フランス人ジャーナリスト、ジャン＝バティスト・マレの第三作だ。わたしたちに身近な食品のトマト缶、とくにトマトペースト缶の生産と流通の裏側を暴いた、他に類を見ないルポルタージュである。

ジャン＝バティスト・マレは、一九八七年生まれの三〇歳（二〇一七年時点）。〈ル・モンド・ディプロマティーク〉〈シャルリー・エブド〉〈リュマニテ〉など、有名誌に寄稿する新進気鋭のジャーナリストとして、フランス国内で注目を集めている。二〇一四年に発表した第二作、『アマゾン 世界最良の企業潜入記』*En Amazonie, Infiltré dans le meilleur des mondes*（未訳）は、世界的なネット通販サイト、アマゾンの配送センターに臨時スタッフとして潜入取材したルポルタージュで、ブラック企業並みの過酷な労働条件を告発した問題作としてベストセラーになった。同年の「高校生が選ぶ経済・社会学図書賞」を受賞し、ヨーロッパ各国語に翻訳されている。

『アマゾン』は、多くのフランス人に「サイトの購入ボタンをクリックするのをためらうようになった」と言わせるほど社会問題になったが、その一方で「たった数週間勤務しただけで何がわかるのか」「物流や製造業界では当たり前の話。取材不足では？」という批判の声も上がった。だが本作の『トマト缶』は、前作に厳しい目を向けた読者も手放しで賞賛するほど、徹底した取材に基づいて書かれている。実際、著者は「アジア、アフリカ、ヨーロッパ、アメリカを、何万キロメートルも移動し（中略）、業界のトップ経営者のほか、無名の労働者、破産したトマト生産者、移民キャンプで暮らす日雇い収穫労働者たちの話を聞いた」（本書より抜粋）のだから。

本書は二〇一七年五月の出版と同時に大きな話題になり、前作に引き続いてベストセラーになった。多くの新聞・雑誌が書評を掲載し、著者本人にはメディア出演の依頼が殺到した。大手経済紙〈レゼコー〉は「これはルポルタージュであると同時に、冒険小説、サスペンス、ディストピア小説でもある。身近な食材であるトマトを通じて読者をグローバル経済の恐怖に陥れる。とてもおもしろく、素晴らしいが、恐ろしい本だ」と、的確な表現で賛辞を贈っている。

本書の取材・執筆には、二〇一四年六月から二〇一七年四月まで、三年近い年月が費やされた。一九世紀のイタリアで誕生し、ファシスト政権下で発展し、アメリカでグローバル化された加工トマト産業の歴史を詳しく紹介しつつ、中国・アフリカ・南イタリアの収穫・生産現場の過酷な労働、マフィアとトマト缶の関わり、中国産ドラム缶入り濃縮トマトにまつわる秘密などの驚くべき事実を、自らの体験と関係者の証言によって次々と暴露していく。

世界の食品産業の危機、資本主義と自由競争のマイナス面、移民問題など、重要な社会問題をテーマにしたノンフィクションだが、決して無味乾燥でも堅苦しくもなく、文芸作品のような叙情性を感じさせる点は、本書の大きな魅力のひとつだろう。ほぼすべての章の冒頭に、まるで映画のワンシーンのように豊かな情景描写がなされ、その世界にぐいぐい引きこまれていく。とりわけ、第一章の冒頭のドラマティックな幕開け、第八章の冒頭の緊迫感、第一七章ラストの崇高なまでの悲壮さは、読んでいて鳥肌が立つほどだ。

もうひとつの本書の魅力は、まるでミステリーのように展開する独特の構成だ。時系列・エリア別に進行するのではなく、さまざまな時代や国や人物が一見順不同に登場し、消えたかと思えば再び現れる。さらりと語られたことばが実は伏線だったことに後で気づかされたり、謎かけが徐々に解明されていったりする。まるでパズルのピースをひとつずつはめこんでいくように、一章ずつ読み進めることで全体像が少しずつ明らかになっていくのだ。

最終章、すべてのパーツがようやくあるべき場所におさまったとき、著者はただ空を見上げて沈黙する。多くの情報を呈示し、わたしたちが今どういう世界にいるのかを教え、警鐘を鳴らしつつも、具体的な解決策は示さない。今後どうすべきかは、読者の熟考、良心、行動に委ねられている。だが、本書に示された真実を知った後は、誰もが深く考え、自らの良心に問いかけ、何らかの行動に移さずにはいられないだろう。それこそが本書の役割なのだ。本書はさまざまな読み方を可能にするが、「自由」が重要なキーワードのひとつになっているように訳者には思われる。ぜひともあちこちに散りばめられた「自由」ということば（完全自由主義、自由貿易、選択の自由など）に注目し、「自由」とは何か、一部の人間の「自由」のために大きな犠牲が強いられていないか、もう一度考えてみたい。

前述したように、本書は独特な構成のため、読みづらさを感じる読者もいるかもしれない。あとがきの最後に、主な出来事を時系列に並べてみたので、参考にしていただければ幸甚だ。

最後にひとつ補足を。最終章で紹介されるガーナの五大トマトペースト缶ブランドのうち、「ジーノ」「ポモ」「テイスティ・トム」は今も人気が高いようだが、リウ一族のブランドである「ラ・ヴォンス」と「タム・タム」に関する情報は見つからなかった。いったい彼らは今どこで何をしているのか。おそらく、会社や工場を次々と設立・解体しながら、世界の加工トマト業界のどこかで生き延びているのだろう。新疆ウイグル自治区で今も大量に生産される濃縮トマトを、いかなる手段を使ってでも売りさばくために。

と、本書を訳しながら思っていたところ、このあとがきを書いている二〇一八年二月、あるニュース記事を見つけた。ガーナのアクラ近郊で「ラ・ヴォンス」というトマトペースト缶を生産する中国人経営企業の工場が、公害と騒音のために環境保全局から操業停止・退去命令を受けたにもかかわらず、違法に操業を再開したというのだ。この会社はもしかして……。ぜひ著者に追加取材をしてほしいところだ。

本書は、翻訳家の郷奈緒子、中市和孝、宮地明子、吉野さやか（敬称略、五十音順）の四氏の多大なる協力に支えられて完成した。心から御礼申し上げたい。また、本書のコーディネートをしてくださった訳者の恩師である翻訳家の高野優氏、訳者の作業を温かく見守りながら根気よく指導してくださった編集者の川上純子氏の両氏にも、この場を借りて深謝申し上げる。

二〇一八年二月

補足——本書に登場するトマト加工業界の主な出来事

一八五六年　トリノに初のトマト缶メーカー、チリオが誕生（第七章）
一八七六年　ハインツが創業（第三章）
一九世紀終わり　ハインツ、濃縮トマトの購入で世界トップになる（第一章）
二〇世紀初頭　イタリア、トマト缶輸出で世界トップになる（第七章）
一九五〇年代初頭　ハインツ、アセプティック（無菌）パックを発明（第一一章）
一九七〇年代　ハインツ、濃縮トマトのみで加工品を生産し始める（第一一章）
一九八六年　ハインツ、中国に生産工場を設立（第一〇章）

一九九〇年代初頭	中国で加工トマト産業が発展する（第四章、第九章）
一九九〇年代初頭	イタリア、中国から濃縮トマトを輸入し始める（第九章）
一九九一年	ハインツ、濃縮トマトの自社生産をやめる（第一〇章）
一九九四年	リウ将官、カルキス（中基）を設立（第四章）
一九九六年	カルキス、加工トマト産業に乗りだす（第四章）
二〇〇〇年代初頭	中国、濃縮トマトの生産・輸出で世界トップになる（第四章、第九章）
二〇〇四年	カルキス、ル・カバノンを買収（第二章、第四章、第九章）
二〇〇四年	カルキス、天津に缶詰メーカー、チャルトンを設立（第一二章）
二〇〇八年	イタリアでアグロマフィアの活動が活発化する（第六章）
二〇〇〇年代終わり	カルキス、イタリアを介さず、直接アフリカにトマトペースト缶を輸出し始める（第一二章）
二〇一一年	リウ将官、カルキス代表を退任（第四章）
二〇一二年頃	中糧屯河（コフコ・トンハー）とカルキスの間で、濃縮トマト市場のシェア争いが激化する（第九章）
二〇一四年	リウ将官、天津の缶詰メーカー、プロヴァンス・トマト・プロダクツの工場を息子と共同経営する（第一九章）

二〇一四年六月　著者、世界加工トマト評議会の会議に出席（第四章）

二〇一五年七月　ハインツとクラフトフーズが合併する（第二章）

二〇一六年三月　著者、ガーナ・ゲットーを訪問（第一七章）

二〇一六年七月　二度目のガーナ・ゲットー訪問（第一七章）

二〇一六年七月二五日　シルヴェストロ・ピエラッチに取材（第九章）

二〇一六年七月二六日　アルマンド・ガンドルフィに取材（第九章、第一四章）

二〇一六年七月二六日　トスカーナ州のパスクワーレ・ペッティの工場を訪問（第五章）

二〇一六年七月三〇日　フォッジャのゲットーでアルファCに取材（第一七章）

二〇一六年八月一日　プッリャ州のグラン・ゲットーを訪問（第一七章）

二〇一六年八月二日　ノチェーラでアントニオ・ペッティに取材（第一二章）

二〇一六年八月？　ウルムチ郊外のカルキス旧工場に侵入（第八章）

二〇一六年八月二一日　北京でリウ将官に初めて会う（第四章、第八章、第九章）

二〇一六年八月二七日　モーニング・スターでルーファー社長に取材（第一一章）

二〇一六年一〇月一八日　国際見本市シアル・パリを訪問（第四章、第九章）

二〇一六年一〇月　リウ将官、天津からガーナに拠点を移す（第一九章）

二〇一六年一一月　著者、ガーナでリウ将官と息子クイントンに会う（第一九章）

第 17 章 「アグロマフィア」の象徴、南イタリア産トマト缶

[1] Amnesty International, « Exploited Labor : Migrant Workers in Italy's Agricultural Sector », 2012.
[2] Statistiques de l'INEA et de l'Istat, citées dans « Agromafie e caporalato », Terzo rapporto, FLAI-CGIL 2016.
[3] Agence des droits fondamentaux de l'Union européenne, « Severe Labour Exploitation : Workers Moving within or into the European Union », 2015.
[4] Fabio Ciconte et Stefano Liberti, « Spolpati. La crisi dell'industria del pomodoro tra sfruttamento e insostenibillità », novembre 2016.
[5] « Fiamme nel "ghetto dei bulgari". Muore un ragazzo di 20 anni », *Il Corriere della Serra*, 9 décembre 2016.
[6] « Migranti, rogo nel "Gran Ghetto" di Rignano : due morti », *La Republica* (Bari), 3 mars 2017.

第 18 章 イタリアの労働者の違法な搾取

[1] Robert Paxton, *Le Fascisme en action*, Paris, Le Seuil, 2004
[2] Domenico Losurdo, *Contre-histoire du libéralisme*, Paris, La Découverte, 2013.

第 19 章 酸化トマト「ブラックインク」をよみがえらせる最新研究

[1] Atossa Araxia Abrahamian, *Citoyennetés à vendre, Enquête sur le marché mondial des passeports*, Montréal, Lux Editeur, 2016.

[2] Arthur Allen, *Ripe. The Search for the Perfect Tomato,* Berkeley, Counterpoint, 2010.
[3] Jean-Luc Danneyrolles, *La Tomato,* Arles, Actes Sud, 1999.
[4] Gary Paul Nabhan, *Aux sources de notre nourriture. Vavilov et la découverte de la biodiversité,* Bruxelles, Editions Nevicata, 2010.
[5] Alain de Janvry, Phillip LeVeen, David Runsten, « The political economy of technological change : mechanization of tomato harvesting in California », Berkeley, University of California, 1981.

第14章　トマト31パーセントに添加物69パーセントのトマト缶

[1] Emma Slawinski, « Exporters denounce substandard Chinese canned tomate paste », *FoodNews,* 6 juillet 2012.

第15章　農薬入りのトマトか、添加物入りのトマト缶か

[1] Mohammed Issah, « Right to food of tomato and poultry farmers », Send Foundation et Union européenne, novembre 2007.

第16章　アフリカを席巻した中国産トマト

[1] Romain Tiquet, « Que reste-il de Savoigne, utopie villageoise du Sénégal de Senghor ? », *Le Monde,* 13 novembre 2015.
[2] Malado Dembélé, « Environnement : les bons "plants" des Africains », juillet 2002.
[3] Pr. Ahmadou Aly Mbaye, « Etude sur la prise en compte de la politique commerciale dans les stratégies de développement : cas du Sénégal », mai 2006.
Pr. Moustapha Kasse, « Essoufflement de l'ajustement structurel : cas exemplaire du Sénegal ».
Tarik Dahou, « Libéralisation et politique agricole au Sénégal ».
[4] FAO, Comité des produits, 18 au 21 mars 2003, « Politiques commerciales et évolutions des importations de produits agricoles dans le contexte de la sécurité alimentaire ».
[5] « Les libéraux de Dagana dénoncent la fermeture de la Socas », Leral.net, 2 mars 2013.
[6] Marion Douet, « Au Sénégal, la colère rouge tomato de la Socas », *Jeune Afrique,* 10 avril 2015.

Industry Stock Co., Ltd, 2004.

第９章　中国の加工トマト産業の暴走――始まりと発展、強制労働

[1] Bill Pritchard et David Burch, *Agri-food Globalisation in Perspective. International restructuring in the processing tomato industry,* Farnham, Ashgate, 2003.
[2] United States Department of Agriculture Foreign Agricultural Service 2002b, p. 4.

第 10 章　ハインツの経営合理化とその影響

[1] Ivan Fallon, *The Player. The Life of Tony O'Reilly,* London, Hodder & Stoughton, 1994.
[2] Leslie H. Gelb, « Kissinger means business », *New York Times,* 20 avril 1986.
[3] Andrew F. Smith, *Pure Ketchup: A History of America's National Condiment,* Columbia, University of South Carolina Press, 2011.
[4] « Heinz Goes It Alone in Zimbabwe », *New York Times,* 27 février 1989.
[5] Rapport « Heinz Company », Centre for Research on Multinational Corporations (SOMO), 1993.
[6] Greenpeace, « Illegal genetically engineered rice found in Heinz baby food in China », 14 mars 2006.
[7] L. Bollack, « Lait contaminé : Heinz décide de ne plus s'approvisioner en lait chinois », *Les Échos,* 30 septembre 2008 ; « Mélamine découverte dans de la nourriture pour bébés Heinz », 7sur7.be, 27 septembre 2008.
[8] Sally Appert, « Chine : Niveau de mercure trop élevé, retour à l'usine d'aliments pour enfant », *Epoch Times,* 7 mai 2013.
[9] « Heinz retire des aliments pour nourrissons en Chine après une possible contamination au plomb », *L'Usine nouvelle,* 19 août 2014.
[10] Rapport « Heinz Company », Centre for Research on Multinational Corporations (SOMO), 1993.
[11] 前掲書［10］
[12] 前掲書［10］
[13] Eleanor Foa Dienstag, *In Good Company: 25 Years at the Heinz Table, op. cit.*

第 11 章　加工トマト業界トップ企業、驚異の生産力

[1] Eleanor Foa Dienstag, *In Good Company : 125 Years at the Heinz Table, op. cit.*

2008.
[35] « Il controllo sui pomodori cinesi ? Uno me lo fai vero », *Il Mattino*, 15 juillet 2008.
[36] « Le intercettazioni », *La Città di Salerno*, 16 juillet 2008 ; « Intercettazioni : sequestrato laboratorio a S. Egidio », Nocera TV.it, 16 juillet 2008.
[37] Profil Viadeo de Manlio Balzano, directeur des exports de Giaguaro, <http://it.viadeo.com/it/profile/manlio.balzano>.
[38] « Falsi pomodori dop Condannato l'ex ad del pastificio », *La Città di Salerno*, 29 novembre 2012.
[39] « Falso San Marzano venduto in USA, condannata imprenditrice di Angri », *Corriere del Mezzogiorno*, 16 février 2016.

第7章　ファシズム政権の政策の象徴、トマト缶

[1] Nicolas Appert, *Le Livre de tous les ménages, ou l'art de conserver pendant plusieurs années toutes les substances animales et végétales*, Paris, Charles-Frobert Patris, 1831 (1er éd. 1810).
[2] Jean-Paul Berbier, *Nicolas Appert, inventeur et humaniste*, Paris, éditions Royer, 1994.
[3] Xavier Dubois, *La Révolution sardinière. Pêcheurs et conservateurs en Bretagne au XIX esiècle*, Rennes, Presses universitaires de Rennes, 2001.
[4] John F. Mariani, *How Italian Food Conquered the World*, New York, Palgrave Macmillan, 2011.
[5] David Gentilcore, *Pomodoro ! A History of the Tomato in Italy*, New York, Columbia University Press, 2010.
[6] Musée de la Tomate d'industrie, Parme
[7] Dr Carlo Boverat, « L'industria italiana delle conserve di pomodoro e la sua posizione sul mercaro », 1958. Collection de l'auteur.
[8] Attilio Todeschini, « Il pomodoro in Emilia », Istituto Nazionale di Economia Agraria, 1938. Collection de l'auteur.
[9] *Pianeta Italia, Arte e Industria*, Giovanni Pacifico Editore.
[10] Attilio Todeschini, *Il pomodoro in Emilia*, Istituto Nazionale di Economia Agraria, 1938. Collection de l'auteur.

第8章　トマト加工工場の奇妙な光景

[1] Chalkis, *Monograph of celebration of the 10th anniversary of Xinjiang Chalkis*

[13] « Agromafie e Caporalato. Terzo rapporto », FLAI-CGIL, Ediesse, 2016.
[14] « Agromafie, business da 60 miliardi. Orlando e Martina : accelerare i due del contro reati nella filiera e caporalato », *Il Sole 24 Ore,* 17 février 2016.
[15] Associazione Nazionale Industriali Conserve Alimentari Vegetali, statistiques 2016.
[16] Entretien avec le trader Silvestro Pieracci, 25 juillet 2016.
[17] « Commissione parlamentare di inchiesta sul fenomeno delle mafie e sulle altre associazioni criminali », 17 octobre 1995.
[18] Entretien avec Roberto Iovino, responsable « Légalité » du syndicat FLAI-CGIL.
[19] « Foggia, pizzo per non danneggiare i camion carichi di pomodori : sei arresti » *La Repubblica,* 17 juin 2016.
[20] « Mafia del pomodoro, pizzo alla Princes. Decapitato clan Sinesi : manette per "lo zio" Roberto », www.immediato.net, 17 juin 2016.
[21] "Racket del pomodoro : scarcerati tutti gli indagati, anche il boss Sinesi », www.ilmattinodifoggia.it, 8 juillet 2016.
[22] « I pomodori "made in Italy" sono cinesi. Accusato di truffa il produttore italiano », *La Repubblica,* 28 février 2013.
[23] Mara Monti et Luca Ponzi, *Cibo criminale,* op. cit.
[24] « Pulp fiction : Asda's "made in Italy" tomato puree hails from China », *The Guardian,* 27 février 2013.
[25] « Maxi truffa al Pomodoro », *La Repubblica,* 28 juin 1997.
[26] « Usura, a giudizio Franzese », *La Città di Salerno,* 10 avril 2008.
[27] « Con la ex Cirio diventeremo leader nel pomodoro », *Il Sole 24 Ore,* 25 janvier 2008.
[28] « I precedenti », *La Città di Salerno,* 31 décembre 2005.
[29] « Pomodoro con insetti e vermi », *La Città di Salerno,* 18 novembre 2005.
[30] Article sans titre, *La Città di Salerno,* 20 juin 2007.
[31] « Sarno, rogo alla "Giaguaro", A processo titolari e operai », *La Città di Salerno,* 22 avril 2009.
[32] « Evasione fiscale, tre rinvii a giudizio », *La Città di Salerno,* 22 novembre 2008.
[33] « Nel Salernitano la centrale delle analisi truccate : scorie nocive "trasformate" in concime. Perquisizioni in nove aziende », *Il Mattino,* 15 juillet 2008.
[34] « Certificati falsi, ora tremano gli industriali », *La Città di Salerno,* 16 juillet

Cheap Production in the Twentieth Century, Ithaca (NY), ILR Press, 2009.
[10] Quentin R. Skrabec, *The World's Richest Neighborhood : How Pittsburgh's East Enders Forged American Industry,* New York, Algora Publishing, 2010.

第４章　濃縮トマト輸出トップの会社

[1] « La croisade anti-corruption de Xi Jinping au sein du Parti communiste chinois », *Le Monde,* 24 octobre 2016.
[2] Martine Bulard, « Quand la fièvre montait dans le Far West chinois », *Le Monde diplomatique,* août 2009.（『新疆ウイグル、2009 年』マルティーヌ・ビュラール、ル・モンド・ディプロマティーク日本語・電子版、2009 年 8 月号）
[3] Pierre Rimbert, « Le porte-conteneurs et le dromadaire », *Manière de voir,* n° 139, février-mars 2015.

第６章　中国産トマトも「イタリア産」に

[1] Information du Procureur de la République italienne de Nocera Inferiore, octobre 2010, in Mara Monti et Luca Ponzi, *Cibo Criminale,* Rome, Newton Compton, 2013.
[2] « Architecture mondiale des échanges en 2015 », *Tomato News,* janvier 2017.
[3] « Port d'Alger : saisie de 40 containers de concentré de tomates périmé, importés de Chine », www.reflexiondz.net, 21 septembre 2014.
[4] Observatoire de la complexité économique, www.atlas.media.mit.edu.
[5] « Beja : saisie de 30 000 boîtes de tomates en conserve périmées », www.jawharafim.net, 17 mars 2016.
[6] Observatoire de la complexité économique, www.atlas.media.mit.edu.
[7] « Saisie de 400 tonnes de concentré de tomates périmé », www.jawharafim.net, 24 avril 2015.
[8] « Saisie de plus d'un million de boîtes de conserve de tomates impropres à la consommation », www.tuniscope.com, 25 novembre 2013.
[9] « NAFDAC Shut Company For Repacking Expired Tomatoes », www.pmnewsnigeria.com, 22 mars 2011.
[10] Observatoire de la complexité économique, www.atlas.media.mit.edu.
[11] « LASG Discovers Illegal Tomato Paste Recanning Factory, Arrests 2 », www.tundefashola.com, 4 décembre 2008.
[12] « Kyrgyzstan returns tons of expired tomato paste to China », www.rferl.org, 11 février 2011.

原　注

第１章　中国最大のトマト加工会社

[1] Centre d'études et de prospective, *L'Essor de la Chine dans le commerce international agricole et ses impacts sur le système agro-alimentaire française*, 2012.

[2] « Les agricultures de firme », *Etudes rurales*, no 191, volumes I et II, Editions de l'EHESS, 2013.

第２章　「中国産」のトマトペースト

[1] « Invitation à la vente aux enchères, Roux Troostwik, Société de ventes volontaire de meubles aux enchères publiques », brochure descriptive de la vente aux enchères, Collection de l'auteur.

[2] Pierre Haski, « Les Chinois croquent la tomate transformée française », *Libération*, 12 avril 2004.

[3] *Tomato News*, avril 2015.

[4] 出典は *Tomato News*。

[5] Henry Kissinger, préface à Eleanor Foa Dienstag, *In Good Company : 125 Years at the Heinz Table*, New York, Warner Books, 1994.

第３章　伝説化されたアメリカの加工トマト産業

[1] Quentin R. Skrabec, *H. J. Heinz, A Biography*, op. cit., p. 182.

[2] E. D. Mc Cafferty, *Henry J. Heinz*, New York, Bartlett Orr Press, 1923.

[3] *A People's History of the United States*, New York, HarperCollins, 1980.（『民衆のアメリカ史—1492年から現代まで』ハワード・ジン、猿谷要監修、富田虎男、平野孝、油井大三郎訳、明石書店）

[4] *Marx and Engels on the Trade Unions*, édité par Kenneth Lapides, New York, Praeger, 1986.

[5] Quentin R. Skrabec, *H. J. Heinz, A Biography*, Jefferson, McFarland, 2009.

[6] Eleanor Foa Dienstag, *In Good Company : 125 years at the Heinz Table, op, cit.*

[7] « The Story of Pittsburgh and Vicinity », Pittsburgh, *The Pittsburgh Gazette Times*, 1908.

[8] Quentin R. Skrabec, *H. J. Heinz, A Biography, op. cit.*, p. 189.

[9] Daniel Sidorick, *Condensed Capitalism : Campbell Soup and the Pursuit of*

〈ヒストリカル・スタディーズ〉は、
現代の価値観や常識をその成り立ちにまで遡って、
歴史的に考えていくシリーズです。

ヒストリカル・スタディーズ21

トマト缶の黒い真実

2018年3月10日　第1版第1刷発行
2024年4月23日　第1版第2刷発行

著者◉ジャン=バティスト・マレ

訳者◉田中裕子

発行人◉森山 裕之

発行所◉株式会社 太田出版
〒160-8571　東京都新宿区愛住町22　第3山田ビル4F
［TEL］03-3359-6262　［振替］00120-6-162166
［ホームページ］http://www.ohtabooks.com/

印刷・製本◉株式会社 シナノパブリッシングプレス

＊

翻訳協力◉郷 奈緒子、中市和孝、宮地明子、吉野さやか

翻訳コーディネート◉高野 優

ブックデザイン◉奥定泰之

編集◉川上純子（株式会社 LETRAS）

編集協力◉村上 清

定価はカバーに表示してあります。

ISBN 978-4-7783-1616-7 C0095

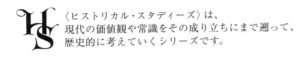